本书入选 2018 年国家出版基金项目

本书获得
陕西师范大学人文社会科学高等研究院
出版资助

推荐词

葛承雍是研究中外文化交流史的著名学者，作者将多年的研究成果收进这部五卷本的文集中。从宏观的大写意到严谨的工笔画，以文物与文献相印证，完成了一系列学术界为之瞩目的具有开创性的论文，揭示出一系列隐秘不彰的中外文明交汇的史实，在时空坐标里闪耀出中华文化海纳百川的襟度，必将对后人有极大启迪。

孙机

国家文物鉴定委员会副主任，中央文史研究馆馆员，
中国国家博物馆研究院名誉院长，资深研究馆员，
时年九十

在中古胡汉文明的求知路上，葛承雍一步一个脚印前行，具有敢为人先、探微阐幽的学术风格。他对新文物和旧文本所作的阐释，使研究对象更加物质化和更加精神化。匠心独运的五卷文集，既是尝试集，又是新知集，实证与妙语兼而有之，引人入胜，耐人寻味，发人深思。

蔡鸿生

首届广东省优秀社会科学家，
中山大学宗教文化研究所原所长，中山大学历史系资深教授，
时年八十六

胡汉中国与外来文明

宗教卷

葛承雍 著

Han And Hu: China In Contact With Foreign Civilizations IV

Religions

番僧入華來

Copyright © 2018 by SDX Joint Publishing Company.
All Rights Reserved.

本作品版权由生活·读书·新知三联书店所有。
未经许可，不得翻印。

图书在版编目 (CIP) 数据

番僧入华来：宗教卷 / 葛承雍著. -- 北京：生活·读书·新知三联书店, 2020.6
（胡汉中国与外来文明）
ISBN 978-7-108-06673-2

Ⅰ. ①番… Ⅱ. ①葛… Ⅲ. ①佛教史 - 中国 - 汉代 - 唐代 Ⅳ. ① B949.2

中国版本图书馆 CIP 数据核字 (2019) 第 157034 号

责任编辑	张　龙
装帧设计	雅昌设计中心·田之友
英文审校	陈文彬　黄　融　于　冰
责任印制	徐　方
出版发行	生活·讀書·新知 三联书店
	(北京市东城区美术馆东街 22 号 100010)
网　　址	www.sdxjpc.com
经　　销	新华书店
印　　刷	北京雅昌艺术印刷有限公司
版　　次	2020 年 6 月北京第 1 版
	2020 年 6 月北京第 1 次印刷
开　　本	787 毫米 × 1092 毫米　1/16　印张 19.5
字　　数	314 千字　图 220 幅
印　　数	0,001— 5,000 册
定　　价	138.00 元

(印装查询：01064002715；邮购查询：01084010542)

本书简介

◆ 本书为《胡汉中国与外来文明》的宗教卷，围绕"唐三夷教与外来信仰"主题，对北朝隋唐时期各种宗教错综复杂的图景进行考察，针对由西亚、中亚传来的景教、祆教、摩尼教入华后的传播和变化，做了不同层次的研究，许多前沿性的课题被再次提出和重新解读，受到海内外学术界的关注。尤其利用中国大地新发现的出土文物进行开拓性研究，诸如长安米继芬家庭的景教信仰，洛阳景教经幢的比较考释，景教天使与佛家飞天的辨识，安备墓祆教圣火的艺术表现，祆教大会石椁线刻画的解读，摩尼教禁欲艺术品的分析，这些成果首次发表后都曾引起国际宗教界学者的重视与转引，对"三夷教"艺术的探索开辟了新的领域，推进了中古外来宗教入华后"胡裔华化"问题的原创性研究。

本书作者

◆ 葛承雍，陕西师范大学人文社会科学高等研究院学术委员会主任、特聘教授。

◆ 中国文化遗产研究院教授，西北大学双学位博士生导师。北京师范大学、首都师范大学"双一流"建设特聘教授。中央美术学院、中国人民大学、复旦大学、敦煌研究院等院校兼职教授。

◆ 1993 年起为国务院特殊津贴专家，1998 年入选国家"百千万人才工程"，现任中华炎黄文化研究会副会长。

◆ 研究领域：汉唐文明、丝绸之路、宗教文物、艺术考古、古代建筑等。

2017年作者在乌兹别克斯坦首都塔什干国家历史博物馆考察祆教纳骨瓮

胡汉研究一百年（总序）

一

　　胡汉历史问题是欧亚大陆上民族史、边疆史、文化史、语言史的前沿问题，体现了中国历代王朝与域外周边国家以及西亚、地中海沿岸之间的往来互动。从广阔无垠的草原到茫茫无际的戈壁，从峻岭奇峭的大山到河川交叉的平原，胡汉碰撞演绎的历史与胡汉融合的文化遗痕清晰可见。一个世纪以来，中古胡汉演进图册不断被考古新发现所补充，唤起人们从历史记忆中醒来。

　　人类的记忆常是文化的记忆，人类的历史也依靠文化的链环衔接与延续。千年前的中古时代已经离我们的记忆十分遥远，但是这个消失于历史深处的隋唐文化又距离我们很近很近，脍炙人口的唐诗常常被人们吟咏朗诵，斑斓多彩的唐服常常飘忽在人们眼前，风剥雨蚀的唐窟佛像不时展现在人们面前，花纹精美的金银器不断出现在各类奢侈品的海报上……今人借助隋唐大国的文化遗产仍然可以"究天人之际，通古今之变"，出国展览的大唐文物成为中华文化最具代表性的文化符号，其中的胡俑、壁画、金银器、纺织品等更是精美的艺术品。

　　书写胡汉历史就是书写我们民族的心灵史，是提高我们民族思想境界的人生之学。胡人形象的陶俑、壁画等载体不是一幅幅威武雄壮的"群星谱"，但却是能够进入那个时代历史谱系的一组组雕像，彰显着那个时代的民族形象和艺术魅力。观摩着不同的胡人造型正反面形象，犹如端详观赏"肖像"，让我们发现了中古时代社会多元文化的民族正面。

　　北朝隋唐对我们来说并不是一个幻象，因为我们可以通过雕塑、绘画、器物等种种载体看到当时人的形象，通过缩微的文物看到当时的卓越创造。所以我每次面对那些雕塑的胡俑、蕃俑、汉俑……观察那些壁画中深目高鼻、栩栩如生的人物，不是干巴巴、冷冰冰的感觉，而是湿漉漉、黏糊糊的情感，文物就是当时历史遗留下的精华版，对我们的思维理解有着直观的作用，并成为今人解读中国古代最辉煌时期的向导。

20多年来，我走访了海内外许多收藏有中国古代"胡""蕃"等外来文物的考古单位和博物馆，记述和拍摄了数以千计的石刻、陶俑、器物、壁画，闪现在我眼前和萦绕脑际的就是中古时期的胡人记忆。历史的经纬中总是沉潜着被文献忽略的人群，最精彩的史页里也匿藏着浓浓的外来民族元素，来自西域或更西方的胡人就常常被主观避开。所幸考古文物印证了史书记录的胡人活动，呼应了诗赋中对胡人的描述，厘清了一些旧史轶闻中存在的疑团，生动地折射出胡汉相杂的历史面貌。尽管学界有些人嘲笑我是"纸上考古"，但这其中的辛苦一点不比田野考古轻松，只有在破解疑难问题和写作论著的过程中才能体会到。

有时为了一个历史细节的推敲往往要耗费几年时间，等待新证据的出现。比如狩猎中的驯鹰，我既听过哈萨克人也听过鄂伦春人的介绍，这不是史学意义上的考证，而是为了寻求新的认知和新的叙述角度。又如马术马球，我曾到京郊马球俱乐部向调马教练、驯马兽医和赛马骑手当面讨教，理解打马球的主要细节。我在新疆进行学术考察时，维吾尔族学者就对我说，胡旋舞、胡腾舞都应是手的动作最重要，扭腰、转脖、抖肩、伸腿以及扭动臀部，都是以手势为主。现在仿唐乐舞却将腿踢得很高，女的露大腿，那绝对是笑话。这就促使我思考，理解古代胡人一定不能想当然，就像舞蹈，如果按照现代舞蹈理解，古代胡人的舞蹈就会与我们有着较大的隔阂。而在乌兹别克斯坦和塔吉克斯坦的考察，又使我明白了乌兹别克族属于突厥民族，舞姿以双手为主；塔吉克族属于伊朗民族，舞姿以双腿为主。因此要贴近古代，需要认真考察思索。

我所从事的历史文物研究，不单是介绍历史知识或揭秘什么历史真相，更不是胡编乱说糊弄历史，我所看重的是发掘当时历史社会条件下所形成的社会风气、宗教信仰、文化品格和精神力量及其对当代人的影响，这样才能理解今天不同语言民族分布的历史渊源，才能够看清当下中国族群身份认同的问题实质，才能在国家民族文化大事之类的议题上掌控话语权。因为华夏民族遭受过太多的伤痛，留下过沉重的历史包袱，我沉潜在史料的海洋里和考古文物堆中，通过文物、文字和古人灵魂对话，就是让今人知道历史上曾有一群人的生命散发出奇异的光彩。这样的文字比起虚构的文学更能有助于人们认知中华民族的文化，了解中华民族并没有落后挨打的宿命，从这个意义上说，我愿意继续写下去。

二

中古时代艺术的魅力在于给人以遐想，这种遐想不是瞎想，而是一种文化语境中的力量之感，是一种活着的文明史。艺术来源于真实，也高于真实，当那些千姿百态、造型各异的胡人蕃人形象文物摆在我们面前时，我常想这是不是一种活态的文化生物，它不是玄虚文字描写的，而是从点滴微观的真实细节做起的可信典型，从而使久远的人物又有了活生生的呼吸，以及有血有肉的生命。

我们通过一个个造型各异的胡服蕃俑，不仅调动了丰富的想象力，而且要通过它们再现重要文献记载的史实，像断片的串接活现出有历史依据的外族形象，力求还原或接近历史。有人说我是挖掘陶俑里的胡人艺术形象，实际上我更多地是读书识人，通过文献记载与出土文物互证互映，不仅想说清楚胡人陶俑的沉浮转变，更重要的是用胡俑的记忆串起当年的历史。

有人问：哪个胡俑会说话？用土烧制的胡俑确实不会说话，但是胡俑的造型是无言却有肢体语言，此处无言胜有言，不仅给人身临其境的感觉，也给人聆听其声的感觉。陶俑就好像是凝固的语言、缩微的雕塑、诉说的故事，是以"人"为本的构思创作。细心挖掘它，采集创意，权威解读，它就能成为文化的承载者、历史的记忆者。伴随着考古发掘和文物发现，汉晋至隋唐的陶俑如雨后春笋般出现，其中不乏优秀之作，有些被误判为赝品的艺术造型也从墓葬中挖出，着实令人吃惊。这些陶俑作品被人们记住，成为那个时代精神的象征，看到的人就能感受到它的风骨、硬骨，也能感受它的柔骨、媚骨。

生活，是陶俑创造者艺术敏感的源泉，正是异族种种生活状态成为创作者接通才华的渠道，许多胡俑造型摆脱了外在奇异怪诞的生理性描绘，更重视内在的心理刻画，以表现人物的本来面貌。当然，我们也能看到很多粗制滥造、雷同相似的陶俑，但总会有一些造型独特的胡俑使我们眼前一亮，感叹当时工匠精彩绝伦的艺术创造。

泱泱大国的唐朝最重要的启示在于它扫除了萎靡不振心态带来的性格上的软化，我们崇敬那个时代，崇敬的不是某个具体的人，而是那个时代民族的心灵。而找寻外来文明、研究胡汉互动、发现人性的共识与不同族裔的差异、关心自己血脉的来历，则是我们每一个人共同的追求。

　　唐代留给我们的不是到处能够"申遗"的遗址，更多的是无形却融入于血液中的制度和文化。三省制使得参与政府管理的官员互相制约不能为所欲为。科举制最大限度地打破门阀固化，释放富有才华的青年人的活力，使他们有了上升通道；他们远赴边塞为博取功名不惜献出热血和生命，获得一种尊严和荣誉感，发挥自己的所长展现才华。如果说国都长安社会环境容易产生"光芒万丈"的诗人，或是浓缩很多"高才""天才"的文人，那么唐代也是一个盛产传奇的时代，洛阳、太原、成都、广州、扬州等城市通过与外来文化的交流谱写了各自城市的传奇。

　　"拂林花乱彩，响谷鸟分声。"（李世民《咏风》）"宛马随秦草，胡人问汉花。"（郑钹《入塞曲》）"胡人正牧马，汉将日征兵。"（崔颢《辽西作》）"背经来汉地，袒膊过冬天。"（周贺《赠胡僧》）"幽州胡马客，绿眼虎皮冠。"（《幽州胡马客歌》）唐代这类描写胡汉族群与艺术的诗歌俯拾皆是，而钱起《校猎曲》"数骑胡人猎兽归"、鲍防《杂感》"胡人岁献葡萄酒"以及"胡歌夷声""胡啼蕃语""胡琴羌笛""胡云汉月"等诗句或词汇中出现的"胡"这个字眼，过去被认为对周边种族有贬低歧视，现在却越来越成为国际上公认的中性词，演变成为我们熟悉的对等文化交流的代名词。

　　在几千年的中国历史长河里，胡汉融合鼎盛时期不过几百年，但是留下的反思值得我们几代人体察省悟，一个多元融合的民族不能总是被困在民粹主义的单边囚笼里。隋唐王朝作为多民族汇聚的移民国家，深深镌刻下了大国自信和文化优越的纹理。

三

　　北朝隋唐时期形成了一个由多元文化构成的多民族群体，这个群体又被统一意识形态和共同生活方式凝聚在一起，例如《旧唐书·滕王元婴传》载，神龙初年，唐高祖第二十二子滕王元婴的儿子李茂宗"状貌类胡而丰硕"，很有可能他是胡汉结合的后代。又例如，寿安公主是唐玄宗和胡人女子曹野那姬生下的混血姑娘，被记录进《新唐书·公主传》，这类例子唐代应该是有很多的。但我们并不是宣扬"和谐"、不谈"冲突"，族群之间的矛盾不会消融无踪。

　　胡人的脸庞并不能完全代表外来的文化，在中国古代墓葬习俗中，以胡人形象作为奴仆来炫耀墓主人的地位，是自汉代以来一脉相承的艺术表现形式。汉代画像石中就有胡人跪拜形象，东汉墓葬中的胡俑更有特殊性，不由得让我们想起敦煌悬泉置出土汉简中记载的二十余国外来使者、贵人和商人，也使我想起移民从来都是弱势群体，会不断受到本地官方和各色人等的威胁，除非以成员所来自地域、种族等为特征的聚落已成为有影响的移民据点。魏晋以后，遍布中国北方的外来移民聚落和北方民族中活跃的胡人，促成了以胡汉"天子""可汗"合衔为代表超越民族界限的国家管理系统，隋唐两代能发展到具有"世界性"元素的盛世，不是依靠胡汉血缘的混合，而是仰仗多元文化的融合，不是取决于血统，而是决定于心系何方。

　　曾有资深学者当面向我指出：现在一些研究者在书中大量使用史料以佐证胡人文化，乍一看，显得相当博学有深意，但却并不具有与其博学相当的思辨深度，这种研究成果所表现的仅仅是胡人历史线索的再现，缺失理论上的洞见，虽时有创新，却难以走出历史文献学的庸见，使得研究成果缺少一种脉络思考的深度，只是历史研究中的一次转身而已。

　　这番话对我震动巨大，使我认识到：高估胡蕃冲击或低估胡人活力，都不可取。胡人不是当时社会的主流，不是汉地原住民的形象，"胡汉"两字并不曾被作为任何某一个朝代的专属名称，胡人进入中原仍是以中华正朔为标志，但我们用文物再现和用文字释读，就是通过截取一个非主流横剖面，力争探索胡汉繁杂、华戎混生的交融社会，给予人们一个不同的视角认识真实的中古历史。特别要注意的是，任何一个社会都存在着移入易、融入难的外来移民问题，要透过史料的记载真正理解当时的真实情况恐怕只是一种隔靴搔痒的描写。如果我们将自己置入历史语境中，唯有以一个唐代的文化遗民、古典的学者文人身份，才能坦然地进入中华共同体的历史场景中。

　　在中古时期出现的"胡人"不是指某一个族群，而是一个分布地域广泛、民族成分复杂的群体，包括中亚、西亚甚至更远地区的人群。"胡人"意识是当时一种非常重要的多民族意识，在其背后隐藏着域内域外互动交流的潮流。海内外研究中古社会、政治、经济、宗教、科技、文化的学者都指出过，隋唐经过对周边区域的多方经营，不仅有遥控册封蕃部的羁縻体制，还有胡汉共管"都护府"的军政体制,或者采用"和亲"这种妥协方式安抚归顺的其他族群,胡汉并存的统治方式保障了一个时期内的社会安定与政权稳定。

目前学界兴起用"全球史"的视野看待历史进程中的事与人,打破民族国家疆界的藩篱,开放包容的学术研究当然是我们的主张。我赞成对过去历史进行宏大的叙事,但同时也执着于对个体命运的体察,对历史细节的追问,对幽微人心的洞悉。我要感恩汉唐古人给我们留下如此壮阔的历史、文学、艺术等文化遗产,使得我们对"汉唐雄风"的写作不是跪着写,而是站着写,有种俯瞰强势民族的英雄主义崇拜;念汉赋读唐诗也不是坐着吟,而是站着诵,有股被金戈铁马冲击的历史大气。

每当我在博物馆或考古库房里看着那些男装女像的陶俑,眉宇间颇有英气的女子使人恍惚有种历史穿越感,深究起来,"巾帼不让须眉"也只有那个时代具备,真实的历史诉求和艺术的神韵呼唤,常使我的研究情绪起伏跌宕,但绝不能削弱历史厚重感,减弱人文思想性,化弱珍贵艺术品质,只有借助胡汉融合的圣火才能唤醒我们的激情,因为圣火点燃的激情,属于中古中国,也属于全世界。

在撰写论文与汇集这部著作时,我并不是要充分展现一个文物学者、历史学者的丰沛资源,更不是炫耀自己涉猎的广博和庞杂让人叹为观止。单是搜集如此丰富多样的史料就是一件费时耗力的事情,更何况还要按照一定的逻辑和原则组织成不失严肃的历史著作。写作过程中,许多学者专家的提点,让我不由得对他们肃然起敬,在此谨表谢忱。

史学创新不是刷新,它是人的灵魂深处呼出的新气息,是一种清新峻拔的精神脉络。对历史的烛照,为的是探寻现实,族群间和民族间互助互利才是王道,告诉人们和平安定的盛世社会是有迹可循的。我常常担心以偏概全,论证不当,留下太多的遗珠之憾。期望读者看完我们研究中古胡汉交会的成果就像呼吸到文明十字路口里的风,感受到一种阔大不羁的胡风蕃俗混合的气息。

我自 2000 年选调入京后,没有申报过任何国家科研项目,没有央求任何机构或个人资助,完全依靠自己平时读书的积累及自行收集的资料,写下了近百篇论文,从而辑录成即将出版的五卷本《胡汉中国与外来文明》,孙机先生、蔡鸿生先生、林悟殊先生等学术前辈都教导我说,不要依靠政府项目资助急匆匆完成任务交差,创作生产精神产品绝不能制造垃圾。在没有任何研究经费的情况下,我希望通过此书可以验证纯粹学术一定有适当的土壤,从而得以生存和结果。本书的出版经生活·读书·新知三联书店申报获得国家出版基金的支持,陕西师范大学人文社会科学高等研究院又给予出版经费的补助,再一次证明有价值的学术研究成果是会在文化大潮中坚守不败的,学术的力量是穿越时空的。为这个信念而做出的坚守,其意义甚至比学术本身更大。

葛承雍

2018年7月于北京方庄南成寿寺家中

目录

* 前言 —— 021
* 唐代长安一个粟特家庭的景教信仰 —— 023
* 唐代景教传教士入华的生存方式与流产文明 —— 037
* 从景教碑试论唐长安景教的兴衰 —— 053
* 唐、元时代景教歌咏音乐考述 —— 077
* 西安、洛阳唐两京出土景教石刻比较研究 —— 097
* 景教天使与佛教飞天比较辨识研究 —— 115
* 洛阳唐代景教经幢表现的母爱主题 —— 137
* 从新疆吐鲁番出土壁画看景教女性信徒的虔诚 —— 151
* 唐两京摩尼教寺院探察 —— 165
* 试论克孜尔石窟出土陶祖为摩尼教艺术品 —— 181
* 龟兹摩尼教艺术传播补正 —— 195
* 祆教东传长安及其在陕西的遗痕 —— 211
* 祆教圣火艺术的新发现
　　——隋代安备墓文物初探 —— 235
* 隋安备墓新出石刻图像的粟特艺术 —— 249
* 北朝粟特人大会中祆教色彩的新图像
　　——中国国家博物馆藏北朝石堂解析 —— 267
* 唐长安伊斯兰教传播质疑 —— 285
* 本卷论文出处 —— 298
* 本卷征引书目举要 —— 299
* 英文摘要 —— 301
* 后记 —— 309

前言

从世界宗教发展来看，遍布全球各地的宗教是人类心灵最隐秘、最微妙的部分，具有广泛的社会影响力。宗教以其持久的稳定性成为不同地区文化的基础组成部分。宗教创造了多元的文化，是许多文化的源头。

在人类文化中，宗教是灵感、信仰和人生意义的主要来源，也是了解历史、政治、经济、艺术和文学的主要渠道。宗教所具有的跨国家、跨地域的文化影响力，可与商业贸易的影响力相媲美，即使商业贸易不能达到的地方，宗教也会传播到。宗教不仅是关乎个人的终极信仰，也是维系人类文明的基础。虽然中国从五四运动以后，儒佛道就被视作落后迷信的社会元素，但是宗教是不可能被替代的，宗教有它独立存在的社会价值。直到今天，我们也只能引领宗教向着人类共同的目标前进，而不能消灭它们。

中古时代是一个多元宗教汇聚的时代，祆教、景教、摩尼教被唐人称为"三夷教"，正是这"三夷教"曾对唐代及其后的中国社会产生过不同程度的影响，但它们只是历史上的宗教，早已死亡的宗教，均没有作为成熟的文明流传下来。无论是"异端化"的摩尼教和"民俗化"的祆教，抑或是"方伎化"的景教，都是思想文化上"多元化"文明的表现，这也是其他时代所没有的宗教史奇观。

隋唐时代不是一个僵化封闭的时代。单单依靠印度传来的佛教，不足以产生多元文化融合的文明社会。禅宗是印度佛教和中国道家融合的产物，景教是叙利亚东方教会与中国佛道结合的产物，摩尼教是由波斯传入中国而借佛道之名变异的产物，祆教是伊朗琐罗亚斯德教结合中国民间信仰传播的产物，这些宗教信仰反映了胡汉文化的相互影响。

如果说商人无国界，那么宗教便无区域。隋唐时代的长安、洛阳、扬州、广州等城市都曾建立过祆祠、景寺、摩尼光明寺，外来移民"大杂居、小聚居"的分布特点，使得当时的官府对宗教色彩强烈和文化特色明显的小团体采取了认同政策，并设立宗教祠院和萨宝府进行外来人口的管理，以维护国家统治秩序。源自叙利亚的景教，来自波斯的祆教和摩尼教都想在中土坚守自身的传统，体现了外来移民保存自身文化的努力。尽管"三夷教"作为佛道之"外道"被指责、贬斥，甚至被妖魔化，但唐朝的宽容政策庇护了它们的存在。

由于佛教早在1世纪就进入中华大地，南亚、中亚的佛教僧侣入华带来了新思想、新信仰、新学术，不仅改变了中国文化的结构，而且促进了道教的形成，其影响辐射到语言、艺术、建筑、文学等方面。"三夷教"与佛道之间虽有互相借鉴吸纳的部分，但是各个宗教是不可化约合一的，因为其"质"不同。要注意的是，佛道两家以文化权威自居，成为社会上主流和官方的意识形态，所以佛道与"三夷教"的交流是不平等的。

不同文化背景的人，宗教信仰和风俗习惯都可能有所不同，语言上的差异更是双方交往的巨大障碍。景教碑上许多借用佛道儒语言而镌刻的文字，因其有着复杂的内涵，直到今天解读时还使我们面临重重困难。但这并不妨碍传教士们对现实生活的观察、剖析，安史之乱后的社会苦难，使得他们了解嗷嗷待哺的民众需要，从而找到人类共同需要的和平与安定，用"善"的标准应对正在经受的生命威胁，用"恶"的标准约束自己、关注受难的群体。

一个多元文化的国家，必须让每种信仰都有显现，必须让每个人都有机会出头，必须让不同宗教都有活动的舞台，这样才能使不同的文化、思想、宗教、族群、个性以及价值观相互融合，彼此尊重，激发出更多的火花。

THE NESTORIAN FAITH OF A SOGDIAN FAMILY IN CHANG'AN DURING THE TANG DYNASTY

唐代长安一个粟特家庭的景教信仰

1

唐代长安一个粟特家庭的景教信仰

唐代长安与西域文明的交流十分频繁,唐代是古代中外交流的辉煌时期。随着丝绸之路的昌盛,由于经商、战争等原因,大批中亚粟特人移居唐长安,形成了自己的聚落区,散布在醴泉坊、布政坊、崇化坊、普宁坊、靖恭坊等坊里,并建立了粟特人所信奉的祆祠、景寺、摩尼寺等"胡寺",从而使外来的宗教在唐帝国的首都得以生存与传播。

多年来,中外学者对长安出土的粟特人墓志材料进行过仔细的爬梳,对居留长安的粟特人宗教信仰及其活动影响做过许多深入的探讨,其中对源于基督教聂斯托利派(Nestorianism)的景教尤为关注[1]。但除了学术界公认的《大秦景教流行中国碑》(现存西安碑林博物馆)外,其他可供研究的第一手资料并不多,荣新江教授依据西安出土的波斯人李素及其妻卑失氏墓志,发表了《一个入仕唐朝的波斯景教家族》[2],无疑是一个新的发现与突破。事实上,还有别的墓志可做考索,这就是《米继芬墓志》。本文即在前人个案研究的基础上,再对唐长安粟特人的信仰问题进行追索与讨论。

---

[1] 罗香林《唐元二代之景教》,(香港)中国学社,1966年。朱谦之《中国景教》,人民出版社,1993年。[日]佐伯好郎《景教之研究》,东方文化学院东京研究所,1935年。[德]克里木凯特著,林悟殊翻译增订《达·伽马以前中亚和东亚的基督教》,淑馨出版社,1995年。

[2] 荣新江《一个入仕唐朝的波斯景教家族》,载《伊朗学在中国论文集》第2集,北京大学出版社,1998年,第82—90页。

图1 1955年西安西郊出土的《米继芬墓志》

一

1955年，西安西郊三桥出土的《米继芬墓志》，方形，盖盝顶长47厘米，宽45厘米，上题篆书"大唐故米府君墓志铭"；盖四周线刻四神纹饰。志石长48厘米，宽47厘米；阴文行书，共20行，每行20—26字不等；志石四侧线刻十二生肖图案。该墓志有些字漫漶不清，但基本能顺读，现抄录如下：

大唐左神策军故散副将游骑将军守左武卫大将军同正兼／试太常卿上柱国京兆米府君墓志铭并序／乡贡进士瞿运撰并书／
公讳继芬，字继芬，其先西域米国人也，代为君长，家不乏贤。祖／讳伊西，任本国长史；父讳突骑施；远慕皇化，来于王庭，邀

／质京师，永通国好。特承恩宠，累践班荣。历任辅国大将军，／行左领军卫大将军。公承袭质子，身处禁军；孝以敬亲，忠以奉／国；四善在意，七德居心；信行为远迩所称，德义实同里咸荷。风／神磊落，度量宏深；爰以尊年，因婴疾疹。何图积善无庆，／奄从逝川去。永贞元年九月廿一日终于醴泉里之私第，春秋九十二。／以其年十二月十九日，安厝于长安县龙门乡龙首原，礼也。夫人米／氏，痛移夫之终，恨居孀之苦。公有二男，长曰国进，任右神威军／散将，宁远将军，守京兆府崇仁府折冲都尉同正。幼曰僧思圆，／住大秦寺。皆号慕绝浆，哀毁过礼；攀恩周极，闷擗崩摧。虑／陵谷迁移，以贞石永固。运奉招纪德，实惭陋于文。铭曰：／

国步顷艰兮，忠义建名。雄雄英勇兮，膺时间生。／尝致命兮，竭节输诚。殄凶孽兮，身授官荣。／位崇班兮，是居禁营。寿既尊兮，遘其疾苦。／去高堂兮，永归泉户。列松柏于凤城之西，／封马鬣于漕渠之浒。

这篇志文由于首次公布时只摘取了片段[1]，后来考释全文时又有些缺误[2]，所以笔者在西安碑林博物馆据原墓志石重录考订，如"其父米国人也"应为"其先西域米国人也"，"祖讳伊□"应为"祖讳伊西"，"疾瘵"应为"疾疹"，"疼于醴泉里"应为"终于醴泉里"，"僧慧圆"应为"僧思圆"，"以贞永固"应为"以贞石永固"，等等。该墓志拓片图版见《西安碑林全集》和《隋唐五代墓志汇编》[3]，可核对校正，现提供给学术界，以避免以讹传讹，造成史料佚漏的缺憾。

需要指出的是，经西安碑林博物馆保管部底账证实，《米继芬墓志》于1955年出土于西安三桥，而不是所谓1956年或1957年出土于西安西郊土门村西。西安三桥之南正是唐长安城西、汉长安城南与唐漕渠的岸旁，与墓志记载"列松柏于凤城

---

[1] 李伯毅《唐代景教与大秦寺遗址》，《文博》1994年第4期。其他研究成果见朱谦之《中国景教》第231—246页附录参考书要目。
[2] 武伯纶《西安历史述略》，陕西人民出版社，1959年，第107页。贺梓城《唐王朝与边疆民族和邻国的友好关系——唐墓志铭札记之一》，《文博》1984年创刊号。
[3] 阎文儒《唐米继芬墓志考释》，《西北民族研究》1989年第2期。《西安碑林全集》第9函第84卷，广东经济出版社、海天出版社，1999年，第3334—3338页。《隋唐五代墓志汇编》（陕西卷）第1册，天津古籍出版社，1991年，第25页图版。

之西,封马鬣于漕渠之浒"相符[1],可知此墓志真实不诬。

二

在中亚粟特地区(Sogdiana,索格底亚那)大小不同的城邦国家中,以今天的古马巴扎尔(Guma'abazar)为中心的米国(Maymurgh),是昭武九姓中的一个小国。米国首府钵息德城,位于撒马尔罕以东60公里处,很有可能是现在塔吉克斯坦境内的片治肯特。[2]

米国,北魏时称迷密。隋代开始称米国,《隋书·西域传》:"米国,都那密水西,旧康居之地也。无王。其城主姓昭武,康国王之支庶,字闭拙。都城方二里。胜兵数百人。西北去康国百里,东去苏对沙那国五百里,西南去史国二百里,东去瓜州六千四百里。大业中,频贡方物。"《新唐书·西域传》:"米,或曰弥末,曰弭秣贺。北百里距康(国)。其君治钵息德城,永徽时(650—655)为大食所破。显庆三年(658),以其地为南谧州,授其君昭武开拙为刺史,自是朝贡不绝。开元时,献璧、舞筵、师子、胡旋女。十八年(730),大首领末野门来朝。天宝初,封其君为恭顺王,母可敦郡夫人。"

从上述史料可知,米国从隋代起就与中国频繁来往。阿拉伯人于642年彻底打败波斯萨珊王朝(651年国亡)后,长驱直入中亚粟特地区。而中亚粟特人诸国长期受其周边强大外族势力控制,先沦为西突厥附属国,显庆三年后改宗唐朝,成为唐的羁縻府州,其中米国被冠以专名"南谧州"。但从8世纪开始,阿拉伯大食名将屈底波(Qutayba)指挥军队连续征服了中亚的安国(709年)、康国(712年)等城邦国家,中亚诸国纷纷向唐朝求救,并多次派遣贡使到长安,将卫国和复国的希望寄托在唐朝身上。米国曾于永徽五年(654)被阿拉伯军队进攻,此后在阿拉伯人的步步进逼下,米国同康国、石国、安国一样频繁进贡长安。开元六年(718),米国贡献拓壁、舞筵、鍮,开元十五年献狮子,开元十六年大首领米忽汗入朝,开元十七年献胡旋女、豹、狮,开元十八年大首领末野门入朝,天宝三载

---

[1] 凤城指长安城,唐人墓志和《全唐诗》所收杜甫《秋夜客舍》均有此称。马鬣是指坟墓封土,典出《礼记》卷八《檀弓上》。漕渠,见徐松撰,李健超增订《增订唐两京城坊考》"漕渠"条,三秦出版社,1996年,第235页。
[2] 马小鹤《米国钵息德城考》,载《中亚学刊》第2辑,中华书局,1987年。

（744）献马与珍宝，天宝五载又献舞筵、金、银等贵重礼品，一直延续到唐代宗大历年间。[1]

唐王朝自然知道米国等粟特城邦国家频频入贡的苦衷和希图借"汉兵"救援的迫切愿望，因为唐、吐蕃、突骑施、大食在西域屡次发生错综复杂的冲突[2]，为了防止粟特胡反复无常、叛变分裂，唐朝在册封西域诸国名誉称号的同时，还实行了体现宗主权的"质子"制度，即由西域诸国派出王室成员进入长安作为人质，保证两国联盟永不分裂。现能证明这一种"质子"制度的事例，就是来自何国（Kushānika）的《何文哲墓志》和米国的《米继芬墓志》。[3]

我们清楚了唐代西域粟特人城邦国家当时所处的国际关系，便可以理解米国与唐朝互相交往的历史背景，也就容易解释《米继芬墓志》中所记载的内容，从而站在唐代国际关系的角度上进行深入分析。我们认为，米继芬继承其父突骑施的"质子"身份，说明这种制度的传承相当稳定，也反映了米国在很长时间里保持着对唐朝的附属国地位，而且米继芬祖孙三代作为唐朝入仕蕃将受到了任用。

三

根据《米继芬墓志》记载，其祖先"代为君长，家不乏贤"；这句话可能不是攀附吹嘘之词，因为作为米国在唐长安的质子，按唐朝制度必须是其王室直系成员或番王之子，否则便没有诚意，唐朝也不会随意接纳一个"冒牌"的王室子弟。

米继芬祖父伊西"任本国长史"，苏联学者依据 8 世纪初与米国档案有关的穆格山城堡（Site of the Castle on Mount Mug）出土文书，指出中世纪中亚城邦国家在国王之下最高的官职，即是"令史"（掌令官，framandar），为粟特行政官

---

[1] 蔡鸿生《九姓胡的贡表和贡品》，见《唐代九姓胡与突厥文化》，中华书局，1998 年，第 46—70 页。
[2] 王小甫《唐·吐蕃·大食政治关系史》"西域的'三方四角'关系"一节，北京大学出版社，1992 年，第 177 页。
[3] 魏光《何文哲墓志考略》，《西北史地》1984 年第 3 期。又见卢兆荫《何文哲墓志考释——兼谈隋唐时期在中国的中亚何国人》，《考古》1986 年第 9 期。

员[1]。这种掌管君长命令的高官,可译为"长史",透露出伊西是具有很高文化水平的粟特人。伊西与《景教碑》上伊斯名字韵母接近,是否景教教徒常用人名,或《圣经》上的"以西",有待考证,暂且存疑。

米继芬的父亲突骑施,作为米国质子"邀质京师,永通国好";由于是王室贵族,故"特承恩宠,累践班荣"。他历任唐朝武散阶正二品辅国大将军,正式职位是正三品左领军卫大将军,因其以正二品阶充正三品官,按唐制,职事官的品级高于散官者称"守",反之者称"行",所以称作"行"左领卫大将军。唐朝给他的官衔确实不低,亦反映出唐朝对米国的重视。突骑施是否为米国王子,迄今不敢界定,但他是王室成员,毋庸置疑。如前所举,开元十六年米国大首领米忽汗和开元十八年另一大首领末野门都曾入朝长安,这是其他粟特城邦国家较少有的事例,说明米国面对阿拉伯人的征服非常恐惧,急需唐朝出兵威慑对方,只能派出突骑施这样身份的人担任质子。突骑施到达长安的时间,大概就是开元十六年或十八年,他与大首领米忽汗和末野门可能有着亲缘关系。如果此推测成立,由永贞元年(805)米继芬九十二岁向前推算,那么米继芬到长安时最小也应是十五六岁了,反证突骑施是全家进入长安的。

值得玩味的是,"突骑施"这个胡名很有意思。中国汉籍记载突骑施是西突厥别部,原属五咄陆部之一,武则天圣历二年(699)开始单独兴起[2]。突骑施首领乌质勒(690—706年在位)原为西突厥阿史那斛瑟罗的部下,他联合西域诸异姓突厥部落击败东突厥,收复碎叶并作为牙帐,西域胡人纷纷顺附,突骑施由此崛起为东邻后突厥、西接中亚昭武九姓的新政权,突骑施与唐朝始终有联系。景云二年(711),突骑施一度衰败,至开元四年(716)复兴,其可汗苏禄率兵三十万称雄于西域,给当时正向中亚进攻的大食人以沉重打击,被大食人惊呼为"舐顶者"(Abū Muzāhim)。康、安、石、米等粟特城邦国家在得不到唐军及时救援的情况下,纷纷主张联合突骑施,以摆脱阿拉伯人的威胁。对8世纪中期的粟特人来说,这是争取诸国安全的唯一策略。所以,突骑施在昭武九姓中有很高威信。米继芬的父亲称"突骑施",笔者认为并非粟特人名,实指职务,意为军队统领,

---

[1] 此考证转引自姜伯勤《萨宝府制度源流论略》,载《华学》第3辑,紫禁城出版社,1998年,第305、307页注32、注89。俄文文献见A.M.别连尼茨基等《中亚中世纪城市》,列宁格勒,1973年,第113页;M.N.波哥留波夫等《穆格山所出粟特文书》第3册《经济文书》,莫斯科,1963年,第97页。
[2] 《资治通鉴》卷二○六,圣历二年八月癸巳条,中华书局,1956年,第6450页。

应为米国授予的尊号或官号。在古突厥碑铭中,"突骑施"作为突厥文"türgis"之音译名频繁出现[1],是为部落名号。《米继芬墓志》称其父尊号,无非表示赞美和夸耀。

据蔡鸿生教授考证[2],在粟特语中"芬"字是粟特胡名的常用词尾,"芬"读piugn,有"荣幸、运气"之意。"芬"作为粟特人最通行的男名,复现率很高,如石演芬、石宁芬、石失芬、安胡数芬、曹莫芬等。至于米继芬这一名字是否打上宗教色彩的烙印,有待进一步分析,因为粟特地区居民信仰复杂,不仅祆、佛并存,景教、摩尼教和本土神祇信仰也都占据一席之地。

米继芬随父进入长安后,又继承其父的质子身份,"身处禁军,孝以敬亲,忠以奉国",担任过大唐左神策军散副将、游骑将军、守左武卫大将军同正兼试太常卿、上柱国。米继芬不是一般的米国使节或商人、平民,而是代表米国君王的质子,唐廷例行要给予他官职。但据阎文儒先生考释[3],米继芬在皇家神策军中并非主要负责军官,只是一名闲散的副将而已,各种官阶、官衔都表明他是挂名不做事的官,仅按月发给俸禄罢了。不过,《米继芬墓志》铭文末说他"尝致命兮,竭节输诚。殄凶孽兮,身授官荣",这倒有可能是真实的,因为按米继芬年龄推断,天宝十五载(756)他四十四岁,不仅经历了安史之乱,还经历了肃宗、代宗、德宗三朝的动荡不安。当时,仅长安城就发生过吐蕃大掠、泾原兵变等事件,确实"国步顷艰",米继芬在几十年的风风雨雨中一定为唐王朝出力输诚,才赢得身后尊荣。

不仅如此,米继芬的长子米国进也是禁军武官,任右神威军散将,官衔是兵部正五品下宁远将军,职衔是京兆府所隶属下的崇仁府折冲都尉,实际上只是同正员的员外官而已。这大概是贞元三年(787)滞留长安的"胡客"均隶属左右神策军后的安排。

米继芬的夫人为米氏,不仅说明夫妻都是米国人,而且说明粟特人同姓之间可以通婚。这可能是王室成员与上层官员之间的政治婚姻,也可能是共同的宗教信仰使他们走到了一起。在长安的昭武九姓粟特人后裔多相互联姻,这也是当时

---

[1] 芮传明《古突厥碑铭研究》,上海古籍出版社,1998年,第255页。
[2] 蔡鸿生《唐代九姓胡与突厥文化》,中华书局,1998年,第39—40页。
[3] 阎文儒《唐米继芬墓志考释》,《西北民族研究》1989年第2期。

流行的"胡俗"。

四

唐代的粟特地区，是火祆教最流行的区域。慧超在《往五天竺国传》中描述安国、曹国、史国、石骡国、米国和康国时，记载"此六国总事火祆，不识佛法"[1]。《旧唐书》卷一九八记波斯国"俗事天地日月水火诸神，西域诸胡事火祆者，皆诣波斯受法焉"。《新唐书》卷二二一下也说："西域诸胡受其法，以祠祆"。特别是西安出土的天宝三载米国大首领《米萨宝墓志》[2]，更是证据确凿地说明来自粟特本土的米国人与安国、史国等国"粟特胡"一样信奉祆教。

应该承认，火祆教在西域诸国中势力很大，流行区域也相当广，不过信仰可以因人而异，并非所有的粟特人皆信奉火祆教。尽管火祆教东传长安并在唐朝京城建立有六所祆祠[3]，但并不是唐长安的粟特移民和留居王族都崇拜圣火。一些学者将《米继芬墓志》作为米国人崇奉火祆教的证据，将米继芬划入火祆教信徒的范围，恐怕是失之毫厘，差之千里。因为我们从《米继芬墓志》中丝毫找不到与火祆教有关的文字，更看不到米氏家庭的火祆教信仰，相反，墓志中所透露的恰恰是米继芬家庭信仰景教，是一个唐长安城中信奉景教的粟特人家庭。

《米继芬墓志》记载其有两个儿子，长子米国进如前所述在唐长安皇家禁军中担任武将；幼子"僧思圆，住大秦寺"，明确记载是一个景教僧侣。众所周知，景教传入中国后，作为外来宗教进行经典传播时，不得不采取"本土化"策略，依托当时已成为中国主流宗教的佛教和道教，运用了大量的佛、道术语来将景教教义转述给唐朝皇帝及其臣民，其僧侣往往也冠以佛教称号，"僧思圆"就是如此。其意为"思考圆融"或"思索应验"，这在景教文献中多有出现。[4]我们细审建中

---

[1] 慧超著，张毅笺释《往五天竺国传笺释》，中华书局，2000年，第118页。
[2] 向达先生曾全文引述《米萨宝墓志》，见《唐代长安与西域文明》，生活·读书·新知三联书店，1957年，第92页。
[3] 林悟殊《唐代长安火祆大秦寺考辨》，载《波斯拜火教与古代中国》，新文丰出版公司，1995年，第139—149页。
[4] 翁绍军《汉语景教文典诠释》，生活·读书·新知三联书店，1996年，第49、182页。

◀ 图2 公元前1世纪骆驼陶器，叙利亚出土

▶ 图3 叙利亚4—5世纪拜占庭时代巡礼纪念小容器，圣母胎教告知图，天使位于座椅对面。周围一圈文字为《新约·福音》第1章第27节记述语

二年（781）建立的《大秦景教流行中国碑》碑文，在叙利亚文和汉文对照镌刻的僧侣名单中没有发现"僧思圆"的名字。或许《景教碑》立碑时"思圆"年龄还小，资历还轻，教阶还低；或许长安当时的景教僧侣以波斯人为主，这是阿罗本（Abraham）、潘那蜜、及烈以来直到景净的长安景教教团的传统[1]，身为粟特人的思圆进不了教团上层僧侣的圈子。按永贞元年（805）米继芬死时九十二岁推算，幼子思圆也应该五六十岁了吧，那么《景教碑》立碑时他大约是二三十岁。

米继芬的小儿子思圆为大秦寺景教僧侣，暗示其父辈、祖辈必定都是景教徒，其家庭固有的景教信仰，耳濡目染给后代留下深刻的烙印，至少可以肯定米继芬心目中只有景教崇拜，否则他不会允许自己的儿子去做专职的景教僧侣。宗教信仰常常是维系一个家庭或一个家族的精神纽带，人们不会轻易改变自己原有的宗教传统，米家也不会随意放弃信奉火祆教而改奉景教，同一家庭内的成员在宗教观念、情感、礼仪和修养等方面均具有一致性，何况米继芬与妻子米氏都是米国人，又生活在长安胡人聚居区内，不存在"土生胡"宗教信仰因环境改变而改变的问题，所以米家坚持景教信仰始终不改是有历史渊源的，起码米继芬的祖父伊西和父亲突骑施在米国本土就是受洗礼的基督教信徒。

从《米继芬墓志》记载其本人事迹来看，"四善在意，七德居心；信行为远迩所称，德义实闾里咸荷"。他很有可能为周围的平民信徒做过善事，赢得了坊里平民的称赞，为自己家庭保持累代不败创造了一个生存发展的环境。

---

[1] 荣新江《一个入仕唐朝的波斯景教家族》，载《伊朗学在中国论文集》第2集，北京大学出版社，1998年，第82—90页。

图4 6世纪晚期在叙利亚北部德米尔布雷伊吉的圣丹尼尔教堂门楣上的十字架,拜占庭帝国统治下聂斯托利派作为异端仍可以建造自己的修道院

至于思圆所住的大秦寺,我们认为应该是唐长安义宁坊大秦寺,该寺是贞观十二年(638)唐太宗诏令波斯主教阿罗本所建,不仅是长安最大的景教寺院,而且距米继芬家居住的醴泉坊只隔一条街,斜角相邻。即使长安其他坊里也有景寺,思圆也不应舍近求远[1]。景教僧侣可以娶妻生子,思圆又生活在醴泉坊、布政坊等紧邻西市粟特人的聚居区,他到义宁坊大秦寺礼拜传教,应该是合乎情理的。有论者认为长安大秦寺因靠近胡人社区,应是景教僧俗信徒日常从事礼拜活动的教堂(church),距离长安城较远的周至大秦寺则应是景教修士们幽静隐修之处(Monastery)[2],笔者认为这个判断有一定道理。

最后需要指出的是,6—8世纪中亚粟特地区接受景教传播的历史就已经开始了。20世纪以来,在赭石(Tashkent,今塔什干)出土有6—8世纪的景教十字架硬币,在喷赤干(Panjikent,今片治肯特)粟特古城遗址出土叙利亚文景教《诗篇》陶片,在撒麻耳干(Samargand,今撒马尔罕)发现至少8世纪已建立的主教教区,在碎叶(Tokmak,今托克马克)楚河南岸发掘出8世纪景教教堂遗址,在高昌古城发现了9—10世纪回鹘景教寺院的十字架壁画以及出土了大量多种语言的景教写本,特别是粟特语景教《圣经》等文献被屡屡发现[3],表明中亚粟特城邦国家有景教教徒活动,景教曾在粟特人中有信奉与传播,尽管景教教

---

[1] 长安醴泉坊是否有景教寺院,学术界有不同看法。例如D.D.Lislie认为仅凤二年(677)波斯王子卑路斯奏请于醴泉坊所建的波斯胡寺,即因其王后信仰景教而为景教寺院,不是一般人认为的祆寺。("Persian Temeples in T'ang China", Monumenta Serica, 35, 1981-1983: 286)陈垣先生早有类似看法,他认为醴泉坊的波斯胡寺是后来改名的大秦寺,即景寺,与祆祠无关。见《火祆教入中国考》,载《陈垣学术论文集》第1集,中华书局,1980年。但林悟殊教授认为醴泉坊波斯寺的性质是祆祠。如果醴泉坊确有景寺,米继芬儿子思圆所住的大秦寺应在此坊,是否有波斯人景寺与粟特人景寺之分别,暂且存疑,以待新史料出现。
[2] 陈怀宇《高昌回鹘景教研究》,载《敦煌吐鲁番研究》第4卷,北京大学出版社,1999年,第173页。
[3] 阿斯姆森著,陈怀宇译《前伊斯兰时代中亚粟特语和回鹘突厥语基督教文献概述》,载《国际汉学》第4辑,大象出版社,1999年,第349—351页。

图5 景教十字金饰件,内蒙古白云鄂博博物馆藏

徒在火祆教、佛教、摩尼教的夹缝中受到很大压力,但他们以自身特色不屈不挠地获得粟特人参与并通过各种方式积极扩大影响。

在厘清米继芬一家的景教信仰后,就不能不重新认识唐长安粟特人的宗教文化。这愈发证明来自西域的移民是多种宗教并存与多元性文化的民族,也足以证明唐长安的景教势力绝非弱小,尽管米国人有多少景教信徒无法推测,但活跃在唐长安的米国人很多,像歌唱家米嘉荣、琵琶演奏家米和、夏州节度使米暨、舞蹈家米禾稼、米万槌,以及米萨宝、米亮等[1],他们中或许还有信奉景教的教徒,有待学术界进一步厘清与探讨。

---

[1] 向达《唐代长安与西域文明》,第22页。

THE LIFE STYLE AND THE LOST CIVILIZATION OF THE NESTORIAN MISSIONARIES IN TANG DYNASTY

唐代景教传教士入华的生存方式与流产文明

2

唐代景教传教士入华的生存方式与流产文明

7—9世纪的中国唐代,是一个移民众多的国家,随着西亚波斯、中亚粟特诸国外来移民而进入中国的聂斯托利派(Nestorianism)基督教会传教士,开始在新的东方疆域内传播福音。当时以长安为中心向外辐射的强大国家,无疑为基督教传教士提供了可以独立发展的难得机遇。唐朝政府对宗教较为开明,这给传教士们提供了极好的形势;但由于文化背景、信仰观念、地缘关系、传教目的以及社会价值的差异,产生了中西宗教文化的第一次实际碰撞,尽管传教士们苦苦支撑了200余年,最终无法起死回生,致使基督教文明成为中世纪时期在中国的"流产文明"。

一　入华后传教面临的困难

聂斯托利派基督教会的活动中心在萨珊波斯帝国境内,在进入中国前已有200多年的发展历史,拥有独立而完善的宗教传统。在制度上,坚持主教、牧师等神职人员等级分明;在教派上,突出修道院的特色;在语言上,执着于叙利亚语(Syrisch)创作;在文献上,限定叙利亚语的《新约》作为神学经典;在财产上,保证地方主教拥有绝对支配权;在建筑上,保持教堂组成一个教区的特征;在仪式上,保持全年繁多的礼拜;在行礼上,必向东方敲响木铎为号;在婚姻上,允许牧师娶妻生子而主教必须独身;在祈祷时,必须唱歌咏乐赞美《诗篇》(Psalms)。这一系列的特征与传统,有别于信奉基督教的其他教派,凸显了本教派的文化特色。

这样一支在基督教发展史上颇有建树的教派,在进入中国后却遇到了前所未有的困难。

第一，地缘障碍。

基督教虽创始于中东，但发展为世界性宗教则主要是在拜占庭帝国境内。聂斯托利教派的活动大本营在西亚地区，与中国相隔万里之遥，中亚的崇山峻岭、流沙盐碛和恶劣气候往往造成天然的地缘障碍，当时的人员往来不仅路途艰险，而且时间漫长。按照聂斯托利派的规矩，中国教区的主教必须由叙利亚东方教会宗主教（Patriarch）派遣，尽管有丝绸之路相连，但因战事、封关、灾难等原因而导致联络中断却是经常发生的。例如巴格达城宗主教哈南宁恕（Hananishu）于778年去世，长安的主教景净（Adam）就不知道，三年后刻立《大秦景教流行中国碑》时，仍然将哈南宁恕尊为东方教会的领袖，严格执行聂斯托利派的等级制度与总部节制，这说明地缘障碍影响着大本营宗主教和中国主教之间的沟通。中国主教每隔四年或六年向宗主教写信汇报一次，由于路途遥远，不可能时时处处向宗主教请示述职。9世纪时，随着西亚到中亚景教各个据点相继失守，宗主教不可能再源源不断地补充派遣传教士入华。

第二，语言障碍。

聂斯托利派传教士多为波斯人，日常交流语言多用波斯语，但在宗教活动中一律使用叙利亚语。7世纪上半叶，阿拉伯帝国取代萨珊波斯帝国后，东方教会中仍普遍使用叙利亚语，《大秦景教流行中国碑》篇头篇末的叙利亚文字就是其语言文化的证据。传教士进入中国后首先遇到的就是语言障碍，他们必须学习汉语，将基督教经典译成中文，所以贞观九年（635）阿罗本（Abraham）到长安后"宾迎入内，翻经书殿"[1]。经过三年的经典翻译，终于使中国人初步领会基督教的基本概念，但原典中表现灵魂、救世等的词汇在现存汉文敦煌文书和碑石上没有一个确切的翻译，甚至用不敬语将"耶稣"译为"移鼠"，把玛利亚译为"末艳"，称"圣灵"（Holy Spirit）为"凉风"，不对照伊朗语或叙利亚语的基督教经典文本根本不清楚其含义。尽管传教士付出了艰苦的努力，仍存在着词不达意、比附牵强的语言问题，聂斯托利派教义传播非常困难，只能借助佛道术语和名相仪轨，以至于后人怀疑景教碑和景教经典都是由汉人执笔翻译的。

---

[1]《大秦景教流行中国碑颂并序》，现存于西安碑林博物馆。以下所引不注明出处者皆为此碑之碑文。

第三，传播障碍。

唐代是中国儒、佛、道三教并盛的黄金时期，共同形成了中国传统文化的主流，佛道两家根深蒂固具有强大的优势。基督教和火祆教、摩尼教作为后来的宗教在中国的传播、发展机会要弱得多，并受到佛道两家的排挤歧视。这迫使聂斯托利派传教士将自己的宗教"本土化"，借用佛道二教的词语来阐述教义，甚至勉强命名为"景教"，将教堂泛称为"寺"，将主教比附为"大德"，将牧师统称为"僧"，目的是为了借鉴佛道名相仪轨以便被大众接受，但在传道布教时也容易引起信徒概念的混乱，还受到佛道的谩骂攻击和汉族士大夫的耻笑毁谤，客观上削减了传教的力度。

第四，文化障碍。

聂斯托利派基督教会在西亚中东的活跃，是因为它与当地的文化环境相适应。而在中国，它就成了异质文化，与唐代文化主流之间存在着本质差异。例如，儒家内圣之学鼓励通过修身养性，人人可以成为圣人；佛教般若学讲究"我佛一体""有心即佛"，人人可以成佛；道教老庄玄学强调"三无三忘""天人合一"，人人可以成为真人。基督教虽也注重自身赎罪，但信徒仅仅是上帝和基督的仆人、羔羊（经常是迷途的羔羊），不是人人皆可为基督，至多通过赎罪，获得上帝或外在神灵的拯救。即使聂斯托利派提出的"基督神人二性说"，也没超越原罪说。因此，中国传统文化人性本善的预设与基督教人性本恶的预设相抵牾，两者文化缺乏契合，不相交融，心态隔阂，难有自然的亲和性。

第五，国情障碍。

聂斯托利派基督教传教士绝大多数为波斯人和叙利亚人，他们在中亚西域本来就没有广泛的信徒基础，因为粟特人大多信奉祆教，即使少部分人改宗，信仰景教的人也不多。中国人当时信仰景教的证据至少现在还未发现。因为在汉人圈里，国家、家族的传统精神纽带是佛、道、儒，加之没有强大的政治、经济压力迫使其改宗换道，整个国情与西亚、波斯不同，世俗心理和思维方式也不同。拜祖宗、敬君臣、分长幼等中国传统文化熏陶下的汉人很难接受基督教的新神，这种文化冲突心态直到明清时期都是如此。所以，国情不同导致不相容的民族障碍，传教士面对的是一个很难融合的窘境。从外表上看，聂斯托利派传教士削发光头，留须长髯，在波斯境内，在头上每每留下十字形图案，以区别西叙利亚基督教会即雅各派和西亚迦勒底派等其他基督教派。他们进入中国后的亮相仍要体现其特点,削顶去发,存留胡须,身着法袍,即"存须所以有外行,削顶所以无内情"。这在信佛崇道的中国人看来,无疑是"异类"。再加上牧师以下可以娶妻生子,更会被列入旁门左道的"邪法"而遭到鄙视。

二 进入中国后的生存方式

聂斯托利派基督教会一直主张积极向东方发展,其传教士受到拜占庭帝国迫害陆续逃往波斯,在波斯又受到被奉为国教的祆教（Zoroastrianism）的压制和攻击,特别是633年阿拉伯人征服波斯后,他们的生存空间缩小,发展陷入低谷,只好向中亚转移并向中国发展。但此时唐朝正与西突厥汗国争夺西域中亚诸国,需要外来人才为远交近攻战略服务,所以欢迎聂斯托利派传教士进入中国提供有关中亚、波斯的外交、军事等真实状况,附带允许他们翻译经典传教布道[1]。这就决定了景教在中国不会受到特别崇奉,尽管唐朝官方对外来人士隆重接待,但这只是显示大国威仪与宽容,并非寻求新宗教作为精神支柱。比景教早进入中国四年的祆教也受到唐朝统治者的礼遇,敕令在长安建立大秦寺（又名波斯寺）。延载元年（694）,波斯摩尼教（Manichaeism）也得到女皇武则天的礼遇。"三夷教"传入中国都没有引起轰动,也没有引起人们的极大兴趣。

唐代中国无疑是当时世界上最强盛的国家,各国侨民云集,尤其是来自西域中亚和波斯的移民众多,他们信奉景教、祆教和摩尼教,自然有利于这些外来宗教的传播。唐朝政府不干预他们的宗教活动,允许其合法存在,应该说在封建专制社会里是殊为难得的。但外来移民毕竟是少数人口,信仰景教的人数不会很多,仅仅局限在波斯人和一些中亚粟特人中,并没有广大的信徒作为传教的基础。景教传教士进入中国,既没有强大的外来政治势力为他们背后撑腰,又没有波斯与中亚军事力量给他们提供支持,也没有丝路贸易中的胡商对他们进行援助；景教传教士要在中国这样一个儒佛道占据绝对文化主流的国家里发展,生存难度可想而知。他们为适应中国本土环境,艰辛努力,采取了三种生存方式。

一、对上层,参与政治。

聂斯托利派基督教会上层人物有参与政治的传统习惯,他们在拜占庭与波斯

---

[1] 参阅拙作《从景教碑试论唐长安景教的兴衰》,载《碑林集刊》第6辑,2000年。

敌对的夹缝中生存，策略之一就是依靠统治者庇护，因此曾长时间得到萨珊波斯国王的保护，波斯朝廷与聂斯托利派在自卫和扩张上有相互结合相互利用的倾向，波斯王卑路斯（435—489年在位）就认为聂斯托利派可以为波斯帝国尽忠效力[1]。阿罗本初入中国便先向唐太宗靠拢，赢得了统治者的好感与支持。《大秦景教流行中国碑》为景教士所立，但碑文中对唐朝五位皇帝歌功颂德、溢美讨好，尊称皇帝为"圣"，这固然有借皇威来抬高自己的心态，但关键还是依托统治者上层来保护自己，减少生存的困难和传教的障碍。景教士们采取了许多实际行动来投皇帝所好，主教佶和亲自率领十七名景教士到兴庆宫为唐玄宗演唱祈祷仪式上的叙利亚语基督教赞美诗[2]，他们请唐玄宗亲笔题写寺门匾额，将皇帝真容肖像转摹描画寺壁，在寺内安置唐高祖、太宗、高宗、中宗、睿宗五代皇帝遗容图像，请唐玄宗五位兄弟亲临景教寺院建立神坛，以唐代宗赏赐宫廷的御食作为荣耀分给教徒，参加唐代宗的生日祝寿庆贺大礼，等等。特别是在粟特人后裔安禄山、史思明发动的反唐叛乱中，景教士们并没有站在粟特胡人军事集团一边，而是积极协助唐廷镇压反叛。最著名的事例是准主教（chorepiscopo）伊斯（Issu）在安史之乱时效忠唐肃宗，为平叛大将郭子仪出谋划策，成为唐军的"耳目"和"爪牙"，随从郭子仪南征北战立有大功，被朝廷授予金紫光禄大夫、同朔方节度副使、试殿中监、赐紫袈裟等荣誉头衔，这是一般中国人也很难得到的荣誉。正因为伊斯为唐廷立下汗马功劳，所以他成为长安景教教会中最风光体面的人物，由他作为"大施主"资助镌刻的《大秦景教流行中国碑》才能置立于长安城内，并在碑文最后作颂词讴歌唐代诸位皇帝，表现了景教僧侣依附讨好朝廷的心态。

二、对中层，方伎沟通。

聂斯托利派基督教会建立的神学院曾培养了许多人才，他们在医学、科技、音乐、语法等方面颇有建树。进入中国的景教传教士们除了精通本教经典外，大多具有一技之长，素质较高，绝非等闲之辈。贞观时期的阿罗本通晓汉语，翻译景教经典，折服朝廷诸公，认为他的翻译"详其教旨，元妙无为，生成立要，济物利人，宜行天下"[3]。武则天时期，阿罗憾熟谙波斯建筑形制，曾在洛阳营造"大

---

[1] 朱谦之《中国景教》，人民出版社，1993年，第42页。
[2] 段晴《唐代大秦寺与景教僧新释》，载荣新江主编《唐代宗教信仰与社会》，上海辞书出版社，2003年，第434—472页。
[3]《唐会要》卷四九"大秦寺"，中华书局，1955年，第864页。

周万国颂德天枢",这座32.65米高、直径3.73米的八棱铜柱形纪念性建筑物,是他带领外国人按西方风格捐资铸造的。[1]出身医师的秦鸣鹤也是景教徒,他采用欧洲流行的放血法为唐高宗治愈目疾而被史书记载。[2]开元时期,崇一为唐玄宗长兄李宪治病,是一位擅长医道的景教士。[3]开元二十年(732)波斯景教"大德"(主教)及烈因"广造奇器异巧",利用机械奇物打通广州市舶使周庆立,并以"制造奇器"进献皇帝在长安被赏赐紫袈裟和其他财物[4]。大历时期(766—779)的波斯景教徒李素由于天文历算特长被召入长安,担任皇家天文星历最高机构司天台首脑,并可能将希腊波斯系天文著作翻译到中国[5]。此外,景教士还将西亚药物底也伽等传入中土以便行医治病。从这些例证可见,入华的景教士都是饱学之才,他们继承了经阿拉伯和叙利亚地区传来的希腊罗马文化,并将以聂斯托利派基督教神学院为基地的医学、天文、数学、机械制造等传统带入中国,作为他们传教的本领,赢得了唐朝达官贵人的认可与好感,也是他们能与贵族官僚交往的本钱,这是祆教、摩尼教等其他外来宗教所不具备的优势。从景教的传教活动看,其重要方式就是利用方伎等手段辅以教义的传播,这是景教徒谋取生存的资本。

三、对下层,慈善救济。

聂斯托利派基督教会沿袭正统基督教的传统,也注重用慈善救济方式传教布道,吸引下层民众入教。6世纪中叶中亚地区突厥部落流行瘟疫时,景教士积极营救,医治患者,并乘机布教传道,赢得不少信徒。阿罗本初入中国就给人留下"济物利人,宜行天下"的印象,这和佛教寺院没有专门的慈善救济职能大不相同。唐代抚恤病老孤穷的"悲田养病坊"一直由政府出资设专使管理,开元二十二年(734),改为佛教寺院分置托管,由僧尼负责,安史之乱爆发后被废掉,至德

---

[1] 关于阿罗憾是否景教士的问题,国内外学者分歧很大。本文暂从传统看法,即阿罗憾为景教士。
[2] 黄兰兰《唐代秦鸣鹤为景医考》,《中山大学学报》(社会科学版)2002年第5期。
[3] 关于崇一的身份,见陈垣《基督教入华史》中的考辨,《陈垣学术论文集》第1集,中华书局,1980年,第97页。又见王治心《中国宗教思想史大纲》,文海出版社,1940年,第41页。
[4] 《册府元龟》卷五四六《谏诤部·直谏》、卷九七一《外臣部·朝贡》、卷九七五《外臣部·褒异》均有记载。
[5] 荣新江《一个入仕唐朝的波斯景教家族》,载《中古中国与外来文明》,生活·读书·新知三联书店,2001年。

二年（757），因两京疫病流行又恢复普救病坊，职掌贫民病患的医疗与粥食。[1] 在社会动荡和饥贫病患众多的情况下，景教教会正好施展其慈善济民的作用，恰如《景教碑》颂扬的"饿者来而饭之，寒者来而衣之，病者疗而起之，死者葬而安之"。景教士们的高风亮节受到民众的广泛赞扬，即"清节达娑，未闻斯美"。教堂旁一般都有医院，他们在饥、寒、病、死等方面提供全方位的服务，对争取民众非常有利，处于水深火热的下层人民对景教自然抱有感激之情，这可能是最实用的传教方式了。而景教"依仁施利"比单纯传布教义更能吸引贫苦百姓，所以他们"每岁集四寺僧徒，虔事精供，备诸五旬"。按照聂斯托利派基督教会复活节"五十天奉献日"（Quinquagesima）的斋戒传统，精心供应施济贫民，维系着教民与教堂之间频繁的往来，这比"击木震仁惠之音，东礼趣生荣之路"的频繁礼拜仪式更容易召唤信徒。而中国的佛寺道观与信教民众之间显然没有像景教与信众之间这样的如此密切的慈善救济关系，这也是景教能够在中国长期维持脆弱生存的重要原因。

三　景教的流产文明命运

景教在中国存在了二百余年，经历了初唐、盛唐到晚唐的社会巨变。传教士们能把一种远离自己发源地的外域宗教移植到中国，确实付出了艰辛的努力。他们既坚持聂斯托利派基督教会大本营的传统和基本教规，又依据外来宗教"本土化"策略进行了因地制宜的"随方设教"，所取得的每一点成就都是值得自豪的。《大秦景教流行中国碑》夸耀景教"法流十道""寺满百城"虽不可靠，诸州"各置景寺"也令后人怀疑，但景教传播毕竟不局限于京城地区，从文献记载和实物遗存来看，至少在敦煌、灵武、洛阳、成都、泉州、广州等胡商贸易活动地有过存在。不过，这些孤立的点，既没有连成线，也没有经纬成面，缺乏遥相呼应的联系。

景教传教士到中国传教，企图达到的目标自然是希望中国人都能皈依，并将自己的文明融入东方主流文明。令人失望的是，景教最终以失败为结局，没有在

---

[1] 参阅拙作《唐代乞丐与病坊探讨》，《人文杂志》1992年第6期。

图1 泉州元代景教碑石之一（采自吴文良《泉州宗教石刻》，科学出版社，1957年）

图2 泉州元代聂斯托利派叙利亚文石垛天使朝献十字架图

中国扎下根来，成为中世纪的"流产文明"[1]。"流产文明"的命运在唐代中国并不是孤立的历史现象，很多学者都有讨论与分析，与其他宗教相比，笔者认为还有几个重要原因。

一是经济上比不过佛教徒。

景教教会的经济收入全靠唐廷资助和信徒及达官贵人的施舍捐助，景教寺院没有土地田产养活自身，不畜奴婢，不聚货财，不放高利贷，不允许出门化缘，朝廷又没有给予种种经济特权，不能享受官府的税金贡赋，即使有信教的胡商接济，也没有雄厚的经济基础，根本无法与经济实力强大的佛教寺院相提并论。景教讲究待人接物无贵贱之分，常常搞慈善救济活动，仅有的财物也施舍于贫民，这固然吸引了一些信徒，但一遇大的社会动荡就会捉襟见肘，只能靠平时一点积累维系生活，无法扩大传教布道的地盘。会昌五年（845）灭佛时，朝廷曾没收佛教寺院大量财物，勒令僧尼还俗充税户，可见佛寺经济实力非同一般，而景教、火祆教、摩尼教等则无财产收归皇家之记载，显然经济实力很小。

二是宗教理论上比不过佛教徒。

景教传教士为传播自己的教义，尽管下功夫翻译景教经典为汉文，但号称530部的"大秦本教经"据敦煌发现的《尊经》所列也不过35部，大部分没有译成汉文，遗留下来的仅6种13500多字，甚至还没有摩尼教的汉译作品多，与佛教汉译经典相比就差得更远。这么少的景教经典显然不能囊括所有聂斯托利派基督教的教义，虽然当时的传教士有些精通神学哲学，也传述了景教原典的本色与特征，但在借用佛道"本土化"过程中也湮没了许多教法义理，所以比不过佛典的玄理深奥，没有发挥出景教中宇宙论、灵魂说、救赎论等独特长处来阐发大义，附庸佛道谈玄说无，在信教民众中易造成混乱，人们不易分辨，并引起佛教徒的不满和攻

---

[1] 蔡鸿生《〈唐代景教再研究〉序》，载《学境》，博士苑出版社，2001年，第156页。

击。贞元二年（786），景净与印度高僧般若同译《大乘理趣六波罗蜜多经》（Sātpāramitā Sūtra）七卷，就受到"图窃虚名，匪为福利"的指责而被烧毁。景教宗教理论的影响自然很小，无法引起当时社会精英阶层士大夫的兴趣与支持。

三是信徒人数比不过佛道二教。

景教信徒人数一直没有确切数字，会昌五年取缔佛教时"天下所拆寺四千六百余所，还俗僧尼二十六万余人"，而"大秦穆护、祆三千余人还俗"[1]，若以李德裕所记"大秦穆护、祆二千余人，并令还俗"；则景教僧侣也就一千多人，佛教僧尼数量是景教僧侣的200多倍，尽管这是指专职僧侣而非接受洗礼的信徒，但一般信徒估计也不会很多。从考古出土碑刻来看，迄今能确定的信仰景教的仅是米继芬家庭等极少数人[2]，并且是中亚粟特移民的后裔。这表明景教教徒在汉人中较少，即使受洗信徒可能都是接受慈善救济或治病医疗的平民。道教的道士、女冠数量也比佛教僧尼要少，晚唐时官方数字是"宫观约一千九百余所，度道士计一万五千

图3 元代基督教徒墓志，1954年泉州出土

图4 泉州元代景教墓碑

---

[1]《唐会要》卷四七"毁佛寺制"，第841页。
[2] 参见拙作《唐代长安一个粟特家庭的景教信仰》，《历史研究》2001年第3期。

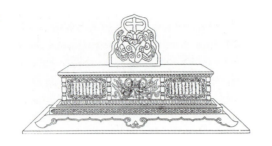

图5　泉州元代景教祭坛式石墓

图6　泉州元代景教十字墓碑

图7　元代景教瓷墓志，内蒙古赤峰松山区出土

余人"[1]，但要比景教僧侣多得多。唐长安繁荣时佛教僧侣约有三万到五万人，道士、女冠约有三五千人，景教传教士人数不仅无法与他们相比，可能也比不过火祆教穆护人数，所以一遇取缔，他们便流散逃逸，没有卷土重来的条件，也没有广泛的群众基础。

四是教堂规模比不过其他宗教。

教堂是基督教最基本的特征，教徒们围绕教堂组织宗教生活，景教教堂也是如此，不管在长安是一所还是四所，单体建筑和占地面积都不会超过佛教寺院与道教宫观。《景教碑》夸其教堂"宝装璀翠，灼烁丹霞；睿扎宏空，腾凌激日"；伊斯时在旧寺基础上"重广法堂，崇饰廊宇，如翚斯飞"，都是说教堂内部装饰，对其建筑规模，语焉不详。按韦述《两京新记》记载："（长安城中）僧寺六十四，尼寺二十七，道士观十，女观五，波斯寺二，胡祆祠四。"长安佛寺如慈恩寺、西明寺、荐福寺等均为十余院、上千间房，道观

---

[1] 杜光庭《历代崇道记》，《道藏》第11册，文物出版社、上海书店、天津古籍出版社，1988年，第7页。

图 8 敦煌景教宗主教画像复原图

图9 亚美尼亚保存的《圣经》，1317年，大英图书馆藏

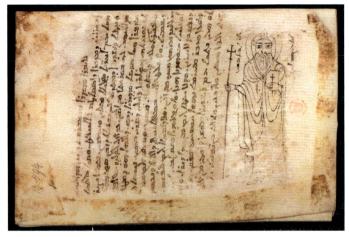

图10 叙利亚文《圣经》中的主教上帝，932年，羊皮纸，大英图书馆藏

如昊天观、东明观、金仙观等均占有一坊、半坊之地。教堂作为宗教集会场所，其规模大小反映传教影响大小，又体现僧侣教团人员多少，景教教堂规模不大，自然不能与佛寺道观相抗衡。故唐人舒元舆瞧不起摩尼教、景教、祆教，"合天下三夷寺，不足当吾释寺一小邑之数也"[1]。

值得注意的是，聂斯托利派基督教会的一大特点是重视修道院的建设，修道院选址往往远离人口密集的地方，以便修道士进行静修、苦修。如果京师长安义宁坊所造大秦寺为一座主教堂，那么七十多公里之外的周至大秦寺可能就是修道院[2]，由于乡村人少、语言不通、距离偏远等封闭局限，在一定程度上削弱或分散了景教的势力与影响。

---

[1]《唐文粹》卷六五，浙江人民出版社影印本，1986年，第3页。
[2] 周至大秦寺一直是中国景教史研究中的一个热点，林悟殊认为周至大秦寺现存遗址因没有实质性证据而不能确定是唐代景寺，见《周至大秦寺为唐代景寺质疑》，载《唐代景教再研究》，中国社会科学出版社，2003年，第65页。李崇峰考述周至大秦寺塔为北宋初年重修，见《文物》2002年第6期。对此笔者表示赞同，笔者认为周至大秦寺应是修道院，靠近道教圣地楼观台，其选址有可能是后人传说的唐太宗敕建，而寺塔是北宋佛教僧侣占据后建立的。

五是传教上比不过其他宗教。

景教进入中国后仍保持了聂斯托利派基督教会的主要传统，在传教上利用医学、科技、慈善等独特优势，既传教又行医，汉文景教文献《志玄安乐经》就宣传用治病救人来拯救人的灵魂和济度人于苦海，"能疗饥渴，复痊众病"，通过医术治疗肉体疾病达到争取信徒改宗景教的目的。由于这种传教方式属于间接使人改变信仰，不像火祆教那样用聚火祝诅、以咒代经来吸引众徒，也不像摩尼教那样用诱惑百姓向往光明、摒弃黑暗的"善恶论"鼓动激励群众起来战斗，所以景教扩大传教影响的可能性较小，这和18世纪后"洋教"依靠列强撑腰传教有很大不同。正像蔡鸿生先生指出的，中古三夷教的汉化形式是摩尼教异端化，火祆教民俗化，景教方技化。尽管这概括比较笼统，却道破了景教的必然命运，在唐代宗教意识领域里只能处于边缘化的无足轻重的地位。

中古时期的唐代作为一个外来移民众多的大国，经过安史叛乱之后急剧衰落，对外来宗教传入的宽容也渐渐失去信心，特别是参加平叛的西域胡人军队对朝野各界造成了严重的心理伤害，导致社会上形成排外的思潮。景教即便利用慈善救济、治病救人等手段，也只能获得少数黎民百姓的好感，实用主义的统治集团和士大夫阶层以及大多数平民群众更多的是冷漠轻视，皇帝灭佛的一道敕令就使景教被牵连取缔，景教厄运临头竟没人出面保护，传教士自身似乎也一筹莫展，听任摆布，流散不明，从此在中国销声匿迹，这其中的原因就是本文所讨论的诸条，足使后人思索这"悲凉文明"的失败原因。

DISCUSSION ON THE VICISSITUDE OF THE NESTORIAN CHRISTIANITY IN CHANG'AN THROUGH AN INSCRIPTION IN TANG DYNASTY

3

从景教碑试论唐长安景教的兴衰

从景教碑试论唐长安景教的兴衰

中国唐代的长安是与雅典、罗马、开罗并称的世界四大古都之一,《大秦景教流行中国碑》又是与北非罗塞塔埃及线形文希腊文双语石碑、西亚死海东岸摩押希伯来文碑刻、北美亚兹特克授时碑齐名的世界四大石碑之一。自从这方黑色的景教石碑于明朝天启年间(1621—1627)发掘出土后,就引起了国际宗教界和学术界的激烈争论,三百多年来仅就出土的准确时间和具体地点还没有一个比较令人信服的定论。[1] 但不管怎么考究,景教碑本身的真实性和学术价值愈来愈为人们所公认,它无可辩驳地证明了基督教在唐长安传播近150年的历史,是中国基督教史上最早、最确凿的传播证据。

首先需要声明的是,在考古新资料被发现之前[2],笔者始终认为景教碑应该出土于西安而不是周至县,因为景教碑的内容性质是纪功性质的,是纪念碑不是墓碑,它是为了在大唐帝国首都向世人炫耀的,不可能安置于偏僻幽静的终南山脚下。即使周至有大秦寺和景教传教士活动,也不会把这块著名的石碑立在区区一隅

---

[1] 关于《大秦景教流行中国碑》的发现时间,有五种说法:一为明万历年间(1573—1620)说,见钱谦益《牧斋有学集》卷四四《景教考》;二为明崇祯年间(1628—1644)说,如林侗《来斋金石刻考略》;三为明天启三年(1623)说,见阳玛诺《唐景教流行中国碑颂正诠》和徐光启《熙朝崇正集》卷一《景教堂碑记》;四为明天启五年(1625)说,见曾德昭《中国史》崇祯元年(1628)所记;张星烺《中西交通史料汇编》第1册第119页所录西方学者裕尔《古代中国闻见录》亦持此论;五为天启三年至五年说,即天启三年出土,两年后移置金胜寺,见冯承钧《景教碑考》,商务印书馆,1931年,第9页。
具体出土地点有三原说、长安说、周至说、长安与周至之间说等四种,阳玛诺、曾德昭、李之藻、徐光启、伯希和、洪业、足立喜六等认同长安说,夏鸣雷、穆尔、冯承钧、佐伯好郎等人坚持周至说。参考周祯祥《关于景教碑出土问题的争议》,《文博》1994年第5期。
[2] 1999年周至大秦寺塔维修时,笔者和侯昕曾先后前往考察,并听取了大秦寺文物管理所的具体介绍,但现已出土的文物和文字似乎还不能确切证明景教的传播活动,期待有关考古实物资料的进一步公布。

之地，远离居民集中的唐长安城。任何劝人出世的宗教所用的手段却都是入世的，为了使欢乐的天国世界得以一览无余，使人更加自由地相信进入天国的宣传，景教寺院只能设立在唐长安热闹繁华、人口众多的坊里。在唐长安109坊中分布着159座寺观，其中约有三分之二建立在长安北部靠近皇宫、人口稠密的地方，便于各阶层民众就近礼拜诣道。朝廷官署、商业市区、王公宅第也都主要建在长安城内北部[1]，夸耀景教尊荣的纪念丰碑安放在皇恩荫庇、众目钦羡的唐长安城里才是合情合理，唐长安出土的其他纪功性碑石也是如此[2]，因而本文以"唐长安景教"为名进行研究是顺理成章的。

一　景教传入唐长安原因

东西方学者都曾认为唐以前就有基督教东方教会的僧侣到中国活动[3]，但令人存疑的是没有确凿史证。尽管丝绸之路上遗存着摩尼教、祆教、佛教、景教等诸多宗教寺院，但关于基督教的文物并不是遍布丝路沿途。作为唐朝官方正式许可基督教立足长安并允许传教的唯一文献，就是《大秦景教流行中国碑》。因为目前还找不到确切可信的史料来证明基督教在唐以前入华的传播，许多学者就以唐代景教作为基督教在中国最早传教的开始。[4]

讨论景教在唐长安的传教，就会关注到景教的起源与东渐。一般学者都认定景教是西方基督教中的异端聂斯托利派。这支教派的创始人聂斯托利（Nestorius）是生于叙利亚泽曼尼西阿（Germanicia）的基督教神学家，生卒年为约381—451年。[5] 他于428—431年间任君士坦丁堡大主教，当时正值基督教内部由"三位一体"的争论引发出对基督的人性问题以及由此产生的玛利亚是"上帝之母"的争论。"三位一体"是基督教的主要教义之一，即上帝只有一个，但包含圣父、圣子、圣灵三位。这种说法引起基督教内部阿里乌斯派（Arians）与阿塔拿修派

---

[1] 见拙著《华夏文化的丰碑——唐都建筑风貌》，陕西人民出版社，1987年，第122页。
[2] 《唐重修内侍省碑出土记》，《考古与文物》1983年第4期。
[3] 见王治心《中国基督教史纲》，青年协会书局，1940年，第25—27页。又见[德]克里木凯特著，林悟殊翻译增订《达·伽马以前中亚和东亚的基督教》"中国唐前基督教的传疑"，淑馨出版社，1995年，第91—95页。
[4] 陈垣《基督教入华史略》，见《陈垣学术论文集》第1集，中华书局，1980年，第85页。
[5] 唐逸主编《基督教史》，中国社会科学出版社，1993年，第63页。

图1 陕西周至大秦寺宋代佛塔

(Athanasius)之间的激烈争论,后在罗马皇帝君士坦丁(Constantine)的压力下,325年在尼西亚召开的第一届普世基督教大公会议上将阿里乌斯撤职,放逐到亚得里亚海东岸。聂斯托利担任君士坦丁堡大主教后,继续批驳阿里乌斯派的上帝一位论,提出"基督二性二位说";主张基督的神、人二性应当分开,玛利亚仅为基督的肉身之母而绝非上帝之母。这种强调耶稣人性的观点一提出,立即引起亚历山大主教和罗马主教为首的正统派的坚决反对,并在431年以弗所宗教会议上被斥为异端。435年,罗马皇帝狄奥多西二世(Theodosius Ⅱ)发布敕令迫害支持聂斯托利的基督教徒;449年第二次以弗所会议上,他使用更多的手段来攻击和迫害聂斯托利派。450年上台的罗马皇帝马西安(Marcian)与474—491年在位的罗马皇帝齐诺(Zeno)都残酷打击聂斯托利派教徒,迫使大批聂派教徒逃往中东和波斯。

特别是489年位于东罗马帝国东部的叙利亚教会安提阿神学院被齐诺下令关闭,这是对聂斯托利派的又一次重大打击。几百名安提阿神学院的师生纷纷加入东方教会,转移到罗马以东、底格里斯河的尼西比斯(Nisibis)城。该城主教巴尔索马(Barsumas,435—489)是聂斯托利派的同情者和支持者,他另办一所神学院,该学院成为在东方的一个新的聂斯托利派思想文化中心,并得到波斯皇帝的援助。

长期以来,波斯与罗马是互相敌视的超级军事大国。由于罗马帝国以基督教作为自己的官方思想体系,所以在波斯的基督徒们也经常遭受迫害,即罗马帝国

图2 明天启三年出土的《大秦景教流行中国碑》，1907年入藏西安碑林博物馆

图3 西安碑林博物馆藏《大秦景教流行中国碑》拓片

认定波斯基督教徒为敌国之邪宗门，而波斯又认为基督教徒是罗马的间谍。波斯的基督教徒为了生存，424年在波斯首都塞琉西亚(Seleucia)宣布自治，脱离了罗马帝国的教会。因此，波斯基督教东方教会因政治原因而从罗马教会中独立出来，并不是因为聂斯托利派的教理原因而分道扬镳。独立的波斯基督教会与聂斯托利派在很长时间里没有直接的关系。

受罗马帝国迫害后逃到波斯的聂斯托利派教徒，在波斯帝国的庇护下曾被视为盟友，获得了独立发展的政治保障，不仅自选其宗主教，而且与当地的东方教会开始结合。484年开始独立组建的东方教会，第二年决定承认神职人员结婚合法，498年他们承认接受聂斯托利的神学思想和教义、教规。独立存在的东方教会以塞琉西亚和泰西封为中心，积极对外进行传教活动，尤其是经过540年的内部改革整顿，其传教士开始从叙利亚、波斯到阿拉伯、印度等地传教，其影响一度超过西方罗马教会，故曾称为"火热的教会"。

需要指出的是，波斯东方教会并没有从498年开始与罗马正统教会在教理上决裂，其决裂是在近一个世纪以后。553年在君士坦丁堡主教特别会议上，东罗马（拜占庭）皇帝查士丁尼一世(Justinian Ⅰ)攻击、谴责了聂斯托利的恩师摩普绪斯提阿之狄奥多(Theodore of Mopsuestia)，此人被波斯东方教会尊为最重要的神学权威，也被认为是基督教异端和景教的始祖[1]，所以波斯基督徒于587年在塞琉西亚举行的教会会议上进行反击与驳斥，从那时起波斯东方教会与罗马正统教会才从教理上公开决裂。波斯教会在612年的正式文件中第一次提到了聂斯托利的名字，此前波斯基督教徒们从没有称呼自己是"聂斯托利派"，而自称是"迦尔底亚"或"亚述"(Assyria)基督教徒，因他们主要居住在西亚两河流域古代亚述帝国和迦尔底亚—巴比伦帝国的范围内[2]。

在萨珊波斯(226—651)时代，祆教、摩尼教、东方基督教共同形成了三大宗教，其中祆教被波斯奉为国教。独立的基督教东方教会虽很长时间内得到波斯皇帝保护以对抗罗马帝国，但基督教东方教会却经常遭到波斯国内其他宗教徒的攻击，如祆教僧侣就鼓动人民猛烈攻击基督教。从3世纪末的沙普儿二世(Sapor Ⅱ)到4世纪的巴拉姆五世(Babram V)、叶斯德苟德二世(Jezdegerd Ⅱ)以及乔斯洛伊斯二

---
[1] 朱谦之《中国景教》，人民出版社，1993年，第35页。
[2] 江文汉《中国古代基督教及开封犹太人》，知识出版社，1982年，第6页。

图4 5—7世纪景教墓石,乌兹别克斯坦出土

世(Shah Chosroes Ⅱ),都在不同时间、不同地点压制迫害过东方教会。为了保全自己,东方教会开始使用"聂斯托利派信徒"来称呼自己。[1]同样,波斯东方教会基督教徒为了继续生存和发展,他们不断向中亚和东亚进行传教活动,以扩展自己的影响,这就使我们清楚了景教传播的起源与脉络。

633年,崛起的阿拉伯人侵入波斯,637年和642年,波斯军队两次被阿拉伯人打败,随着波斯全境被阿拉伯人征服,伊斯兰教开始盛行。新的征服者为了稳住政局而对基督教相对宽容,允许波斯基督徒在缴纳人头税的前提下保留其信仰,不少东方教会基督徒得以暂时生存。而作为教会要取得宗教使命的最高成就已不可能,基督徒生存和发展的空间大大缩小,许多基督教徒只好往东逃亡。762年,东方教会宗主教府移至巴格达,受阿拉伯哈里发的直接控制,东方教会基督徒的人数大减,其在东方的发展也陷入低谷。

朱谦之先生在他的大著《中国景教》中认定,景教的创立在4世纪中叶,但实际上景教作为一个有别于罗马正统基督教的教派,在基督教东方教会里自称聂斯托利派是很晚的,也就是说"景教"名称大概出现较迟,如果能确定基督教东方教会和景教教区的差别,那么景教称呼的产生就明确了。笔者认为作为聂斯托利派的景教名称可能产生于6世纪,并与景教向中亚传播是同步的。

由于学者的推论差别较大,我们还不清楚其在中亚的传播时间。例如沙畹认为:"据叙利亚人的记载,约在公元411—415年撒马尔罕就建立了基督教的

---

[1] [奥]霍夫力著,侯昕译《唐代波斯基督教会向中国的扩展》,载《陕西历史博物馆馆刊》第6辑,陕西人民教育出版社,1999年,第280页。

主教区"〔1〕。玉耳（Yule，也作裕尔）《东域纪程录丛》则认为也里（Herat，即今赫拉特）主教区的建立当在公元411—415年之间，撒马尔罕当在公元503—520年〔2〕。如果说6世纪景教已传播到巴克特利亚地区，那么活跃在波斯和中亚之间的粟特商人可能扮演了传教的角色，因为从叙利亚文基督教文献译成波斯文，又从波斯语基督教文献译成粟特语的文本被保存了下来〔3〕。不久之后，景教开始在嚈哒人、突厥人中传播。591年，东罗马皇帝曾派兵帮助波斯王库萨和镇压叛乱，所获俘虏中有额上刺有十字符号的突厥人，据说是昔日东粟特瘟疫流行之时，曾有基督教徒命其刺十字于额头，以避瘟疫传染。沙畹指出："观此文，具见景教在591年前30年时，已传布于康居一地突厥人之中，盖诸人于童年时刺此十字也。突厥人中既有基督教徒，则635年西安景教流行中国碑所载阿罗本传教中国之事，亦无足异矣。"〔4〕

景教在突厥语民族中的传播，自7世纪起延绵不断，尽管考古发现的景教徒墓志、教堂遗址等年代较晚，一般为8—10世纪，但以撒马尔罕为中亚景教传播中心的景教徒活动，沿古代丝绸之路则是已经证实的。冯承钧曾指出："景教东来，当取途于乌浒（Oxus）河南之大夏，不应北越乌浒，远至古之康居、今之撒马尔罕（Samarkand）。景教徒之行程，盖由大夏经行巴达克山（Badakshan）、葱岭（Pamirs）、蒲犁（Tash-kurghan）而至和阗（Khotan），遵玄奘之归途而至长安。玄奘《西域记》瞿萨旦那（即古于阗，今和田），仅记佛教遗迹，于《唐书》之祆神，《沙州图经》之康国人，皆略而不言。吾人不能谓于阗独信佛教，不奉火祆，不接景众也。予非固执于阗侍子介绍景教阿罗本之说，但考证之结果，暂时只能主张此说也。"〔5〕

方豪也指出："景教之始入我国，必在贞观九年前，贞观九年阿罗本已在政府欢迎下，公然入京觐帝。阿罗本未入长安前，其本人或其他景教士必已有逗留于

---

〔1〕［法］沙畹著，冯承钧译《西突厥史料》，中华书局，1958年，第219页。
〔2〕［英］玉耳《东域纪程录丛》第1册，伦敦，1915年，第103页注3；转引自周良霄《元和元以前中国的基督教》，载《元史论丛》第1辑，中华书局，1982年。
〔3〕［丹麦］阿斯姆森撰，陈怀宇译《前伊斯兰时代中亚粟特语和回鹘突厥语基督教文献概述》，载《国际汉学》第4辑，大象出版社，1999年，第361页。
〔4〕《西突厥史料》，第219页。
〔5〕冯承钧《景教碑考》，商务印书馆，1931年，第58页。

长安之西新疆、甘肃一带者。"[1]

上述历史背景使基督教东方教会由波斯一步步传入中国如水到渠成,极为自然和顺利。而聂斯托利派的景教传入7世纪初的唐长安,其原因又有各种说法。一般认为,当时正值唐朝"贞观之治"的"太平盛世",唐朝以其雄厚的国力而对外族持宽大、开放政策,能够对外来各种宗教兼容并蓄、百川俱纳。还有的认为,当时波斯与中国政治经济关系很好,交往甚密,其商贸特产、工匠技艺及奇珍异宝深受唐代帝王青睐,外交上的亲善关系为波斯宗教文化的传入敞开了大门。朱谦之在论述景教东传中国的原因时,认为经济是最主要的因素,中国和波斯的陆路交通使丝绸、宝石、香料交易频繁,国际贸易都市的兴起也带动传道僧徒由西向东传教,并推测景教徒也参与了丝路的经济活动,兼营商业贸易是景教徒的特点,自叙利亚、波斯以至中国,一路上凡是景教徒所聚集的地方,大概都是东西往来贸易的通路,都设有景教的据点。[2]

这些观点都有一定道理,特别是朱谦之以经济为主导,结合政治、文化因素,论述更为全面。但笔者认为,要探讨景教传入长安的原因,首先要考察贞观九年(635)前后的唐帝国对外军事活动的历史背景。亚洲大陆北方霸主突厥一直是初唐的最大威胁,突厥汗国不仅统治着西域诸国,而且与波斯王族建立有婚姻关系,高昌、龟兹、疏勒、于阗、康国等西域属国也都与突厥有着通婚关系。突厥人接替了原来由嚈哒人控制的西域后,与波斯、罗马均缔结过联盟,以利于丝绸之路贸易,粟特人在其中起过重要的中介作用。当贞观四年(630)东突厥汗国被唐朝灭亡后,一度曾为西域霸主的西突厥汗国因内乱也趋衰落,东突厥亡国后的余众纷纷逃入西域,并分化成互不统属的三大支,即乙注车鼻可汗、阿史那社尔、欲谷设,唐朝不惜物力,全力招抚他们归降。贞观六年(632),继高昌王麴文泰率西域各国使节入朝后,焉耆王龙突骑支又派遣使者到长安朝贡,并请开大碛路直通敦煌,以方便使者和商旅往来,得到唐太宗允准。此举触犯了高昌作为中介获取好处的利益,高昌开始派兵袭击焉耆,并勾结西突厥处月、处密部落阻止西域诸国与唐的联系。贞观九年,阿史那社尔由西域率众降唐,并入朝宿卫,但西突厥连续拥立的几位可汗仍与唐对峙抗衡,直到贞观二十三年(649)西突厥汗国灭亡。唐朝经过三十

---

[1] 方豪《唐代景教考略》,《中国史学》1936年第1期。
[2] 朱谦之《中国景教》,第58—63页。

余年的努力，才消灭了东、西两个突厥汗国，取代了它们在亚洲内陆的霸权，建立起自己对西域的有效统治，其经营西域的原动力是要建立"天下国家"的安全边界和"天可汗"的超级强国，对丝路贸易的军事保护以及与波斯的友好交往都是之后的事情，仅就贞观九年景教传入长安来说，还谈不上什么"开放""宽容"。唐帝国对西域采用军事进攻和招抚诱降的两手策略，允许中亚或西域移民进入长安也是安抚控制的手段，目的是为最终统治西域服务。

清楚唐初周边格局的较量与均衡的历史背景，我们就可知唐太宗派重臣房玄龄到长安西郊迎接传教士阿罗本一行，不是因为景教徒负有经济贸易的重任，不是景教徒具有丰富的天文、医学等知识和献上了"奇器异巧"，也不是李唐政权民族政策欢迎各类宗教传入，更不是要和波斯建立友好关系或欢迎波斯景教徒避难，而是急需景教徒翻译和提供关于西域乃至中亚、波斯的真实情报，以便为打败突厥汗国和经营西域服务，所以将景教士"宾迎入内，翻经书殿，问道禁闱"，看看他们究竟能提供哪方面的情报，能为唐政府做什么样的服务，翻译景教经典之外还能译出其他什么东西。在唐太宗眼中，楚材晋用、为我服务的实用主义是头等大事，至于各类宗教本来就是"道无常名，圣无常体，随方设教，密济群生"[1]，没有偏爱哪一种宗教的固定思维。

比阿罗本等景教徒晚到长安十年的佛学大师玄奘也是如此。贞观十九年（645），玄奘从印度回来，唐太宗除命令于阗、鄯善等地护送他速返京城外，也派房玄龄在长安西郊迎接，但唐太宗频繁召见他密谈，并不是让他翻译佛教正宗经典，而主要是了解西域、中亚诸国和五天竺的情况，还屡次力劝玄奘还俗辅政，充当征服西域诸国的首席外交顾问，甚至"劝逼"玄奘从政辅佐自己"翊赞功业"。唐太宗看重玄奘的翻译才华和对西域的了解，所以玄奘回到长安后首先撰写的是《大唐西域记》，而不是"西行述法记"，书名突出"西域"是"大唐"的，是为远交近攻战略服务的。[2]

因此，笔者认为，景教能获唐朝允准于于贞观九年传入长安，这是唐朝廷为争夺西域抗击突厥而采取的策略，是为拓土扩疆军事战略服务时附带的文化兼容手段。

---

[1]《唐会要》卷四九，上海古籍出版社，2006年，第1011页。
[2] 拙文《唐玄奘晚年活动散论》，《人文杂志》1994年第2期。

二 景教"本土化"传播的成功因素

景教传入唐长安,几乎与东来的火祆教、摩尼教是同时代的。此三教均来自波斯,唐人因不清楚其教义区别而统称为"波斯胡教"或"波斯教",甚至认为它们是源于波斯的佛教宗派。唐太宗曾称景教士阿罗本为"波斯僧",所建的景教寺亦名曰"波斯寺"。此外,唐人也称景教为"大秦教""弥尸诃教"或"迷诗诃教"(即"弥赛亚"之译音)。

据冯承钧早年考证,景教士阿罗本在到达长安之前,曾"入侍于阗王子",在西域展开过传教活动,后"阿罗本随于阗王子到长安"[1]。于阗王子来长安是进贡礼品还是作为"质子"长期居住,则不清楚。同样,阿罗本是7世纪时的叙利亚人还是波斯人,也无法判断。他原名或许是 Abraham,汉名系 Yabhallaha、Alopeno 或 Rabban 的音译。但阿罗本肯定是基督教东方独立教会的传教士,《景教碑》上的叙利亚文字便是明证,因为叙利亚文字作为宗教文字,只有基督教的东方教会才流行。有学者认为,阿罗本是由波斯景教教长伊舒叶赫卜派遣入长安传教的第一人。[2] 也有学者认为,基督教"最早传入中国内地是在6世纪初。北魏孝明帝年间混迹于洛阳佛寺的三千余大秦'沙门'实为来自叙利亚的基督教东方教派的景教徒。唐贞观一开元年间,罗马教皇梯窝独罗斯一世曾三次派人来华"[3]。还有学者认为,景教进入长安必是有备而来,阿罗本一入长安即能以中文译述自己携带的基督教经典,不论其文字表达能力,还是文章顺畅程度,单以一个波斯教士能把深奥神学义理,在毫无前例可援的境况下,译为中文,并能说服唐太宗,便可证明阿罗本"宗教内涵之丰富、学术修养之深厚,绝非泛泛"[4]。这些看法有的属于推测,需要新资料来证明;有的入情入理,很有启发与见地。我们遍查史料,则会注意到景教士们进入长安,一是没有外来的政治势力在他们背后撑腰,二是没有波斯与中亚军事力量给他们保护支持,三是没有大量的外来移民给他们拥戴呼应,四是没有丝路贸易商队作为他们传教的经济基

---

[1] 冯承钧《景教碑考》,第56页。
[2] 卓新平《基督教犹太教志》,上海人民出版社,1998年,第318页。
[3] 林梅村《中国基督教史的黎明时代》,《西域文明——考古、民族、语言和宗教新论》,东方出版社,1995年,第448页。
[4] 赵璧础《就景教碑及其文献试探唐代景教之本色化》,载林治平编著《基督教在中国本色化论文集》,今日中国出版社,1998年,第55页。

础，五是没有语言文化交流的优势。景教士要在长安这样一个佛教、道教占据绝对优势地位的东亚大都市里发展，只能依靠自身的努力，既需要争取唐朝统治集团的允许和资助，又必须得到京畿地区百姓的认同和拥护，其传教与生存的难度可想而知。

因此，以阿罗本为代表的景教士们非常重视基督"本土化"的传布策略，即在不损害景教教义思想的前提下，适当调整或改动其解说与论证，以适应中国本土的传播环境。这在《景教碑》中有着典型的反映，在敦煌发现的六种唐景教文献中也有明显的记载[1]。

第一，确定景教教名。

《景教碑》直接提到"景教"的命名缘起："真常之道，妙而难名，功用昭彰，强称景教。"显示景教士入长安后为自己教派命名问题有过一番推敲，因为很难恰当转译命名，既要符合中国人的宗教汉化风俗习惯，又要昭示景教传教功能的意义，最后勉强称为"景教"。"景"字由"日""京"合并而成，本有"日大""光明"之意。据李之藻所撰《读景教碑书后》："景者，大也，炤也，光明也。"阳玛诺（Emmanuel Diaz）在其《唐景教流行中国碑颂正诠》中也称："景者，光明广大之义。"日本佐伯好郎认为自命景教有这样几个理由：一、当时弥施诃教徒说弥施诃是世界之光，景字即光明之义。二、景字通京，日与京二字合成，而京有"大"之义。三、当时长安有属于佛教密宗特征的"大日教"势力，利用"大日教"易于被民众接受。四、道教经典中有《黄帝内外景经》，双方名称相似可以暗示。[2]由此可见，景教以"景"字来表述其信仰奥义时，也集中体现了使中国人易于接受的"本土化"特色。景教不仅有和长安其他宗教调和、看齐的倾向，而且在创始、立足、发展的各个阶段一直在进行"本土化"的努力。为此，景教传教士在宣传"光明灿烂的宗教"时，称其教祖为"景尊"、教主为"景日"、教会为"景门"、教堂为"景寺"、教士为"景士"、教徒为"景众"、教规为"景法"，并称

---

[1] 现存唐代汉译景教经典，学者公认的计有六篇，即：《大秦景教三威蒙度赞》，400多字；《尊经》，近300字；《一神论》（内包括《喻第二》《一天论第一》《世尊布施论第三》等三部分），约7000字；《序听迷诗所经》，约2800字；《志玄安乐经》，2600多字；《大秦景教宣元本经》，400多字，共13500多字。据林悟殊和荣新江考证，所谓《大秦景教大圣通真归法赞》《大秦景教宣元至本经》两篇经文，系近代人伪造。见《所谓李氏旧藏敦煌景教文献二种辨伪》，收录于林悟殊译《达·伽马以前中亚和东亚的基督教》，淑馨出版社，1995年，第189—211页。

[2] 转引自朱谦之《中国景教》，第131页。原文见 P.Y.Saeki, The Nestorian Monument in China, Society for Promoting Christian Knowledge, London, 1928, pp. 127-130；《景教之研究》，第552—553、984—990页。

其宗教感化力及其影响为"景力""景福"和"景命"等,将其信仰传播称为"景风",甚至僧侣名字也常以景字开头,如景净、景福、景通等。

第二,借用佛、道用语。

唐代是儒佛道三教鼎立的时代,而长安又是佛寺、道观林立的地方,盛唐以前全国约有40%以上的著名高僧、道士云集京城。初唐时,在三教的排序上,以道先、儒次、佛末为次序,李唐皇室声称道教教祖李耳是本家的远祖。景教进入长安后极力顺应唐廷颁布的宗教次序,不但袭用道、佛二教经典的词语、模式,而且为布教传道的方便,将景教教义解说与论证亦和佛、道思想混合。在道教方面,大量袭用道教思想及术语,使景教碑文和文典中的一些语句颇具道家风格,如"粤若常然真寂,先先而无元,窅然灵虚,后后而妙有,惣玄枢而造化,妙众圣以元尊";"道无常名,圣无常体";"惟道非圣不弘,圣非道不大";"浑元之性,虚而不盈";"鼓玄风而生二气",等等,均类似老子《道德经》的文风。《景教碑》中"宗周德丧,青驾西升;巨唐道光,景风东扇",分明比喻老子乘青牛西入流沙的故事,而景教东传则乃老子之教复归[1]。至于道家的一般词语的借用就更多了,如"玄妙"(奇妙)、"元风"(圣灵)、"造化"(创造)、"帝山"(天国)、"天尊"(天父)、"修功德"(祈祷)等。可见,道教词语被借用之滥。在佛教方面,景教也屡屡使用佛典名词,《景教碑》中景教的上帝"阿罗诃",即是从佛教《妙法莲华经》中借用之词。此外,景教文献中的"世尊"(耶稣)、"僧"(教士)、"大德"(主教)、"三一妙身"(三位一体)、"弥施诃"(弥赛亚)、"净风"(圣灵)、"娑殚"(撒旦)、"寺"(教堂)、"佛事"(礼拜弥撒),以及"慈航""慈恩""法主""法王""功德""大施主""普救度""救度无边"等亦取自佛教用语。这种借用、附会佛典词语来阐述景教教义的做法,也是唐代景教传播的一大特色。

第三,与儒家伦理结合。

儒学在唐代虽没有被推到至高无上的极端地位,但其礼制与伦理思想仍是当时社会遵循的法则。景教为了传教顺利,道德规范必须本土化,不得不吸收儒家忠孝思想来为自身张目。景教碑文中充满了对唐朝皇帝效忠的溢美之词,赞颂唐太宗是"赫赫文皇,道冠前王";高宗是"人有乐康,物无灾苦";玄宗是"皇图璀璨,率土高敬";肃宗是"止沸定尘,造我区夏";代宗是"德合天地,开贷生成";德

---

[1] 朱谦之《中国景教》,第141页。

宗是"武肃四溟，文清万域"。"道非圣不弘，圣非道不大。道圣符契，天下文明"。景教文献《序听迷诗所经》也糅合忠君思想说："众生若怕天尊，亦合怕惧圣上，圣上前身福私（利）天尊补任，亦无自乃天尊耶。属自作圣上，一切众生，皆取圣上进止，如有人不取圣上。驱使不伏，其人在于众生，即是返逆（叛逆）。"景教教义中并无尊帝事君之诫，这无疑是景教入华后为迎合儒家"事天、事君、事父"的伦理纲常而添加的。景教士对中国人自古就重视的"孝道"亦颇关注，《序听迷诗所经》说："先事天尊，第二事圣上，第三事父母。""第二愿者，若孝父母并恭给，所有众生，孝养父母，恭承不阙，临命终之时，乃得天道为舍宅。（第三愿者，所有众生）为事父母，如众生无父母，何人处生？"基督教并不反对孝养父母，然而将孝养父母与祖先崇拜合一，则是景教所受儒教思想的影响。景教传播时以尊君、事父相号召，与儒家思想妥协结合，正是景教能成功传布的原因之一。

第四，推行慈善救济事业。

佛教在唐代兴盛的原因之一就是设立"病坊"，普救贫困残弱者，以此赢得信徒好感。景教进入长安后也采纳了这种方法，广行慈善救济，承担特定的社会角色，借此吸收了许多信徒。据《景教碑》所记："广慈救众苦，善贷被群生者，我修行之大猷，汲引之阶渐也"，"大施主金紫光禄大夫、同朔方节度副使、试殿中监、赐紫袈裟僧伊斯，和而好惠……能散禄赐，不积于家。献临恩之颇黎，布辞憩之金罽……馁者来而饭之，寒者来而衣之，病者疗而起之，死者葬而安之……"从这些"慈救""善贷"的记载来看，景教的慈善事业吸引了不少贫苦平民和市井信徒，可与"救度无边"的佛教"功德"大施主相提并论。《景教碑》中还说："七时礼赞，大庇存亡"，说明景教士既为生存者祈求息灾延命，又为死亡者祈求冥福，所以唐太宗下诏以为"详其教旨，玄妙无为；观其元宗，生成立要；词无繁说，理有忘筌；济物利人，宜行天下"，即认为景教能救世益人，可传行于天下。如果说景教东来传教者多习于经商图利，散财济贫只是大施主自我吹嘘的假面具，恐不是历史的真相，起码景教为了达到向民间平民信徒传教的目标，在慈善事业上采用了争取黎民百姓的手段。

第五，译出大量景教经典。

佛教传入中国时因困难重重，不得不附庸道术以求发展，但由于佛教徒坚持不懈翻译佛经，使佛教传述渐明，最终得到中国人的承认和赏识，景教入华的过程也是如此。阿罗本进入长安后，不失时机地译出大量玄理深奥的景教经典，《景教碑》曰："宾迎入内，翻经书殿"，虽然翻译何经迄今不甚清楚，但经过三年的译经工作，不仅使唐太宗"问道禁闱，深知正真，特令传授"，而且"详其教旨，玄妙无为"，能大略领会景教经文的要旨，这不能不说是译经的功劳。景教士们要用唐人明白的文词用语讲经论道，克服造句古怪、文字晦涩、词不达意等困难，确不容易。从景教汉文文献中最古老的《序听迷诗所经》来看，这是汉译的《耶稣基督经》，其中将"耶稣"译为"序听"或"移鼠"，将"圣灵"译为"凉风"，把玛利亚译为"末艳"[1]，目的都是能使中国人理解，也是促使景教的本土化，使其词汇通用、合情合理。阿罗本之后，关于景教徒们致力于延续经卷的翻译活动记载不清，但据敦煌景教文献中的《尊经》所载，唐代所进呈的汉文景教经典曾达三十五种，如《敬礼常明皇乐经》《宣元至本经》《志玄安乐经》《多惠圣王经》《阿思瞿利容经》《浑元经》等。《尊经》经文末尾的一段附笔曰：

> 谨案诸经目录，大秦本教经都五百卅部，并是贝叶梵音。唐太宗皇帝贞观九年，西域大德僧阿罗本届于中夏，并奏上本旨。房玄龄、魏征宣译奏言。后召本教大德僧景净译得已上卅部，卷余大数具在贝叶皮夹，犹未翻译。

此处所载大秦本教经 530 部，是指景教经典的总数。"至于'贝叶梵音'，这是中国文字用以统指所有未经译出的西方横行文字包括叙利亚文字的代名词而已。"[2] 景教经典的汉译，证明景教士用最大的精力来传播宣讲本教教义，尽管他们只选择了小部分主要经典，但从流传下来的经卷来看，无疑是效法佛教"本土化"的趋势，并付出了艰苦的代价。

从以上五个方面，我们知道景教从传入长安起，就开始中国本土化，适应当地人的生活方式，比如景寺（教堂）可能是模仿佛寺外貌形制，因为景教士没有把中亚东方教会穹顶石柱的教堂建筑照搬到长安来。在唐长安佛、道、儒占据主流宗教地位的优势和压力下，景教如果一味坚持原教旨，则势必遇到更多的困难，甚至无法生存。而景教士适应中国人需要的巧妙改装，依托佛、道将景教教义、戒律、礼俗等进行文化传播，这是其本身的成功之处。

---

[1] 关于汉文景教的经典翻译讨论，见翁绍军《汉语景教文典诠释》，生活·读书·新知三联书店，1996 年。
[2] 朱谦之《中国景教》，第 99 页。

三 景教在长安兴衰的根本原因

景教在唐长安的传播,经历了一个由兴盛到衰亡的完整过程。贞观九年,阿罗本获唐朝允准到达长安,经过三年译经著文,使唐太宗初步了解了景教的宗旨。贞观十二年,太宗降诏:

> 道无常名,圣无常体,随方设教,密济群生。大秦国大德阿罗本,远将经像,来献上京。详其教旨,玄妙无为。观其元宗,生成立要。词无繁说,理有忘筌。济物利人,宜行天下。所司即于京义宁坊造大秦寺一所,度僧廿一人。[1]

这一诏敕标志着景教被唐廷正式认可,由此开始其在长安的流传。但是,在长安的西域移民中,并没有多少景教徒或景教僧侣,如果宣教团有一定的规模,就不必新剃度21位新僧来入住新寺,而且这些新度僧究竟是移民信徒还是长安人,皆不清楚。值得注意的是,景教僧侣始终没有像火祆教僧侣那样被列入唐朝职官编制,火祆教有萨宝府专职管理,景教僧却没有专设机构控制,这并不是优待景教士,可能是景教信徒人数太少,景教传播影响不大的缘故。不过,唐太宗此举无疑为景教在长安的传播打下了基础,他又让人将其肖像摹画于景教教堂墙壁,使之"天姿泛彩,英朗景门,圣迹腾祥,永辉法界"[2]。在景寺里图画中国帝王形象,这自然是借"龙威"来提高景教的地位,耶稣或圣母像和中国皇帝的肖像同处一个教堂墙壁上,既是中西绘画艺术的交融,也是基督教在长安本土化的一种反映。

唐高宗李治继位后不仅"克恭缵祖,润色真宗",而且"更筑精宇,和宫敞朗",促成了景教在全国的发展。除京城长安之外,他还令诸州"各置景寺,仍崇阿罗本为镇国大法主"。阿罗本被册封为"镇国大法主",景教的传教活动从而得以顺利进行,一度迎来了景教的兴盛,形成"法流十道,国富元休;寺满百城,家殷景福"的局面。至于景教是否能流传十道或寺满百城,唐代官方文献无法佐

---

[1] 此一建寺诏文,《唐会要》卷四九有录,但行文较简略。
[2] 《大秦景教流行中国碑颂并序》。原文校勘及注释见翁绍军《汉语景教文典诠释》,第41页。以下所引皆出自此,不再另注。

证,《景教碑》虽有夸大之嫌,但有"五道"确曾有大秦寺或景教徒存在:

1. 关内道——长安义宁坊以及周至、灵武等处的大秦寺[1]
2. 陇右道——沙州(敦煌)大秦寺[2]
3. 剑南道——益州(成都)大秦寺[3]
4. 河南道——洛阳(东都)大秦寺[4]
5. 岭南道——景教僧(波斯僧)及烈曾在广州造奇器异巧以进长安。唐僖宗乾符五年黄巢攻陷广州时,有基督教徒等被杀戮。[5]

武则天"临朝称制"后,因利用佛教为自己服务,所以景教发展受阻。武周政权又以洛阳为中心,以长安为中心的景教基本上呈停滞和衰落之态。圣历年间(698—700)和先天年间(712—713),景教徒们先后在洛阳遭到佛教僧侣的谩骂攻击,在长安被一些士大夫耻笑毁谤。只是在其僧首罗含(Abraham)与大德僧及烈(Gabriel)等教士"共振玄纲,俱维绝纽"的情况下,才没被赶出长安。

唐玄宗李隆基继位后,为了重振大唐国威,积极拓疆扩边,致力于西域外交事务,景教发展自然重获生机。开元年间(713—741),景教士频繁来华,他们以奇巧珍玩取悦长安城的皇族权贵,利用所掌握的技艺、医术来感服众人,展开传教活动,其中最突出的是及烈。《册府元龟》卷五四六记载:"(开元二年)市舶使右卫威中郎将周庆立,波斯僧及烈等广造奇器异巧以进。"同书卷九七一又载:"(开元二十年)九月,波斯王遣首领潘那密与大德僧及烈朝贡。"及烈一再参加进贡活动,显然是希望得到朝廷的青睐、保护和支持。开元二十八年,医术高明的景教士

---

[1]《景教碑》记有"京义宁坊造大秦寺一所"。醴泉坊也有波斯胡寺,即卑路斯请立以处波斯人者。见向达《唐代长安与西域文明》,生活·读书·新知三联书店,1957年,第25页。

[2] 敦煌唐写本景教汉文经典可能皆出自沙州大秦寺。

[3] 成都大秦寺遗址在西门外石笋街。据宋人蔡梦弼编《杜工部草堂诗笺》卷一九所引《蜀都故事》云:"石笋街,真珠楼基也。昔有胡人于此寺,为大秦寺,其门楼十间,皆以真珠翠碧贯之为帘,后摧毁堕地,今有基脚在。每有大雨,其前后,人多得真珠、瑟瑟、金翠异物。"唐文宗太和三年(829),南诏权臣嵯颠率蛮兵破蜀,大掠成都而还;在掠走的九千人中有工匠八十人,其中有"医眼大秦僧一人",这个被掠的"大秦僧"应是成都的景教士,见李德裕《李卫公集》卷一二《论杜元颖追赠第二状》。

[4] 东都洛阳大秦寺,见《唐会要》卷四九唐玄宗诏文:"其两京波斯寺,宜改为大秦寺。天下诸府郡者,亦宜准此。"第1012页。

[5] 穆根来等译《中国印度见闻录》,中华书局,1983年,第96页。

崇一在长安为唐玄宗之兄宁王李宪治病，受到赐绯袍、银鱼的奖赏。[1]玄宗本人对景教也有好感，曾命其兄弟五王亲临景寺设立神坛，还让人修复已经破损的景教活动场所。天宝元年（742），玄宗又令内侍、大将军高力士将高祖、太宗、高宗、中宗、睿宗五位皇帝的画像安置在景教寺内，为此还"赐绢百匹，奉庆睿图"，以表示"日角舒光，天颜咫尺"。天宝三载，景教新主教佶和到达长安，于是玄宗让他和景寺寺主罗含、普论等17位教士一同到兴庆宫颂经礼拜"修功德"。

笔者认为，唐玄宗对景教的最大支持是将景教与波斯其他宗教区分开来，即把"波斯寺"或"波斯胡寺"改为"大秦寺"。天宝四载，朝廷诏令："波斯经教，出自大秦，传习而来，久行中国。爰初建寺，因以为名。将欲示人，必修其本。其两京波斯寺宜改为大秦寺，天下诸府郡者，亦宜准此。"[2]唐代"大秦"泛指东罗马帝国，包括叙利亚等地。以大秦寺取代波斯寺之名，表明唐人对景教渊源、教义和信仰特征有了更深刻的理解。唐玄宗还专门为景教寺"天题寺榜，额戴龙书"，用御笔亲题的匾额为其撑腰打气，所以景教碑文对玄宗颂扬备至，称"宠赉比南山峻极，沛泽与东海齐深"。

安史之乱爆发后，唐肃宗李亨在灵武继续支持景教，因为参与平定安史叛军的其他民族军队中可能有景教徒，或需要景教徒做翻译与西域各民族接触。所以他在灵武等五郡重新建立起景教寺，以争取景教徒在内的各方人士的支持。当时大将郭子仪总戎于朔方，肃宗任命景教士伊斯担任同朔方节度副使，协助郭子仪平定安史之乱，"为公爪牙，作军耳目"。据《景教碑》："大施主金紫光禄大夫、同朔方节度副使、试殿中监、赐紫袈裟僧伊斯，和而好惠，闻道勤行，远自王舍之城，聿来中夏，术高三代，艺博十全。"他是景教长老米利斯的儿子，来自"王舍之城"，即景教24个总主教驻所之一的巴尔克（Balkh，今阿富汗北部），几代擅长科技。作为肃宗、代宗和德宗三朝著名的"白衣景士"，伊斯不仅为郭子仪平叛出谋划策，而且兼充译员。[3]建功立业后，"更效景门，依仁施利。每岁集四寺僧徒，

---

[1]《旧唐书》卷九五《李宪传》，中华书局，1975年，第3012页；又见《新唐书》卷八一《李宪传》，中华书局，1975年，第3598页。关于崇一的身份考证，见陈垣《基督教入华史》，载《陈垣学术论文集》第1集，中华书局，1980年，第97页。

[2]《唐会要》卷四九"大秦寺"，第1012页。又见《全唐文》卷三二《改波斯寺为大秦寺诏》，中华书局，1983年，第357页。

[3] 冯承钧《景教碑考》第68页说，"伊斯此行，不特参戎事，且供翻译也，逆料昔日军中舌人必定甚多，不仅伊斯一人"。

虔事精供,备诸五旬"〔1〕。他还乐善好施,积极参与政治,但对景教传播似无贡献。

唐代宗李豫对景教是"每于降诞之辰,锡(赐)天香以告成功,颁御馔以光景众"。唐德宗李适也对景教"披八政以黜陟幽明,阐九畴以惟新景命"。建中二年(781)大秦景教流行中国碑在长安的建立,也是"景教"之名在碑文中首次出现,标志着"本土化"景教在中国传播达到最高潮。与外来的祆教、摩尼教相比,景教在唐朝经过150年的曲折发展,应该说是传教最成功的一种宗教。景教碑的建立,确是一个值得纪念的宗教大事,"三夷教"中只有景教立碑纪功,这本身就反映出它的独特优势。

中唐以后,景教在长安发展的高潮已过,不但影响日渐减少,而且像景净那样的著名景教士也再未出现。从政治上看,藩镇割据使中央政权威信大减,军阀反叛,皇室衰败,统治者无心顾及景教的生存。从经济上看,唐王朝处于多事之秋,财政收入捉襟见肘,不可能再资助景寺活动。从军事上看,外族的入侵,使统治集团失去对外族的宽容,朝野上下弥漫着排外仇外的阴风。从文化上看,景教的神学影响很难与佛、道抗衡,长安多次遭受战乱,多元文化氛围已不复存在。再加上丝绸之路的萧条和当时东西交通的阻隔,长安的景教徒们缺乏往昔来自波斯或中亚景教重要据点的联系,景教发展已难有回天之力。种种原因,使景教在长安的生存出现了危机。

穆宗长庆四年(824),舒元舆在其撰写的《唐鄂州永兴县重岩寺碑铭》中说:"故十族之乡,百家之间,必有浮图,为其粉黛,国朝沿近古而有加焉。亦容杂夷而来者,有摩尼焉,大秦焉,祆神焉,合天下三夷寺,不足当吾释寺一小邑之数也。"〔2〕碑文中的"大秦"即指景教,舒元舆以佛教占主流地位的态度贬低景教等为"杂夷"之教,反映时人将景教排斥在宗教生活圈之外的看法。因此,景教在中唐以后的生命力已极为微弱。

会昌五年(845),唐武宗李炎大举灭佛,景教、祆教、摩尼教导也在劫难逃。这倒不是"三夷教"受佛教的牵连,而是中唐以后从统治集团到社会各阶层人士排外心理的反映,因为安史之乱以后西域胡人在长安被视为祸乱的根源。以回鹘为

---

〔1〕 佐伯好郎认为"四寺"是指长安义宁坊大秦寺、洛阳修善坊大秦寺、灵武大秦寺、周至大秦寺,见《景教研究》(景教の研究),东方文化学院,1935年。
〔2〕《全唐文》卷七二七,第7498页。

代表的外族人恃功自傲，甚至在长安为非作歹，助长了"胡汉分离"的社会风气。早在武宗灭佛前两年，已经取缔禁绝了回鹘人信仰的摩尼教，此次灭佛自然也不能放过景教、祆教。唐武宗《毁佛寺勒僧尼还俗制》中说："况我高祖、太宗以武定祸乱，以文理华夏，执此二柄，足以经邦。岂可以区区西方之教，与我抗衡哉。"并诏令："僧尼不合隶祠部，请隶鸿胪寺。其大秦穆护等祠，释教既已厘革，邪法不可独存。其人并勒还俗，递归本贯充税户。如外国人，送还本处收管。"禁令下达后，为"显明外国之教，勒大秦穆护、祆三千余人还俗，不杂中华之风"。[1] 景教被视为"邪法""夷教"，这一毁灭性的打击标志着基督教在中国的衰亡，长安景教从此一蹶不振。即使唐宣宗大中元年（847），朝廷为佛教"平反"，但景教的地位却再也无法恢复。

景教自 635 年由阿罗本传入长安，至 845 年被唐武宗在长安"灭教"，前后共 200 多年的历史。基督教东方教会在华第一次传教的兴衰原因，一直是学术界关注探讨的课题。佐伯好郎、冯承钧、伯希和、岑仲勉、方豪、罗香林等均有论述。近年来，探讨景教兴盛的代表作有如下观点：

林悟殊认为，就唐代三个"夷教"来看，景教在华的传教应该说是最成功的，因为其基本上是依靠僧侣自身的主观努力，并不借助外来的势力，通过走"上层路线"，取得统治者的礼遇。[2]

朱谦之认为，唐代景教因有当时政府的大力支持，故得发达，而景教徒亦因与政治发生关系，至有人仕于唐者。在景教徒到达长安时，他们常常以贵重的珍奇舶来品献给朝廷，作为结纳权贵的手段，使景教振兴流行起来。[3]

赵璧础认为，景教在华的本色化努力是其成功的原因。景教自创教名，将教义与中国民情、文化相结合，平明时突出本身功能，协助强化中华家国社会；危难时献身军旅，贡献力量救民于水火；讲道德信仰时，推崇洁高质朴之生活模式，最终开出奇花，结下异果。[4]

此外，还有学者认为，景教在华流传是唐太宗宽容调和的宗教政策在起作用，更有人认为是"贞观之治"的"太平盛世"需要兼容并蓄的宗教文化传入，

---

[1]《旧唐书》卷一八上《武宗纪》，第 605、606 页。
[2] 林悟殊《唐朝三夷教政策论略》，载《唐研究》第 4 卷，北京大学出版社，1998 年，第 7 页。
[3] 朱谦之《中国景教》，第 69—70 页。
[4] 赵璧础《就景教碑及其文献试探唐代景教之本色化》，见《基督教在中国本色化论文集》，第 55 页。

图5 唐彩绘胡俑，1980年河南偃师南蔡庄村出土

等等。

关于景教衰亡的原因，则有如下代表看法：

杨森富认为，景教之兴衰决定于帝室的好恶，唐朝大部分景教寺都是官方出资建造的，而大部分信奉景教之信徒亦都靠着教会的赈济，踏入教会之门。景教僧又喜出风头，参与政治活动与其他和传道无直接关系的事务，未全力做传教工作。至于那些靠赈济而信教的信徒，本来信仰就不够坚定，一道禁教令颁下，也就顺顺当当地被迫还俗了。[1]

西方传教士总结景教衰亡原因时认为，景教在神学上缺乏鲜明的理论，没有宣传十字架救赎的道理，景教原典传述过于"本土化"，没有群众基础，也没有结交精英人士建立关系网，当时景教士过分依赖皇帝的支持，浮在社会表层，因此在新旧政权出现更替时遭到厄运。对此，林悟殊指出，探讨景教在唐代最终失败的原因，如果一味从传授技术、传教方式、传教方针等主观方面去寻找原因，仿佛只要该教的僧侣们能修正这些错误，就能在唐代中国扎根下去，未免有舍本逐末之嫌。在封建集权社会中，任何宗教传播的成败在很大程度上都取决于统治者的好恶，拒绝景教的是统治者，而不是民众，说景教不重视或不善于在民间传教而导致失败是站不住脚的。当我们在探讨某个宗教成败的原因时，与其刻意从该教本身寻找，不如从统治者的政策以及制定政策的社会历史背景去发掘，这样也许更能反映历史的本来面目。[2]

笔者认为，林悟殊的分析是正确的。唐人一直信奉文化功利主义，所有宗教

---

[1] 杨森富《唐元两代基督教兴衰原因之研究》，见林治平编《基督教入华百七十年纪念集》，宇宙光出版社，1997年。

[2] 林悟殊《景教在唐代中国传播成败之我见》，载《华学》第3辑，紫禁城出版社，1998年，第93页。

的传播都要为皇权服务，再复杂的宗教经典也要进行实用化、功利化的阐释，佛、道教以及"三夷教"莫不如此。景教兴盛和失败的根本原因，都取决于唐廷的价值决定，即皇帝个人的好恶，其背后也潜藏着深刻的社会历史原因。唐太宗允许景教进入长安传教，目的是为了招徕西域，拓土扩疆，建立强盛大国。

图6　吐鲁番景教寺院遗址

唐武宗取缔景教在长安的活动，目的还是为了稳固自己的皇位，挽救已趋衰落的唐帝国，安内先排外，竭力贬低外来宗教文化。将景教等"夷教"视为"邪法"，打击外来移民的精神支柱，反映了中唐以后统治者对外来民族的恐惧不安。对外来移民、外来文化，唐前期朝廷采用利用政策，到唐后期则变为排斥政策，这是景教在长安由盛而衰的根本原因。

NESTORIAN CHANT MUSIC OF TANG AND YUAN DYNASTIES

4

唐、元时代景教歌咏音乐考述

唐、元时代景教歌咏音乐考述*

基督教的福音传播离不开音乐，因为音乐可以直接和心灵对话。基督教音乐作为艺术不仅与宗教相通，而且首要职能是引导人们去领会神的启示。音乐的真魂、音乐的因子、音乐的灵感，改变了宗教活动严肃刻板的气氛，以其独特的震撼心灵的力量成为呼唤神的最佳媒体，创造了一个彼此教导的融洽高潮。5世纪晚期，基督教聂斯托利派（Nestorianism）从君士坦丁堡进入萨珊波斯帝国版图内的两河流域后，为了提高教派传播的质量和效果，对音乐一直非常重视，无论是在神学院教学中，还是在礼拜仪式中，都注重音乐的成分，通过音乐真切体验宗教的魅力。7世纪，聂斯托利派进入中国后虽称名"景教"，但仍执着于原有的宗教音乐，使基督教音乐在促进东方各国的人类文明交流中，成为一种无法替代的元素。

一

8世纪的开元天宝时代，是唐朝对景教优礼厚待的时期。《大秦景教流行中国碑》记载唐玄宗派宁王等五王，亲临长安城内基督教堂，建立坛场；又派大将军高力士送五位皇帝画像，到基督教教堂安置。这并非唐玄宗对景教情有独钟，而是景教传教士通过奉献珍宝、医术诊病等种种方式与朝廷接触，才使皇帝加深了对景教的印象。特别是《大秦景教流行中国碑》记录天宝三载（744）：

---

* 本文为笔者在2006年6月奥地利萨尔茨堡"第二届景教在中国与中亚国际研讨会"上的演讲稿，原题为《景教歌咏音乐在唐元时代的传播与影响》，林悟殊先生审读后建议改为现题目，特此感谢。

> 大秦国有僧佶和，瞻星向化，望日朝尊。诏僧罗含、僧普论等一七人，与大德佶和于兴庆宫修功德。[1]

这条录文表明，来自叙利亚的新主教佶和到达中国的第一年，便接到了唐玄宗的诏书，与大秦寺僧罗含、普论等 17 人前往兴庆宫修功德。"修功德"按照佛教所说就是诵经礼佛的法会，而在叙利亚东方教会传统中，宗教礼拜仪式繁多，宗教礼仪与圣咏歌唱不可分割。早期基督教音乐在叙利亚得到了充分自由的发展，认为只有用人的颂歌声才能直接向神表示崇拜，这也是基督教最基本的特征。兴庆宫是唐玄宗的皇家别宫，各类艺术家经常在这里举行歌舞演出。因为弥撒大多采用赞美诗与歌咏的形式，歌咏比诵读要更受推崇，受过训练的僧侣犹如唱诗班的歌手，所以我们判断，景教 17 名传教士前往兴庆宫"修功德"，应是有一定规模的祈祷歌咏表演活动。

天宝三载兴庆宫的这场颇具规模的祈祷仪式，无疑是景教传教士与唐王朝最高统治者互动关系的一个成功事例，整个仪式由新到中国的主教佶和亲自主持，按照叙利亚赞美诗轮唱形式的惯例，16 名参加歌咏的景教教团传教士可能分成两组。尽管我们不知道领唱者是谁，是否按唱诗班形式轮唱，但不难想象赞美上帝仪式的高贵。与西域胡人略有区别的深目高鼻的景教传教士们，引吭高歌，异域情调使精通音乐的唐玄宗耳目一新，所以给予了丰厚的奖赏："天题寺榜，额戴龙书。宝装璀翠，灼烁丹霞。睿扎宏空，腾凌激日。宠赉比南山峻极，沛泽与东海齐深。"新上任的主教佶和无疑获得极大的荣誉，受到中国皇帝宠爱的长安景教教团，肯定会备受鼓舞，祆教、摩尼教均没有这样显要的机遇，承接这样的荣耀与恩泽。

天宝四载（745），唐朝终于改变了原来一直含混不清的景教称谓，朝廷下诏：

> 波斯经教，出自大秦，传习而来，久行中国。爰初建寺，因以为名。将欲示人，必修其本。其两京波斯寺宜改为大秦寺。天下诸府郡者，亦宜准此。[2]

这一诏令的颁布，标志着唐人和中国皇帝对传自波斯的摩尼教、祆教和景教

---

[1]《大秦景教流行中国碑》，见翁绍军校注《汉语景教文典诠释》，生活·读书·新知三联书店，1996 年，第 59 页。
[2]《唐会要》卷四九"大秦寺"，上海古籍出版社，1991 年，第 1012 页。

已有了甄别，不仅意识到"三夷教"之间的不同，而且认识到景教真正的源头是在大秦，要比波斯还遥远。所以，当时中国境内的基督教寺院一律改为大秦寺，说明景教已得到最高统治者的重视。由波斯寺到大秦寺的命名变更，自然应归功于当时来华的景教传教士的努力，他们为传教做了大量工作，特别是景教徒为了摆脱武周以来屡受佛道攻击的窘境，利用歌咏音乐为唐玄宗演唱基督教的赞美诗，不失为一种介绍自己、融合双方的捷径。

在基督教宗教礼拜仪式中，景教最鲜明的特点和固守的传统就是礼拜仪式时必须歌咏，正如《大秦景教流行中国碑》记载所说："击木震仁惠之音，东礼趣生荣之路""斋以伏识而成，戒以静慎为固""七时礼赞""七日一荐"。[1]尽管我们不知道当时做礼拜时"击木"是否为乐器奏乐，但唱圣歌、咏诗篇则是肯定的，这说明唐代长安景教教会严格恪守着聂斯托利派基督教的礼仪传统。

景教教会传教士中一定有音乐造诣很高的人，特别是大师级人物，没有深厚的文化底蕴是不可能一直鼎力推动高雅音乐走进传播的全过程，让信徒感到优美旋律的音乐力量。在《大秦景教流行中国碑》左右两侧有70个人名用叙利亚文字镌刻，从主教、牧师等神职人员到普通教民排列井然有序，其中有依据叙利亚语职衔maqreyānā标明的宣讲师身份，特指培养教授唱歌的人，这个人汉文名字作"玄览"，他的头衔为"牧师及长安的执事长及宣讲师"[2]。根据9世纪《东方教会法》和840年《教堂司事书》记载，执事长是主教的左膀右臂和喉舌，引导神职人员做礼拜，负责教堂祝圣仪式活动，专门培训神职人员，并"去教居民唱神的赞歌"[3]，在唱完一节经文后再由信徒重复歌唱颂咏。像玄览这类具有三个职衔的人物应该是一个具有音乐天赋或景教音乐造诣很高的人，扮演着教授诗歌甚至领唱的重要角色。这

---

[1]《大秦景教流行中国碑》，见《汉语景教文典诠释》，第51页。"击木震仁惠之音"的"击木"是用圆木撞响教堂钟声还是像佛教徒敲木鱼吟诵念经，仅从字面很难确定。翁绍军注释景教堂习事击木板，召集会众做夜祷，引穆尔之说"景教徒用木板而不用铃"。希腊人和东方基督教徒在教堂做礼拜时，敲击用绳索悬挂的铁板或铁条，用来代替钟。英国卡迪符大学马斯克·宁梵夫教授认为"击木"此句可能与音乐有关，但音与乐有区别，音指演唱，乐指奏乐。

[2] 唐莉博士特别指出，段晴沿袭传统对玄览的职衔本来含义翻译为"讲师"（teacher monk），不一定准确，应为preacher，即此处"宣讲师"是布道人，做弥撒时的领唱者，不是神学院教书的讲师。见《唐代大秦寺与景教僧新释》，载《唐代的宗教信仰与社会》，上海辞书出版社，2003年，第453—455页。玄览职务旧译为"司铎、教正、博士"，见朱谦之《中国景教》，人民出版社，1993年，第162页。

[3][德]克里木凯特著，林悟殊译《达·伽马以前中亚和东亚的基督教》，淑馨出版社，1995年，第11页。

图1 元十字头铜权杖，内蒙古博物院藏

也说明，聂斯托利派基督教会进入唐朝传教时，将其音乐一同传入中国。

早期基督教咏唱圣歌是没有乐器伴奏的，由于口头传承不使用记谱法和历史文献的缺憾，我们不知唐代景教教堂礼拜仪式中，是否使用琵琶、箜篌、觱篥、箫笛、琴瑟、羯鼓等中外乐器[1]，歌唱诗篇时是否有伴奏和声合唱，圣乐是否是拜占庭通用的美声唱法，赞美诗（Hymns）或圣歌（Anthems）中是否吸收了中国的西域民歌音素，这些细节之谜很难破解。尽管聂斯托利派基督教会的音乐是古典、高尚的严肃音乐，但从西亚、中亚到中国，由于教理和礼拜仪式方面的差异，咏唱诗篇圣歌的音调可能并不统一，其甄别不易确指，有待新发现的遗留文物研究复原。20世纪初已发现的敦煌曲谱，尽管有人依据古谱板眼"均拍"记号译读了一些小节[2]，但很多音乐史专家认为只能推测节奏快慢，曲调尚难断定，原来旋律怎么咏唱不可知晓，这个历史之谜不会被复原破解。

二

一种观点认为，基督教聂斯托利派传入中国的音乐使用的是拜占庭乐谱，拜占庭乐谱与公元前古希腊乐谱有着特殊亲缘关系，后来用于记写教堂音乐歌曲。

---

[1] 奥地利萨尔茨堡大学霍夫力（Peter Hofrichter）教授提示笔者注意，尽管9世纪以前已有管风琴出现，但当时教堂里不会用，东罗马教会曾收到赠送的管风琴不知道怎么使用。查理大帝（768—814年在位）以后，西方教会才有管风琴，但景教不会使用天主教管风琴，直到今天叙利亚东方教会仍然不用管风琴。

[2] 叶栋《唐代音乐与古谱译读》，载《人文丛刊》第10辑，1985年。

图 2 金十字架铜镜，中国国家博物馆藏

428 年，聂斯托利被任命为拜占庭君士坦丁堡大主教，435 年左右，他被罗马教廷宣布为异端遭到流放，逃往波斯建立大本营向中亚传教，拜占庭乐谱随之开始传入中亚。531 年后，《魏书·乐志》记载北魏崔九龙开始使用"但记其声折而已，不能知其本意"的"龟兹乐谱"，包括了华、戎、雅、俗等五百首乐曲。特别是北齐时龟兹、西国龟兹、土龟兹三种龟兹乐曲流传盛行，号称龟兹觱篥谱，有可能就是拜占庭乐谱。开元天宝年间，唐玄宗又在"龟兹乐谱"基础上改制出新乐谱，因此，拜占庭乐谱演化成中国俗字谱。景教十七名传教士在兴庆宫演唱圣咏，与改编拜占庭乐谱是同一时期的事情，很可能就是演唱拜占庭的乐曲。[1]

另一种观点认为，聂斯托利派基督教会的传统是凡礼拜仪式必闻歌乐，虽

---

[1] 何昌林《中国俗字谱与拜占廷乐谱》，《交响（西安音乐学院学报）》1985 年第 3 期，第 14—20 页。该文结论之一是唐燕乐"一宫四调"理论，源出拜占庭"正格四调"理论，故唐燕乐半字谱源出拜占庭乐谱。

然聂斯托利派主要以萨珊波斯为大本营，但教会仍使用叙利亚语，波斯出身的教会领袖们也主要以叙利亚语创作并做礼拜仪式，显示他们对传统的执着。聂斯托利派既然始终坚持使用叙利亚语作为礼拜仪式的语言，所歌之《诗篇》也必是叙利亚语的。《大秦景教流行中国碑》中的部分内容使用叙利亚文书写，天宝三载兴庆宫所歌唱的《诗篇》同样为叙利亚语的基督教赞美诗。唐玄宗与景教接触似乎颇为频繁，景教吸引玄宗之所在，可能更多的是它的音乐以及宗教礼仪中绵绵不断的歌声。景教好歌，酷爱音律的唐玄宗应早有所闻。玄宗之兄宁王也通音律，尤擅长吹笛，宁王曾光临景教的教堂，参加了建立坛场的仪式，也必然目睹了景教的宗教仪式，聆听了叙利亚语的赞歌，在喜音律的唐玄宗面前，宁王免不了要将亲眼所见、亲耳所闻，汇报一番。[1]

　　这两种观点，都有其推测的合理性，因为基督教会赞美诗和轮唱赞美诗的早期发展都始于叙利亚，东方教会的经文和音乐都使用叙利亚文记载[2]。但基督教圣咏音乐原始来源不是在一个封闭环境中由单一民族创作的。它是以犹太教音乐为基础，与希腊式音乐频繁交流中形成的。早期基督教音乐在希腊和罗马世界里经常体现东方的特征，东方教会也完全有可能吸取西方教会的圣咏音乐，因为《新约》原文为希腊文，景教经书中亦似有《四门经》(Tetrabiblos)等少数希腊原本文书，所以聂斯托利派教士也研习希腊文，神学系统与文化背景间接接受希腊拉丁文化亦有极大可能。拜占庭教会虽然使用希腊语，但拜占庭音乐并非古希腊音乐的延续，而是以融合了东西方因素的犹太人、叙利亚人的模式为基础，与西方教会的圣咏颇有相似之处，拜占庭教会还曾采用过叙利亚的异教赞美歌。[3]

---

[1] 段晴《唐代大秦寺与景教僧新释》，初刊北京大学《东方学研究通讯》2002年第2期，后收入荣新江主编《唐代的宗教信仰与社会》，上海辞书出版社，2003年，第434—472页。

[2] 英国学者赫德逊（G. F. Hudson, 1903-1974）认为："基督教就其源起而言是亚洲的宗教，只是它被欧洲各族人民接受之后才属于欧洲的历史。景教形式的基督教只局限于亚洲，其语言为古叙利亚语，而其传播中心总是在罗马帝国境外，在波斯或阿拉伯的统治地区。"所以，赫德逊主张研究欧洲与中国关系时，可以将景教忽略不提。见《欧洲与中国》，中华书局，1995年，第105、106页。

笔者认为这种观点过于简单化，忽视了聂斯托利派和基督教各个教派共同拥有的基督教发展史，也忽视了当时传教士与信众在东西方宗教思想之间的文化交流现象。例如19、20世纪在埃及俄克西林古城遗址陆续出土的"基督教赞美歌蒲纸残片"（Oxyrynchus Hymn Papyri），是现存最早的基督教圣歌和最古老的赞美诗，相传写于2—4世纪，它用叙利亚文字记录，但它的歌词是希腊文，旋律是希腊风格，采用了希腊声乐记谱法，充分说明基督教从耶路撒冷向欧洲传播时，吸收融合了不同地区不同民族的音乐文化。

[3] 陈小鲁《基督宗教音乐史》，宗教文化出版社，2006年，第207—210页。

基督教是一个重视歌唱和音乐的宗教。313 年，罗马帝国立基督教为国教后，罗马就使用拜占庭音乐，米兰则使用安布罗斯平咏调。590 年，格列高利（Gregory）成为教皇后，糅合东西方教会曲调，吸收了几种有特征的圣咏曲，经过融合修改，形成格列高利平咏调。东方教会主流音乐中盛行的单声部圣咏，与拜占庭圣咏有着共通之处。只是 9 世纪以前教会音乐依赖口授言传，除歌词外没有乐谱，所以包括聂斯托利派在内的基督教会所流传下来的音乐资料都不多。

1908 年在敦煌发现了译自叙利亚文的唐代景教颂文《三威蒙度赞》（*Hymn to the Holy Trinity*）。[1] 虽然其在文字上带有佛道两教的词汇，但在音节和内容上却按汉语格律译成七言韵文，共四十四句，译义正确，诗句优美，"赞"和"颂"一样用于供传教士和会众歌唱，因为音乐伴随语言在对神的礼拜中具有特别的作用。本赞歌词大概在 800 年前后成文，译者可能是景教碑文作者景净（Adam），"三威"指圣父、圣子、圣灵"三位一体"的威严，"蒙度"指"得蒙救度"[2]。景教会众在举行礼拜时歌唱道：

> 无上诸天深敬叹，大地重念普安和，人元真性蒙依止，三才慈父阿罗诃。
>
> 一切善众至诚礼，一切慧性称赞歌。一切含真尽归仰，蒙圣慈光救离魔。
>
> ……

---

[1]《三威蒙度赞》共 309 字，1908 年被伯希和发现于敦煌，现藏于巴黎法国国家图书馆（P.3847），与《大秦景教流行中国碑》合称唐代景教文学双璧。对《三威蒙度赞》研究的不同观点，见朱谦之《中国景教》，第 121 页。吴其昱《景教〈三威蒙度赞〉研究》比较了汉文、叙利亚文与希腊拉丁文原本的异同，指出此赞"实为中国与希腊犹太文化接触所生结果之一"，《"中央研究院"历史语言研究所集刊》第 57 本第 3 分，1986 年，第 411—438 页。林悟殊《敦煌景教写本 P.3847 再考察》，载《唐代景教再研究》，中国社会科学出版社，2003 年，第 125 页。

[2] 日本学者佐伯好郎认为"威蒙度"是叙利亚文 imuda 的音译，意为"洗礼"，"三威蒙度"就是三次受洗。见《支那基督教研究》第 1 卷，春秋社，1943 年。穆尔（A. C. Moule）在《一五五○年前的中国基督教史》（郝镇华中译本，中华书局，1984 年）中则认为，"三威"指圣父、圣子、圣灵，"蒙度"指"得蒙救度"。穆尔的说法近年得到越来越广泛的认同，例如刘奇《中国古代传入的基督教会音乐探寻》认为，所谓"三威"，即指天主（或上帝）"三位一体"的威严，"蒙度"就是仰望救赎的意思，见《音乐艺术》1987 年第 1 期。

从歌词译文来看,《三威蒙度赞》就是今天仍广泛用作天主教礼仪颂歌的《荣归上帝颂》(Gloria in excelsis Deo)[1],但其一方面保留了原诗歌的西文节奏,另一方面则运用了中文格律,遗憾的是其中既无直接的咏唱曲谱,也无间接的口头传唱记述。据西方学者研究,这首赞美诗在长达一千多年的中世纪共有五十多种不同的曲式,流传至今还配有音乐咏唱。古代叙利亚教会在9世纪前使用的最简单的一条单旋律圣咏,发音法和调式都是东方的类型。聂斯托利派追随者中间传播的就是叙利亚赞美诗,神父领唱后,教徒们以短句应答,或是由两组人轮流咏唱,每组各有一名领唱,这种分两组的唱诗班,歌诗的名目繁多,有礼拜仪式开始时的《诗篇》节选,有做弥撒所唱的赞美歌,有在仪式前半段唱的圣坛歌,有在圣餐礼拜中伴随整个奉献仪式所唱的神秘之歌,有在接受圣餐时所唱的北摩之歌(北摩是位于圣坛和教堂中堂之间的一座高起的布道坛),此外,在某些节日的仪式上,读过《福音》之后还要唱福音歌。聂斯托利派基督教会常常通过礼仪程序中穿插的歌唱来扩大自己的影响,所以歌诗的主要意义不在于借助乐曲来吟诵《诗篇》,而真正在于文学与艺术结合后的歌唱。这也是叙利亚东方教会音乐的影响,比较完整地保留了早期基督教会的歌咏形式。

基督教的礼拜仪式,具有最鲜明的宗教特征。在聂斯托利派基督教会的传统中,宗教礼仪繁多,尤其是聂斯托利派承认基督的人性,反对墨守成规和严厉的寺院规矩,其中最凸显的特点是不管在何种礼拜仪式中,歌诗必不可少,通过肃穆的音乐使人心灵得到安慰。7世纪中叶,在伊索亚布三世(Ishoyabh Ⅲ,647—657年在位)主持聂斯托利派基督教会时期,曾编纂了一部大型唱本《轮》(Hudrā),汇集了一年内各个礼拜日和节日举行礼拜仪式时歌唱的内容,从弥撒曲、奉献曲、感恩曲到赞歌、圣母赞主歌、哀歌等,由于歌诗内容每次不同,循环轮回,因此唱本叫《轮》。值得注意的是,伊索亚布三世是按照拜占庭风格将唱诗班的制度引入聂斯托利派教堂的礼拜仪式中,使其具有浓厚的宗教庄严肃穆气氛,并没有染上阿拉伯民间音乐的色彩,保存了圣咏的原有性格。[2]

---

[1] 方豪《中西交通史》(上册),岳麓书社,1987年,第415页。
[2] 由于古代叙利亚与阿拉伯音乐在形式上有着很大差别,叙利亚圣咏权威多姆·朱尔·让南神父(1866—1933)认为,叙利亚基督教会保存至今的赞美诗旋律、结构、形式仍是阿拉伯人征服以前的东西,曾盛行于聂斯托利派之中,与格列高利圣咏非常相似,但比格列高利圣咏更富有节奏性和音节性。见陈小鲁《基督宗教音乐史》,宗教文化出版社,2006年,第245—249页。

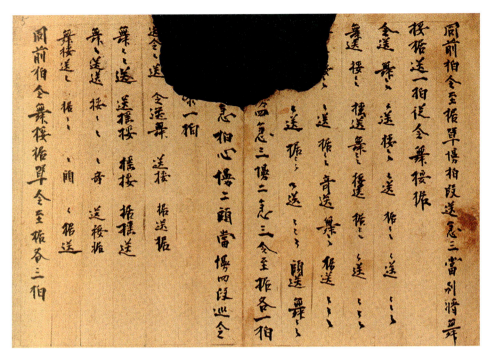

图3　10世纪敦煌乐谱，大英图书馆藏

在聂斯托利派基督教会的大本营尼西比斯城（Nisibis）神学院，诵经歌诗是教会学校的专修课程，不仅牧师要学歌，修道士也要学歌，让他们学会用音乐表达高深的思想和丰富的情感，因此，聂斯托利派教堂里传出的悦耳的乐曲曾吸引了许多群众，一些神职人员因浑厚圆润的歌喉而出名。基督教会的其他教派因忌妒聂斯托利派音乐的力量，讥讽他们到处建立学校的目的是为了教人唱教堂歌曲，借口教会学生唱歌的声音干扰修行的宁静而反对兴建学校，甚至禁止使用乐器和抵制礼仪咏唱，主张靠精神上的无言祈祷向神灵祈求，厌恶聂斯托利派高歌颂诗对情感呼唤的手段。景教继承了聂斯托利派重视音乐的传统，景教寺院里的圣咏音乐引得人们驻足倾听，余音回荡。音乐与福音传播相连，有助于灵魂上升与神联合，音乐的魅力在于它能使生活更有情趣，思维更有创意，人生更加丰厚。

近年来，敦煌研究院在莫高窟北区石窟考古发掘出铜十字架和一份叙利亚语文书[1]，残存的四整页记录的就是景教《圣经》文选，摘录《旧约》中《诗篇》

---

[1]　彭金章《从敦煌莫高窟北区石窟考古发现看古代文化交流》，《敦煌研究》2005年第5期。

的内容[1]，是当时基督教流行最广之书，极富道德教育意义。这类曾在中亚和中国景教教团流行过的文献，是许多零散的、互相没有联系的诗句经过重复而形成了演唱的歌词。尽管这份叙利亚语文书属于元代景教遗物，但上溯唐代也足以证明景教歌唱内容是一脉相承、独步当世的。

三

在唐代外来宗教中，祆教 (Zoroastrianism)、摩尼教 (Manichaeism) 和景教 (Nestorianism) 合称"三夷教"(Three Foreign Religions)。"三夷教"作为西亚宗教，在其东传的过程中，往往将西亚的音乐、舞蹈等艺术载体一同带入中国，不仅强调"入乡随俗"，而且还注重传教方式的灵活性和适应性，为吸引大众，"三夷教"中景教盛行以歌咏形式进行"唱颂仪"，其颂歌最为有名，而祆教和摩尼教也创作有各自的颂歌。

祆教素有"仪式宗教"之称，早在伊朗-雅利安人时就有素称"琐罗亚斯德之歌"的《伽萨》(*Gāthā*)，词义为"配乐吟唱的颂歌"[2]。3世纪中叶以后，献祭诸神所吟诵的《亚斯纳》(*Yasnā*) 变成每天祭拜行礼的祈祷诗，共72章。琐罗亚斯德教建立后在举行祈祷仪式时，僧侣朗诵祷词等仪式更为规范，特别是在万灵节晚上家家点火，众人高声吟唱颂诗。由于祆教经书是以口头传授方式代代相沿，具有不主动向外传教的特点，大概到5、6世纪才出现书面文献《阿维斯塔》。但波斯琐罗亚斯德教传入中国变成祆教后，发生了很大的变化，只有火坛崇拜遗迹，没有发现赞歌颂词遗留。唐代史书上记录祆教徒"群胡奉事，取火咒诅"[3]，在凉州、伊州、洛阳等地的祭祀祈祷日上，祆教徒酣歌醉舞，或幻术表演，或咒语驱魔。从考古出土的祆教画像石祭神舞蹈、乐队演奏的图像上，也确凿地证

---

[1] 段晴《敦煌新出土叙利亚文书释读报告续篇》，《敦煌研究》2000年第4期。吴其昱《敦煌北窟叙利亚文课经（Lectionary）诗篇残页考释》，载《新世纪敦煌学论集》，巴蜀书社，2003年。

[2] ［伊朗］贾利尔·杜斯特哈赫选编《阿维斯塔——琐罗亚斯德教圣书》，商务印书馆，2005年，第353—358页。

[3]《通典》卷四〇《职官典·视流内》，"萨宝府祆正"，中华书局，1988年，第1103页。

实了历史的记载。[1]有学者认为，娱神兼娱乐的"赛祆"活动中的"穆护歌"实际是迎神曲[2]，或者推测安国乐《末奚曲》可能是赞颂祆教月神之曲[3]，但中国版的祆教祭神时似乎都不歌唱琐罗亚斯德教颂歌，大概本土化后，便不再依靠宗教音乐歌曲作为积极传教的感性手段了。

摩尼创教者本人就是一个曾致力于音乐研究的艺术家，他把神性起源也归于音乐。摩尼教在进行敬神仪式活动时，常用音乐伴奏，埃及、中亚都曾发现大量的各类文本礼赞诗，摩尼教寺院中有教徒"唱诗班"，咏唱时用琵琶、竖箜篌等乐器伴奏，这一点与中亚操突厥语诸族的音乐爱好保持一致。据考证[4]，《隋书·音乐志》中记载龟兹乐歌曲有"善善摩尼"，就是流传于新疆鄯善一带的摩尼教乐曲。此外，《摩尼佛曲》《穆护砂》《羽调绿腰》（六幺）等都是西域传来的摩尼大曲名称。特别需要指出的是，敦煌莫高窟发现的唐后期《下部赞》就是摩尼教徒举行宗教仪式时歌咏的赞美诗集，其中还注明采用的主题歌咏唱时"任依梵音"的音乐旋律[5]。而吐鲁番高昌旧址发现的摩尼教会人物图中有多个手抱乐器的礼拜者形象，清晰地表现了摩尼教举行祭神仪式时用乐器伴奏唱诗的情景。[6]1981年吐鲁番柏孜克里克千佛洞65号窟出土的摩尼教粟特语书信文献，更保存有这样的话："全世界中，有生命的事物……在新的一天里，都有一些规定、习惯被确立。在新的一天里，要做必须做的事情、唱优美的赞歌。"在斋月里，摩尼教徒有的"咏唱了四首赞美歌，反复（朗读和歌唱了）20条教规和300首歌"；有的则"用粟特语2（次）咏唱了名为《没有过失》的赞美歌。（反复朗读和歌唱了）40条教规和300首歌"。[7]所以，摩尼教信徒每天虔诚地唱颂赞美诗歌，是进行礼拜、祈祷时不可缺少的宗教仪式。

---

[1] 陕西省考古研究所《西安北周安伽墓》图版38、44、63，"奏乐舞蹈图"，文物出版社，2003年。山西省考古研究所等《太原隋虞弘墓》图版35、42，文物出版社，2005年。史君墓图像见《从撒马尔干到长安——粟特人在中国的文化遗迹》第22页图5，第61页图1.3"石椁北侧"，北京图书馆出版社，2004年。
[2] 饶宗颐《穆护歌考》，《饶宗颐史学论著选》，上海古籍出版社，1993年，第401—441页。
[3] 龚方震、晏可佳《祆教史》，上海社会科学院出版社，1998年，第254页。
[4] 周菁葆《西域摩尼教的乐舞艺术》，《西域研究》2005年第1期，第85—93页。
[5] 林悟殊《摩尼教及其东渐》，中华书局，1987年，第259页。
[6] ［德］克里木凯特著，林悟殊译《古代摩尼教艺术》，淑馨出版社，1995年，第69页，图25"乐师图残片"（高昌）。
[7] 柳洪亮主编《吐鲁番新出摩尼教文献研究》，文物出版社，2000年，第25、98页。

"三夷教"的艺术特点各不相同,难以复原比较。据史书记载推测,祆教、摩尼教传入中国的音乐可能犹如世俗流行音乐一般节奏较快,其宣泄性、娱乐性强,语言相对浅显,表现手法相对简单,符合大众的口味[1],因此容易融入中国乐舞。而景教音乐对演唱者和听众的艺术素养要求较高,因为基督教古典音乐几乎都是严肃音乐,演唱时具有庄严肃穆的色彩,旋律舒缓平静、超凡脱俗,诠释宗教与人生的互动,消除尘世俗念,这种咏唱非一般民众所能容易理解,尽管传教士利用音乐在争取群众信徒方面很努力,但具有难度的音乐要获得中国信徒支持,大概信徒数量不会太多。

聂斯托利派使用叙利亚语作为宗教仪式的语言,而传教士日常的交流语言是波斯语。阿拉伯帝国从7世纪上半叶取代萨珊波斯帝国以后,语言文化在一百多年里变化较多,植入唐朝景教的语言也可能受到影响,若没有很好的翻译,长安人及其他地方人是听不懂颂歌的,即使中亚移民信徒也会受到语言的制约。"在东突厥斯坦的一些遗址中,包括吐鲁番绿洲一处被毁的聂斯托利派寺院的图书馆里,发现了许多基督教文献遗存。它们是用叙利亚文、中古波斯文、帕提亚文、和田塞语、索格底亚那文和突厥文写成的。"[2]但在中亚,粟特文即索格底亚那文,在聂斯托利派基督教会中无疑是仅次于叙利亚文的第二重要的语言文字。

中亚粟特人的信仰复杂多样,包括佛教、祆教、摩尼教、景教和当地宗教,景教存在于粟特本土多元文化之中,其影响力时大时小。中亚碎叶城(今吉尔吉斯斯坦托克马克)东部考古发掘发现有8世纪的景教教堂,教堂呈长方形,长36米,宽15米,教堂有拱形神殿和祭坛以及带顶柱廊的开放式院子,这是在中亚发现的最早的景教教堂。[3]在吐鲁番发现的7—11世纪粟特文景教经典译文,包括《新约》残篇、赞美诗和圣徒传记等,说明景教从中亚到中国传播时一直注意保持其传统音乐,尽管景教教会尚处在没有乐谱的时期,歌曲完全依赖口授言传,但可以推测这些音乐旋律自然、朴素、优美,在教堂演唱时具有庄严、肃穆的色彩,

---

[1] 瑞典隆德大学宗教史系犹尔华博士已复原了一些古代中亚摩尼教的音乐,林悟殊教授曾聆听这些音乐,认为曲调风格类似当今新疆的民族音乐。见林悟殊《敦煌摩尼教〈下部赞〉经名考释》,载《敦煌吐鲁番研究》第3卷,北京大学出版社,1998年,第45—51页。

[2] [俄]B. A. 李特文斯基主编《中亚文明史》第3卷《文明的交会:公元250年至750年》第十八章《宗教与宗教运动(二)》,中国对外翻译出版公司,2003年,第363页。

[3] G. Clauson, "Ak Beshim-Suyab", *Journal of the Royal Asiatic Society*, 1961, pp.1-13.

咏叹的旋律舒缓平静、超凡脱俗，使人听了可消除尘世俗念，体会上帝的神圣与慈爱。

景教传教士在宽大的教堂内主持仪式时，歌唱是一种使声音传播的最好方式，因为口说往往不能使全体信徒听见。博学儒雅的景教传教士希望信徒们与他们一起通过音乐分享对人生的感悟，体会苦难与拯救的精神，令听众仿佛倘徉在艺术殿堂里。特别是各种宗教同时并存互相争夺信仰者时，在一片音乐氛围中，大家可以目睹景教的另一种风采。

这可使我们推测，天宝三载唐玄宗在兴庆宫听了景教礼拜仪式音乐后，受到很大震动与启发，起码提醒他要在道教仪式上多些音乐之声。信仰道教的唐玄宗个人独具音乐天赋和浪漫幻想的艺术心理，特别青睐道教法曲，在宫廷中亲自教授道士步虚声，《安禄山事迹》卷下说"玄宗览龟兹曲名部"，后大量改胡曲名为道曲名[1]，如"龟兹佛曲"改为"金华洞真"，"舍佛儿胡歌"改为"钦明引"，"阿固盘陀"改为"元昭庆"，"因地利支胡歌"改为"玉关引"，"思归达牟鸡胡歌"改为"金方引"，等等，景教纯净高尚的赞美诗和舒缓庄严的乐曲，完全有可能使唐玄宗要道曲与之合调同拍，汲取景教音乐创造仙道意味的乐曲，借天使幻想的翅膀而实现道家仙境的夙愿。因此，他降诏制定了更为规范的道教音乐仪轨，创立了道教庙堂祭祀雅乐仪制，把道教音乐纳入宫廷燕乐系统，甚至"诏道士司马承祯制《玄真道曲》，茅山道士李会元制《大罗天曲》，工部侍郎贺知章制《紫清上圣道曲》。太清宫成，太常卿韦绍制《景云》《九真》《紫极》《小长寿》《承天》《顺天乐》六曲，又制商调《君臣相遇乐》曲"[2]。如果说唐高宗时期道曲才创制 3 曲，那么开元时期道教仪式乐曲已有 20 曲，天宝时增加的道曲更是多达 34 曲[3]。《旧唐书·音乐志》

---

[1] 任半塘笺订的崔令钦撰《教坊记笺订》第 147 页（中华书局，1962）中，认为玄宗之世法曲与胡乐始终对立，故天宝十三载（754）降诏要求道调、法曲与胡部新声合作，这个"合作"是指同时同场先后演奏，事实上仍各自为乐，不是将法曲与胡乐糅合于同一曲调。此观点过低估计了胡汉音乐的融合与互相影响，也不符合玄宗开元天宝时的史事。《唐会要》卷三三"诸乐"记载天宝十三载改胡乐名者很多，如"罗刹末罗"改为"合浦明珠"，"耶婆色鸡"改为"司晨宝鸡"，"讫陵伽胡歌"改为"来宾引"，等等。详细研究见［日］岸边成雄《古代丝绸之路的音乐》，人民音乐出版社，1988 年，第 95—97 页。

[2]《新唐书》卷二二《礼乐志》，中华书局，1975 年，第 476 页。

[3] 蒲亨强《唐明皇与道教音乐》，《音乐艺术》1989 年第 3 期。王小盾《唐代的道曲和道调》，《中国音乐学》1992 年第 2 期。德国《华裔学志》主编罗曼·马立克教授（Roman Malek）提醒笔者《道藏》中可能有早期西域音乐转变为道曲的资料，或许对景教音乐来源有破解之用，值得今后进一步研究。

记载唐玄宗"制新曲四十余",还"新制乐谱";唐玄宗之兄宁王也"常夏中挥汗鞔鼓,所读书乃龟兹乐谱也"[1],再加上教坊、梨园中胡人乐工和胡姓弟子的中介,很有可能留存有基督教音乐的痕迹。

四

唐代景教从会昌五年(845)退出中国内地后,在中亚七河流域[2]、新疆吐鲁番高昌回鹘地区继续存在[3],直到元代改称"也里可温"而再次出现。元朝对各种宗教一般采取保护政策,1289年元世祖忽必烈下诏设崇福寺,专掌基督教会事务。当时,蒙古部落皈依崇奉基督教者众多,基督教兴盛一时,可惜教会中使用的音乐都没流传下来,但我们通过观察元代景教咏唱音乐的传播,可推测唐代景教咏唱音乐的流传脉络。

要注意的前提是,当时罗马天主教方济各会士也开始进入中国内地传教,他们从看不起异教派的角度记述了一些景教教会的音乐活动,其大概面貌被勾勒出来。

1245年,天主教方济各会士、意大利人柏朗嘉宾(Plano Carpini)奉罗马教皇之命出使蒙古到达国都哈拉和林,他观察在贵由汗(元定宗)的宫廷官员中有许多人是基督徒,大汗大幕帐之前一直设有一个基督教的小教堂,并公开举行礼拜仪式,歌唱赞美诗:"无论那里聚集有多少鞑靼人或其他人,但他们仍如同在其他基督教徒中一样在大庭广众之中唱圣歌,以希腊的方式敲钟报时。"[4]

方济各会士威廉·鲁布鲁克(Rubruck)1253年奉法国国王路易九世之命出使蒙古进行联络,他在《鲁布鲁克东行纪》中记载了所见的景教歌咏:在拔都的斡尔朵,"在唱'上帝垂怜我'时我们站在他面前"。1253年11月30日,"我们发现一个完全是聂思脱里人(景教徒)的村子,我们进入他们的教堂,愉快地高声吟唱:'圣母万岁!'"为了与景教相抗衡,他觐见蒙哥大汗(元宪宗)曾用西方曲调

---

[1] 段成式《酉阳杂俎》前集卷一二《语资》,中华书局,1981年,第114页。

[2] 中亚七河流域出土元代景教徒十字架墓石叙利亚铭文中,有1321年音乐师曼固塔希-塔依的墓碑,不知是否景教教堂的音乐师,暂且存疑。转引自牛汝极《叙利亚文和回鹘文景教碑铭文献在中国的遗存》,载《欧亚学刊》第1辑,中华书局,1999年,第173页。

[3] 陈怀宇《高昌回鹘景教研究》,论述了9—10世纪新疆吐鲁番高昌景教遗址和出土景教文献的研究成果,载《敦煌吐鲁番研究》第4卷,北京大学出版社,1999年,第165—214页。

[4] 耿昇译《柏朗嘉宾蒙古行纪》,中华书局,1985年,第104页。

唱赞美诗,解释《圣经》的插图,1254年1月3日在蒙哥汗的宫廷门口,"我们开始唱到:从太阳升起的地方,直到大地的尽头,我们赞颂主耶稣,圣母玛利亚所生……"。4月5日,鲁布鲁克一行举着十字架和旗帜进入哈拉和林,聂斯托利派教徒在教堂门口排队迎接他们,并唱完弥撒。聂斯托利教徒们"让我们站在唱诗班的入口处,看他们的作法","在契丹有十五个城镇中居住着聂思脱里教徒,他们在称作西安的城市里有一个主教区……那里的聂思脱里教徒什么都不懂。他们作祷告,有叙利亚文的圣书,但他们不懂语言,因此他们唱圣诗就跟我们的僧侣不懂语法一样"。[1]

意大利人蒙高维诺(Jean De Monte Corvino)在1294年来到中国传教,他皈化了原本是聂斯托利派教徒的蒙古汪古部阔里吉思王,阔里吉思在世时,曾约蒙高维诺将《拉丁文日课经》全文译成本地文字,以便在其所辖的全境诵读。蒙高维诺常在景教教堂按照罗马礼用当地语言举行弥撒。由此可以推测,蒙高维诺曾把一些拉丁圣歌译成当地文字,他把西方12世纪的宗教音乐作品传到中国,并用人人都能理解的译录文字(蒙文或汉文)演唱,更便于福音的传播,这是福音本地化的前奏。

蒙高维诺后来在北京建立了几座教堂,他是一个具有较高音乐修养的传教士,曾组织儿童唱经班为礼拜仪式服务。他在1305年给罗马教廷的一封信中叙述了自己为收养的150名幼童施洗礼后,教授他们希腊拉丁文字母和圣教礼仪,并抄写了30首《圣歌》(Hymnaries)和两篇《圣务日课》。其中11名儿童已懂得祭圣礼仪中的乐曲,他们组成数个唱经班每周轮流在教堂服务,连皇帝也颇喜欢听他们唱歌。每日举行祈祷祭圣时,蒙高维诺和儿童

[1] 何高济译《鲁布鲁克东行纪》,中华书局,1985年,第255、263、287页。

图4 扬州出土元延祐四年(1317)也里世八墓碑,有十字架和12行叙利亚文字,是有关基督教聂斯托利派教徒的记载

们共同敲钟行礼,但他们没有附乐谱音符的祈祷书,"歌曲皆由自编,仅以悦耳为限"[1],所以,蒙高维诺写信请本会僧侣急转罗马教廷寄来唱歌的乐谱及《应答对唱赞美诗集》等。

据蒙高维诺的信函,他写信期望得到的《应答对唱赞美诗集》,据学者研究,是一部比较复杂的音乐作品。因当时西方的记谱法已正式确定,教会音乐家们借此对音乐的形式进行了深入的研究,他们将古老的圣咏旋律配以复杂的多声部,使得节奏变得明确起来。较难唱的声部必是由蒙高维诺训练的儿童唱经班来唱,他在1306年2月4日写的第二封信中说:"大汗在宫中可以听见我们的歌声,此巧妙之事已在民间广泛传播,并将产生巨大影响,此乃圣恩之赋予。"[2]

由此我们亦可知,元代传教士在中国传教时还没有基督圣歌译录乐本,仍是口口相传,尽管1908年曾在北京午门城楼清朝内阁档案中发现过元代景教叙利亚文古抄本八页交替式赞美诗的咏唱歌词[3],但所配曲调已无从考究,对元代社会似乎未产生较大的影响。

追溯景教在唐、元时代的一些音乐活动的线索,我们初步有以下认识:

1. 景教传入唐代中国时,礼拜仪式中有叙利亚东方教会的基督教歌唱音乐传播,即使没有出现西方教会音乐,但也有与拜占庭圣咏音乐相通之处,作为一种外来咏唱音乐曾引起人们注意。

2. 景教演唱的基督教歌曲曾取悦于唐代上层贵族,无论是唐玄宗或是元代的皇帝,都乐于欣赏外来异域的奇妙音乐,但作为佛道之外的异教音乐在传播上受到局限,没有在中国古代音乐史上取得相应的一席地位。

3. "三夷教"传入唐代中国后,景教《诗篇》圣咏音乐是高雅严肃风格,祆教《穆护子》等夹杂巫术音乐曲调,摩尼教《六幺》等则具有西域通俗流行音乐的特点,尽管这个对比还可再讨论,但景教歌咏调式类型似乎较难,不利于在民众中普及、流播。

4. 唐代景教处在佛教、道教等宗教包围之中,佛道音乐曲调因其主流地位影响较大,佛教《菩萨蛮》《南天竺》《胡僧破》《达摩》《献天花》等,道教《众仙

---

[1] 张星烺编注《中西交通史料汇编》第1册,中华书局,2003年,第321—324页。
[2] A.C. Moule, *Christians in China before the Year 1550*, 1930.
[3] [日]佐伯好郎《北京宫城午門樓上に於て發見せられたるシリヤ文古鈔本に就いて》,《东方学报》第4册,昭和八年(1933),第308—365页。又见朱谦之《中国景教》,第128页。

乐》《太白星》《洞仙歌》《临江仙》等，压抑了景教音乐的发展。加之其他民族俗乐如《突厥三台》《赞普子》《龟兹乐》《拂林》《醉浑脱》等流传较广，夹缝中生存的景教音乐难成气候。

5. 虽然从唐、元时期史料来看，景教还没有条件发展本地教会的音乐，受洗的本地信徒不可能创造出新的教会音乐，顶多用本土语言轮番吟唱圣歌，但基督教西方音乐传入中国确定在元代是毫无问题的。

6. 景教本身传播力量就小，在唐代仅流行于西域移民之中，在元代仅流行于蒙古人和色目人之中，似乎没有在汉人中产生广泛影响，难以赢得人数上的优势，因此其歌咏音乐自然无法扩大受众面，无法争取到更多的皈依者。

总之，从音乐到艺术，从艺术到人生，这是宗教传播的一种途径，音乐是东西方宗教通用的一种"语言"。"基督教是一个音乐的宗教，一个歌唱的宗教。在世界上所有的宗教中，只有基督教音乐最多，歌唱最多，音乐水平的发展也最快最高。"[1] 景教歌咏音乐在中国唐、元时代的传播犹如一道闪光，绚亮之后随即消逝，尽管没有产生巨大的影响，但给后来研究者留下无尽的遐想。景教歌咏音乐若隐若现的遗痕较少，本文综考诸书，试做新的探索，以求得到坚实而明朗化的新证，敬祈大家指正。

---

[1] 杨周怀《基督教音乐》，宗教文化出版社，2001年，第19页。关于基督教音乐的发展，参考［美］阿尔文·施密特著，汪晓丹等译《基督教对文明的影响》，北京大学出版社，2004年，第325页。美国耶鲁大学神学院有专门研究基督教音乐的"圣乐"专业，可惜未见有关中国唐、元时代景教音乐歌咏的著述。

COMPARATIVE STUDY OF THE EXCAVATED NESTORIAN INSCRIPTIONS IN THE TWO CAPITALS OF TANG DYNASTY

西安、洛阳唐两京出土景教石刻比较研究

5

西安、洛阳唐两京出土景教石刻比较研究

2006年5月在洛阳出土的《大秦景教宣元至本经幢记》石刻，被学术界誉为世界级的文化发现。过去人们对洛阳景教的传播认识比较模糊，不清楚其传播线索，洛阳景教的情况不像长安那样有景教碑、墓志和其他文献可以印证。这次景教经幢的出土使我们可以对长安景教与洛阳景教进行一个比较研究。

学术史的回顾表明，西安《大秦景教流行中国碑》在明末出土时曾引起西方传教士的关注，因为在唐代"三夷教"中只有景教能与后来的基督教衔接得上，所以外国学者尤为注意，纷纷进行翻译研究。[1] 时隔300多年后，洛阳又出土了《大秦景教宣元至本经》汉文经幢，再次引起海内外学术界的关注，介绍文章和研究论文纷纷刊出。[2] 景教《宣元至本经》在敦煌已有残本可与此次发现的经幢记进行校勘，林悟殊教授等最近又做了很深入的研究[3]，所以研究的焦点应集中在"记"而非"经"，"记"的内容信息更多，值得认真反思。

---

[1] 见耿昇《中外学者对大秦景教碑的研究综述》，载《中西初识》，大象出版社，1999年，第186页。又见林悟殊《西安景教碑研究述评》，载《唐代景教再研究》，中国社会科学出版社，2003年，第3—26页。

[2] 张乃翥《一件唐代景教石刻》，《中国文物报》2006年10月11日；《跋河南洛阳新出土的一件唐代景教石刻》，《西域研究》2007年第1期。罗炤《洛阳新出土〈大秦景教宣元至本经及幢记〉石幢的几个问题》，《文物》2007年第6期。冯其庸发表在2007年9月27日《中国文化报》上的《〈大秦景教宣元至本经〉全经的现世及其他》，对两京的差异一概未提，冯文又见《新华文摘》2007年第23期。

[3] 林悟殊、殷小平《经幢版〈大秦景教宣元至本经〉考释——唐代洛阳景教经幢研究之一》，《中华文史论丛》2008年第1期。

一　从盛世景象到中兴传承

据《大秦景教流行中国碑》记述，开元天宝时期是唐朝对景教宽容优待的时期，唐玄宗亲自为景寺题写匾额，既委派宁王等五王亲临景寺观瞻建立坛场，又赐绢百匹让高力士送五位皇帝画像到景寺悬挂。天宝三载（744），玄宗在兴庆宫聆听了来自叙利亚新主教佶和等十七名景僧的"修功德"祈祷仪式歌咏演唱[1]，第二年就颁发诏令，将"两京波斯寺"正名为"大秦寺"，这不仅说明朝廷当时对长安、洛阳两京景教寺院的共同重视，而且估计在当时趁机发展了更多的景教徒，在盛世之下可谓也融入了皇皇气象。

安史之乱期间，景教士积极投身于助唐平叛的前线，"赐紫袈裟僧伊斯"跟随汾阳郡王郭子仪活跃在朔方行营中，"为公爪牙，作军耳目"，"始效节于丹庭，乃策名于王帐"。唐肃宗为了得到西域诸国对平叛的支持，在灵武等五郡"重立景寺"。唐代宗还于自己生日之时赐宫廷御食给前来庆贺"降诞之辰"的景教徒。景教士为朝廷和下层民众做了不少善事。

然而，安史之乱后，由于安禄山、史思明等"杂种胡"发动叛乱给唐两京地区造成巨大的社会创伤；助唐平叛的回纥人收复洛阳后，杀人放火，抢劫府库，剽掠帛于市井村坊；代宗时，"九姓胡常冒回纥之名，杂居京师，殖货纵暴，与回纥共为公私之患"[2]。因此，唐朝从朝廷臣僚到民间社会弥漫着一种厌恶、歧视甚至憎恨胡人的思潮，这必然会对留居洛阳的景僧产生影响，特别是对粟特胡人中的景教徒带来强烈冲击，因为洛阳粟特胡人可能以回纥为靠山而攫取利益，间接影响到景教徒。

面对唐廷朝野上下排斥胡化的尴尬局面，一些粟特人遭受歧视或蒙受打击，纷纷向河北藩镇或者其他地区转移，武威安氏、康氏等家族改姓为李，或迁居他乡，或徙籍京兆[3]，但为唐廷平叛立过功劳的景教徒则用不着改姓迁籍。从《大秦景教宣元至本经》汉文经幢题记可知，洛阳仍有不少安姓、康姓、米姓的粟特胡人在此继续生活，并拥有相当的家族势力，他们坚持粟特后裔的身份，既不寻求新的

---

[1]　拙作《唐、元时代景教歌咏音乐考述》，《中华文史论丛》2007年第3期。
[2]　《资治通鉴》卷二二六，中华书局，1956年，第7287页。
[3]　荣新江《安史之乱后粟特胡人的动向》，载《暨南史学》第2辑，暨南大学出版社，2003年，第102—123页。

生存之地，也不改换姓氏、郡望来转胡为汉，还坚守着自己原有的景教信仰。

从洛阳景教经幢题记来看，在中国的景教士虽然没有实现使唐朝君臣皈依景教的理想，但是他们融入粟特移民的努力取得了一定的成效。他们允许教徒祭母祭祖，甚至大秦寺寺主、威仪大德、九阶大德等集体出动亲自参加教徒母亲的移坟迁葬仪式，这不仅对景教徒是一种安慰，也令当地汉人有所感动，符合儒家孝亲文化，更易为中国百姓所接受。

由此可知，尽管景教的势力比不过佛教，为统治者效劳服务也不像佛道两家那样受重视，但他们苦苦支撑着自己的传教系统。长安景教碑树立于建中二年（781），洛阳景教经幢刻立于大和三年（829），一西一东前后相距四十八年，虽然景教不会再像开元天宝时期那么鼎盛，但这证明景教半个世纪中还在不断延绵，并且是在长安、洛阳两地同时传承。

景教在唐代是一个小宗教，传世的文献又少，进入中国后肯定会有一些变异。洛阳景教经幢与长安景教碑在时间上、空间上显然都有差别，景教传播也不会几十年没有一点变化，但是唐代东、西两京都有景教传播中心已是不争的事实，洛阳有景教教区也是确凿无疑的。

二　从西京长安到东都洛阳

唐代两京之制，始自唐高宗显庆二年（657）定洛阳为东都，武则天天授二年（691）又移民数十万户充实东都洛阳。随着洛阳政治地位的提高，文武官员、扈从将士也随着皇帝来往于两京之间，由于可以携带家属，所以很多官员在长安和洛阳两地都有住宅。各国使节、外邦质子、四夷酋长、番客胡商等这一时期也云集洛阳，特别是胡人纷纷拥戴新政权以期得到实际利益，聚钱造天枢，呈献珍宝物，这在史书和文物中多有记录，不再赘言。贞观十二年（638），景教在长安建寺，几十年后开始向洛阳发展传布，根据景教碑颂扬唐高宗"克恭缵祖，润色真宗，而于诸州各置景寺"，"法流十道"，"寺满百城"，估计这一时期景教已在洛阳建立了寺院。有人依据洛阳出土的波斯人阿罗憾墓志判断景教已进入东都，向达曾引用桑原骘藏说法"阿罗憾及其子俱罗……原为景教徒"[1]，也算一说。但是安史之乱后东都残破，人口

---

[1] 向达《唐代长安与西域文明》，生活·读书·新知三联书店，1957年，第25页。

骤然减少，皇帝不再东赴洛阳，陪都地位急剧下降，景教的大秦寺却还能坚持存在，虽殊为不易，却也说明洛阳还有不少西域胡人生活。

景教士建立景教寺院的地址应该是有选择的，至少是在两京胡人集中的居住区，这些区域便于争取愿意皈依的粟特胡人。

长安的大秦寺位于义宁坊十字街东北，正在通往西域起点的开远门内。从贞观十二年唐朝允许阿罗本建寺度僧开始，长安大秦寺就一直是东方教会在中国的大本营，也是地位最高的教会中心。这里距离蜚声域外、开展胡汉贸易的西市仅隔一坊，作为西域胡人聚集之地和主要活动区域，有益于景教的传播。来自中亚何国质子后代的何文哲就死于义宁坊，他的夫人康氏也是康国人后裔[1]，虽然我们不知他们夫妻的宗教信仰，但至少说明义宁坊有上层身份的胡人居住。《酉阳杂俎》续集卷二："元和初，上都义宁坊有妇人风狂，俗呼为五娘，常止宿于永穆墙垣下……一夕而死，其坊率钱葬之。"[2]"永穆墙"后人一直不知何意，按"永穆"字义应为永恒肃穆庄严之意。义宁坊大秦寺如收留疯妇五娘，也是景教行慈善之举，所以笔者疑惑永穆墙是否与大秦寺景教悼念逝者的纪念墙（哭墙）有关，有待通识者进一步解读。

洛阳大秦寺位于修善坊[3]，早以"波斯胡寺"名闻四方，唐人韦述《两京新记》记载说修善坊"坊内多车坊、酒肆"，这里毗邻商贸兴隆、邸店众多、蕃夷聚集的南市，南市又有胡祆祠，《朝野佥载》卷三记载立德坊及南市西坊皆有胡祆神庙，每岁胡商在此祈福，烹猪杀羊，琵琶鼓笛，酣歌醉舞。胡人肯定是这一区域的活跃群体，但是景教肯定不会赞成祆教吸引教徒的方法，双方在争取胡人信徒上不可能相似。

长安景教与洛阳景教的区别是什么？似有多种角度可以对比。

西安《大秦景教流行中国碑》上记载的景教徒是比较正宗的聂斯托利派，而洛阳的景教徒则多是中亚移民后代土生胡，与叙利亚来的传教士有所不同，洛阳景教徒更加佛教化，名字、名号都用佛号。这表明洛阳与长安的信教群众基础有可能不同。如果说长安景教主要对统治者上层展开强势宣传，那么洛阳景教有可能更多

---

[1] 魏光《何文哲墓志考略》，《西北史地》1984年第3期。
[2]《酉阳杂俎》续集卷二，中华书局，1981年，第214页。
[3] 李健超《增订唐两京城坊考》（增补版），三秦出版社，2006年，第322页。

的是对民间百姓展开布道。长安毕竟是国都，现任掌权官员多，而洛阳是安置退休官员居住的地方，"分司"或罢黜闲散人员很多。特别是安史之乱以后，这种官员的分布，导致景教传教士打交道时面对的官府人物可能有极大不同。

长安义宁坊大秦寺与洛阳修善坊大秦寺无疑是同出一脉，或是同源别支，洛阳景教士是否能像长安景教主那样总结自己在洛阳地区的传播功业，建立一座歌颂景教的巨碑，目前还不得而知。仅从景教徒将《大秦景教宣元至本经》重刻于经幢上的行为可知，洛阳景教寺主可能还没有得到东都官方的大力支持。

经幢是一种融雕刻艺术与文字为一体的石刻建筑形式，它是在古代长条形布帛幡幢基础上演变而发展形成的，始创于唐代初期，兴盛于唐中后期佛教寺院中，用于镌刻佛名或经文，多以八棱形为主，上部多刻有佛头、垂幔、飘带等图案和篆字额题，中部刻有《陀罗尼经》等佛教经文。当时，道教也吸收了经幢这种兴盛一时的石刻形式来刻写《道德经》。记载《大秦景教宣元至本经》的石刻采用了经幢形式，表明景教虽然不与佛教融合，但吸取了佛教、道教宣扬自身宗教的手段与方式。

长安景教碑是立在景教自己的寺院里，洛阳景教经幢则是立在教徒的墓地里，两者差别在于一个是朝廷允许的，一个是民间自发的[1]。中唐后，洛阳几经破坏，又几经恢复，但粟特人还在此生活，并与长安的家族亲人有往来，保留着共同的宗教信仰。如果说尘世中的现实生活是悲惨的，那么在神性照耀下的宗教生活则是安然的。有了精神的寄托，他们在劫后的洛阳城内继续生存才有希望。

西安景教碑正面下方用叙利亚文字勒刻的景教教会领袖人物，其中助检校试太常卿赐紫袈裟寺主僧业利，他的职务是"牧师、执事长及长安、洛阳的教堂主"[2]，这就意味着业利管理着唐两京的景寺。而此处的洛阳教堂，就是洛阳景教经幢石刻上的"大秦寺"，说明长安、洛阳的景教寺院都接受叙利亚总教区主教指派的传教任务，即使是洛阳大秦寺有相对的自主独立性，两京之间也应该是密

---

[1] 林悟殊教授及时提醒笔者注意"洛阳景教经幢之立，亦属当地盛事，照理推想，也应得到官方认可，幢记第17行记有敕东都右羽林军押衙、陪戎校尉、守左威卫、汝州梁川府……实际暗示有官员介入"。笔者的理解是这名官员应该是"中外亲族"的成员之一，不能作为官方参加建墓立幢的依据，列出他的官衔无非是炫耀家族显赫罢了。

[2] 本文采用段晴在《唐代大秦寺与景教僧新释》中的最新翻译和释读，见《唐代宗教信仰与社会》，上海辞书出版社，2003年，第466页。翁绍军对业利身份的释读似乎错行不对应，见《汉语景教文典诠释》，生活·读书·新知三联书店，1996年，第77页。

▶ 图1 1908年敦煌发现的《景教三威蒙度赞》文本

景教三威蒙度讚
无上諸天深敬歎大地重念普安和人元
真性蒙依止三才慈父阿羅訶一切善衆
至誠礼一切慧性稱讚歌一切含真盡歸仰
蒙聖慈光救離魔難尋無及正真
常慈父明子淨風王於諸帝中為師帝
於諸世尊為法皇常居妙明無畔界
光威盡察有界壃自始無人嘗得見
復以色見不可相惟獨絜凝清淨德
惟獨神威無等力惟獨不轉儼然存
衆善根本復無極我今一切念慈恩歎
彼妙樂照此國彌施訶普尊大聖子
廣度苦界救無億常活命王慈喜羔
大普耽苦不辭勞願捨群生積重罪
善護真性得無繇聖子端任父右座
其座復超無鼎高大師願彼乞衆請降
栰使免火江漂大師是我等慈父大師
是我等聖主大師是我法王大師能為
普救度大師慧力助諸羸諸目瞻仰不
暫移復與枯燋降甘露所有蒙潤善
根滋大聖普尊彌施訶我歎慈父海
藏慈大聖謙及淨風性清凝法耳不
思議
大秦景教三威蒙度讚一卷

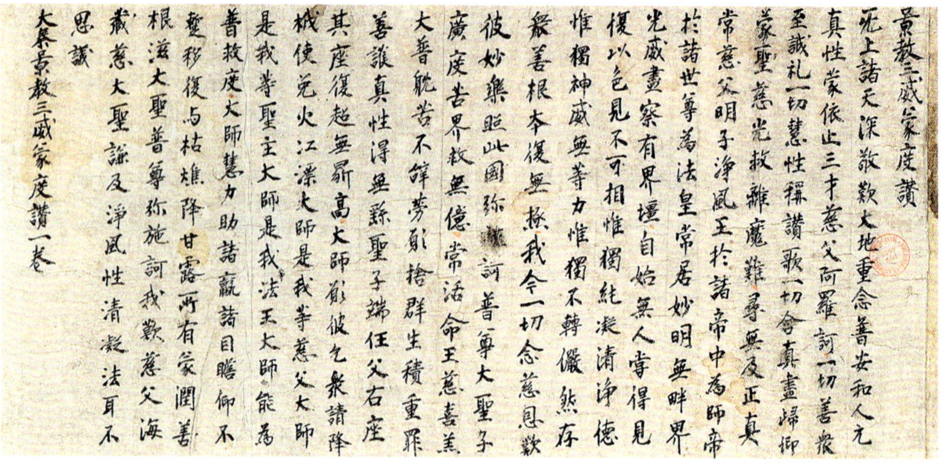

▼ 图2 在周至大秦寺遗址考古发掘中发现的陶饰件，中间图案引起人们的极大兴趣

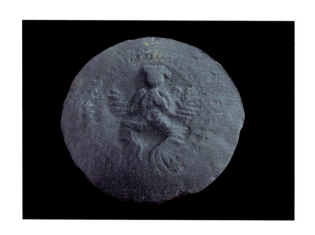

切往来的。景教碑叙利亚文题记中，长安“克姆丹”（Khumdan）与洛阳“萨拉格”（Sarag）并称，说明当时对两地景寺的同等重视，洛阳经幢记上的中外亲族题字中有上都（长安）任职者，安氏家族成员也许有可能是从长安迁居过来的。

洛阳景教经幢与长安景教碑的差别，还面临着“坟墓经幢”和“景寺碑刻”的区别。洛阳佛教势力一贯强大，景教要想生存和传播，只能在外观上处处模仿佛教，利用或借用“经幢”就是一种表现形式。然而，佛教是在佛寺中立有经幢，在佛教徒墓地中也竖有经幢，即“寺幢”和“坟幢”，那么景教在寺院和墓地中也都立有经幢吗？这样的疑问还需要新的材料证明。长安景教碑叙利亚文题记第二组第五人有“西蒙，圣墓长老”或是新译“西蒙，坟墓的牧师”头衔[1]，这个人可能是一个负责守护墓地与葬礼事务的神甫，说明长安也许有景教徒自己的墓地，那么洛阳景教经幢上“检校茔及庄家人昌儿”是否类似于长安负责守墓事务的人呢？或者昌儿是一个汉人

〔1〕对“西蒙”职务的翻译，见上页所列翁绍军、段晴两人的著述，段晴认为西蒙头衔很奇怪，推测他是一个住在墓穴之中的苦行僧。笔者认为，西蒙可能是负责临终葬礼与守护墓地的神甫教士。

景教徒？"检校"这个词有官方查核、察看之意，百姓一般用得较少。

我们对比长安、洛阳两京景教传播的差别，还要注意到唐代景教与宫廷的关系，特别是景教碑中记载景教与儒道的论战（尽管论战材料没有流传下来）。针对景教的论战，武则天圣历年间（697-700），在洛阳由佛教首先发起，而唐玄宗先天初期（712），道教在长安又发起了论战。但景教一直坚持不懈，获得朝廷的宽容庇护，其中的政教关系值得研究。

三 从外国番名到中国俗名

长安的景教传教士基本上是以叙利亚东方教会委派的高僧为主，传授的景教徒基本上以粟特人为主。西安景教碑上众多景僧的题名没有一位标注其俗姓，而洛阳的景僧却将自己的俗姓一一刻在经幢上。这样的差别在于长安的景教徒可能有波斯或叙利亚派来的主教全面主持教会，粟特人教阶不高不能掌握镌刻权。而在洛阳，景教已是

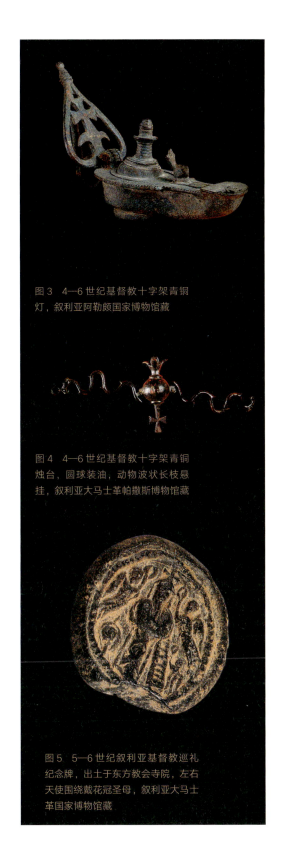

图3 4—6世纪基督教十字架青铜灯，叙利亚阿勒颇国家博物馆藏

图4 4—6世纪基督教十字架青铜烛台，圆球装油，动物波状长枝悬挂，叙利亚大马士革帕撒斯博物馆藏

图5 5—6世纪叙利亚基督教巡礼纪念牌，出土于东方教会寺院，左右天使围绕戴花冠圣母，叙利亚大马士革国家博物馆藏

图6 5—10世纪青铜十字架,叙利亚阿勒颇博物馆藏

民间传播,其教主变成了米国人,间接传播的因素增大,已脱离了原汁原味的叙利亚基督教模式。

洛阳景教经幢上没有一个外国文字,这似乎说明洛阳粟特人景教徒已经丧失了使用母语的能力。母语是一个人最初学会的语言,人人都有自己的母语,母语是民族文化的载体,是民族生存发展之根,在长安、洛阳这类多元文化交会的地区,母语会受到本民族人员的普遍重视。尤其是在宗教传播的激烈竞争时期,教徒交流思想感情,颂读景教经典,掌握传教知识,都离不开母语。但为什么经幢刻石不运用一点母语,让教徒感受母语、亲近母语,确立民族文化身份的认同呢?显而易见,这些粟特人汉化到已经不会运用母语写作的程度。

敦煌文献中的景教经典是汉文的文本,这是否是给汉化胡人阅读的?如果景教徒都是粟特胡人,需要汉文景教经典吗?汉语景教文本应该是给中国人看的,能否说明唐人中可能有景教信徒,才需要景教汉文本呢?同样,《大秦景教宣元至本经》用汉文镌刻在经幢上,也是可以给汉人阅读的,这也是以中国人能接受的方式向他们介绍基督教教义。然而,也有可能是来自西域的粟特人入华的后裔,他们汉化已深,使用汉语文字,所以景教文本为汉文。晚唐咸通年间,米国人后裔米崇吉曾评注胡曾《咏史诗》[1],不仅说明他"卯岁讽诵"汉化已深,而且汉语文学水平相当深厚,像这样的西域胡人后裔虽然自署籍贯为"京兆郡",实际上是入居长安汉化很深的移民后代。

可以设想,景教僧侣不考虑文化因素而在中国土地上单纯传教是根本不可能

---

[1]《胡曾咏史诗》注本署名"京兆郡米崇吉评注并续序",张政烺《讲史与咏史诗》四:"米氏乃西域米国归化人,即昭武九姓之一。米崇吉盖胡兵之子弟,故云'余非士族,迹本和门'。""和门"即军门之意,米崇吉作为定居长安的禁军胡兵子弟,读书讽诵,博识于一时。见《"中央研究院"历史语言研究所集刊》第10本,1948年。

的。即使能在交流时会话沟通，面对巨大的文化差异，他们还是难以和当地百姓融合，因为他们不处于同一个文化平台。景教采取的"本地化"措施最终是为其传教使命服务的，本地化就是"入乡随俗"的"华化"，外来移民融入当地社会的第一步努力，就是语言沟通，找到共同的语言。

我们已经注意到中国景教与粟特景教在语言上的差异。中亚景教徒使用的是叙利亚语或粟特语，中国景教徒却使用汉语。根据敦煌写本《三威蒙度赞》的题记，景教僧景净被皇帝邀请将景教文献由梵文译成汉文，但景教文献的原始语言显然不是梵文。圆照《贞元新定释教目录》中记载，贞元四年（788），景净和出身罽宾的佛教高僧般若三藏有过合作翻译，景净帮助般若把《大乘理趣六波罗蜜多经》由中亚胡语译成汉语。[1]这说明，当时在翻译过程中景教僧侣很注意语言的重要性，大量吸收佛教术语来润色丰富自己的景教经典的传播。

洛阳经幢上除了镌刻有中国俗名，还有经幢上部所刻的天神，有些与敦煌佛教的飞天造型——天神手捧莲花，非常接近，可见其受佛教的影响。经幢刻成的时间，据经幢记载，元和九年（814）十二月八日是初葬的时间，大和三年（829）二月十六日是迁葬的时间，经幢是初葬时刻成的，所以迁葬的题记补刻在第八棱末尾的上端，说明前面早已刻满文字。

值得注意的是，宣传十字架救赎理论是景教神学的重要内容。十字架是上帝与人和好的福音象征，《大秦景教流行中国碑》一开始就叙述"判十字以定四方，鼓元风而生二气"，接着又说"法浴水风，涤浮华而洁虚白；印持十字，融四照以合无拘"，反复讲述十字标志的重要，并不是要把十字架和赎罪观联系一起，而是要让景教光耀四方。西安景教碑上的十字架与洛阳景教经幢上的十字架都是典型的马耳他十字架（Maltese Cross），即叙利亚东方教会十字架。其形状为十字头大，内中较细。十字上下左右均衡，不是上下长而左右短那种。但在装饰上，景教碑和经幢是有区别的，景教碑的十字架呈三朵花瓣形，旁边饰以莲座、榴花（或百合花）；经幢的十字架分为两种：一种是中心有花朵的，另一种是素面无花的，两旁不仅饰有祥云、流苏类图案，还有两幅不同的人物飘逸形象的图案。全世界共有300多种基督教十字架造型，长安和洛阳的正方形十字架是否属于叙利

---

[1] 这段史料由日本学者高楠顺次郎利用圆照《贞元新定释教目录》中的记载披露出来，发表于1896年第7期的《通报》上。后收录于1930年张星烺编著《中西交通史料汇编》第1册，遂为景教研究者普遍引用。

亚东方教派的独有形象[1]，长安和洛阳的景教徒是否严格遵守叙利亚东方教会礼仪，在一年七个时令中进行十字架节礼拜，都值得进一步研究。

寺院道观中的神像崇拜是一项重要内容，如果唐两京景教士受佛教祭拜释迦牟尼和道教祭拜始祖李耳的影响，无疑也应该实行偶像崇拜。但景教入华初始阶段可能还没有基督圣像，西安景教碑叙述阿罗本"远将经像，来献上京"，大概是将开元天宝以后景教才有基督圣像的事实进行了提前编造。虽然耶稣基督为拯救众人受死于十字架的思想肯定也是当时景教传教士宣讲的内容，实际上西方迨至8—9世纪始有耶稣被钉死在十字架上的造像[2]。早期基督教为加强一神观念反对偶像崇拜，《圣经》十诫规定"不可制造和敬拜偶像"，西方学者窝尔（Wall）认为，景教徒绝不许可崇拜画像，也不许可崇拜十字架[3]。景教经由中亚传入中国后采取何种模式崇拜圣像，因无实物又史料模糊，无法考证。遗憾的是，至今没有发现唐代存有基督圣像，这从另一个方面说明唐代景教可能还是延续着无偶像、重音乐的宗教礼仪传统。长安大秦寺悬挂唐朝五位皇帝的画像来迎合君臣百姓，所以推测洛阳大秦寺也没有基督圣像，直到元代，蒙古人才接受了基督受难形象，并佩戴十字架铜铁徽章。

四　从米国寺主到粟特信徒

"大秦寺寺主法和玄应，俗姓米；威仪大德玄庆，俗姓米；九阶大德志通，俗姓康。"主持景教寺院的寺主和大德均为来自米国姓"米"和来自康国姓"康"的粟特人。米国是昭武九姓中的小国，但是其王族中有人信仰景教，例如，1955年西安出土了米国入唐质子米继芬的墓志，其子思圆就是长安大秦寺景僧[4]。这说明米国人中可能有相当数量的人是景教士，甚至在洛阳担任了大秦寺寺主，证明景教在米国的影响非同小可，

---

[1] 据康志杰《基督教的礼仪节日》（宗教文化出版社，2000年，第58页）中相关文字介绍，十字架有正方形、纵长方形、叉形等，正方形十字架多用于希腊教会，纵长方形十字架多用于拉丁教会。据笔者观察，西安、洛阳唐代景教遗迹中出现的均为正方形十字架，而元代景（也里可温）教则为纵长方形十字架，其间变化亦可见基督教教派的不同。

[2] ［俄］谢·亚·托卡列夫著，魏庆征译《世界各民族历史上的宗教》，中国社会科学出版社，1985年，第549页。

[3] 朱谦之《中国景教》，人民出版社，1993年，第86页。

[4] 阎文儒《唐米继芬墓志考释》，《西北民族研究》1989年第2期。

即使洛阳大秦寺"米寺主"是进入中国后的土生胡，也说明景教一直在他们中间继承，经历过几代人的传播。

建中二年竖立的《大秦景教流行中国碑颂》末尾叙利亚文记载，主教及烈乃总摄长安、洛阳两地景众之主教，既然主管两京大秦寺，长安景教米姓僧侣与洛阳景教寺米姓寺主，或许就是一个家族的成员，至少同为米国人，不会相距太远。从《米继芬墓志》记载看，永贞元年（805）米继芬去世，元和九年安氏太夫人逝世，大和三年迁坟，迁坟时间距西安景教碑竖立已过去四十八年。这说明在半个世纪里，两京地区的景教活动非常频繁，香火未停，正如经幢记上镌刻着景教徒们坚定的信仰理念："愿景日长悬，朗明暗府，真性不迷，即景性也。"

蔡鸿生先生提示笔者要注意洛阳"米"姓与长安"米"姓、粟特"米"姓之间的关系。三"米"既有差异又有联系，研究时不得不联系，但应该有区别。这是非常有见地的看法，三"米"的关系，值得我们加以甄别和深入研究。

粟特后代，特别是来中国居住几代之后的后裔，他们早已脱离了本土的历史社会环境，与儒、佛的关系已经大大深化。粟特人的景教信仰活动肯定要适应长安、洛阳的宗教氛围和社会环境。可以说，景教是被佛、道包围的一个孤岛。他们在米国的家乡被阿拉伯征服已经很久了，他们离开家乡也很久了，但仍然坚持景教信仰不动摇，他们要借经幢之外形来宣传自己的信仰，即用汉语向中国人说明景教的主张。如果说是刚入唐境的人，汉化程度肯定低，但洛阳出土景教石刻表明他们在中国生活比较久，不会是新入境的，一种外来宗教教义让中国人能够理解，不是那么简单的。

洛阳城内居住的粟特胡人中，安氏、康氏可能为数最多，有些甚至是"举族来至""按部归降"。上层人物如安菩，其先为安国大首领，本人为"六胡州大首领"[1]，其子安金藏在两京非常著名，并有宅第。缘州安长史夫人康氏为康国大首领之女，其丈夫安夫子为安国首领，属于举族来华的一支。下层人物如龙门石窟造像记题名中在洛阳北市丝行、香行、彩帛行等处从商的康国、安国、何国等胡人，他们就居住在南市的周围。至于洛阳出土的唐代墓志中明确记载本人或其先辈为

---

[1] 赵振华、朱亮《安菩墓志初探》，《中原文物》1982年第3期。

图7 元景教十字架,香港大学冯平山博物馆藏

西域胡人的事例亦是屡屡出现[1],虽然他们的宗教信仰各不相同,或隐没不显,但在为数众多的外来人口中,景教信徒应占有一定的比例。

从洛阳景教经幢题记中,我们还看不出景教徒有像长安北周祆教徒那样集中的墓地,但是记载"安国安氏太夫人"墓地有神道,这又说明景教徒在采用汉式埋葬方法时模仿了当时佛教的做法,尽管现在无法证实安氏太夫人墓葬中是否有墓床等陪葬物品,但至少证明地表上立有石刻纪念物。

五 从个人信仰到家族信仰

安国安氏太夫人,生前无疑是景教徒,否则不会在纪念她的经幢上镌刻《大秦景教宣元至本经》,这是第一次出现有关唐代女性景教信徒的史料。我们更可以发现,景教经幢记上竭力渲染整个家族的成员,生怕"道不名,子不语",明确勒刻

---

[1] 李健超《汉唐时期长安、洛阳的西域人》,载《汉唐两京及丝绸之路历史地理论集》,三秦出版社,2007年,第465—468页。

"中外亲族，题字如后"[1]，在坚硬的石料上留下柔和的亲情，这是以前罕见的。

安氏太夫人的一个儿子就是立幢人之弟景僧清素，应该是洛阳大秦寺的传教士，虽然我们不清楚他的事迹，但作为景僧他应该不遗余力地在亲朋好友中间宣讲传播景教教义，或许在经幢上镌刻景教《宣元至本经》就是他的主意，因为他作为景僧知道《宣元至本经》在景教经典中的崇高地位，清楚基督教教义的根本，有拯救亡灵、造福生人之效。

从洛阳景教经幢上看，立幢人的从兄安少诚、舅安少连等均列名其上，这不仅证明粟特人有聚族居住的习惯，而且其家族在景教信仰上也是一脉相承的，不是像某些研究者猜测的那样，一个家庭可以有几种信仰。笔者曾在研究西安出土的《米继芬墓

图8　以色列拿撒勒天主报喜堂的中国圣母像

---

[1] 本文采用《大秦景教宣元至本经幢记》拓本中之录文，由河南洛阳市第二文物工作队提供，罗炤先生也赠送了经幢原物照片，特此致谢。赵君平等编著《河洛墓刻拾零》（北京图书馆出版社，2007）下册第522页也刊布了此经幢拓片，但将"买南山之石，磨龚莹澈，刻勒书经"中之"龚莹澈"误认为刻勒书经人。

志》时指出,"米继芬的小儿子思圆为大秦寺景教僧侣,暗示了其父辈、祖辈必定都是景教徒,至少可以肯定米继芬心目中只有景教崇拜,否则不会允许儿子去做专职的景教僧侣"[1]。有人认为,儿子信仰景教,不见得其父亲或其他家人也信仰景教,还有人说僧思圆为景僧,与其父是两回事,不能就一个人的信仰来判定整个家族的信仰。这些推测被景教经幢证明是想当然的臆测。宗教信仰常常是维系一个家庭或一个家族的精神纽带,在古代社会,一个家庭的信仰往往是一致的,特别是外来民族的家庭为了团结互助必须保持巩固一个宗教信仰。洛阳景教经幢题记不仅充分证明笔者多年前提出的家庭信仰观点是完全成立的,而且证明笔者曾推测米国人中还有景教徒的预言也是正确的。

由于经幢断裂缺少文字,石刻上记载的安氏家族成员,我们只知有"义叔"而不知其姓名,供职于上都(长安),任左龙武军散将兼押衙、宁远将军、守左武卫大将军置同正员,这是粟特人担任武官常见的职衔,也许是贞元三年(787)以后两京胡客归属左右神策军的挂名职衔安排,义叔也许是作为外来蕃将效力供职朝廷的人物。题记勒刻的洛阳"敕东都右羽林军押衙陪戎校尉守左威卫汝州梁川府□",虽佚缺姓名,笔者认为可能也是安氏家族的成员之一。"敕"表示其官衔乃朝廷赐封。作为安氏家族成员或直系亲属都参加了"岁时奠醑,天地志同"的迁葬仪式。

至于"亡师伯和□"[2],他大概是一个传教师,但将已故去的尊师名字勒刻在经幢上,除了表示尊敬怀念外,可能说明这个传教师曾对安氏太夫人以及安氏家族产生过重大影响,是他们"皆获景福"的神学导师。安氏太夫人"承家嗣嫡"的儿子迁坟建经幢,无疑是一次重要的景教徒活动,使得大秦寺寺主和传教士都来参加安家的迁葬仪式,这既可以联络团聚教徒巩固传统信仰,又在洛阳地区浓烈的佛教氛围中凸显自己的独树一帜。

景教经幢上的传教士中昭武九姓胡占了三姓:安、米、康,历史文献和出土墓志都表明他们之间的通婚比例较高,有的来自同一个绿洲邦国,有的则来自中亚诸姓王国。粟特有大量移民进入汉地,这使得他们更容易在族群内部找到婚姻伴侣。涌入中原两京的粟特移民有些汉语程度低,或受教育程度低,因此他们更倾向于在与外界相对隔绝的

---

[1] 拙作《唐代长安一个粟特家庭的景教信仰》,原载《历史研究》2001年第3期,收入《唐韵胡音与外来文明》,中华书局,2006年,第232—241页。
[2] 洛阳景教经幢上"亡师伯和□",应是一个汉名为"和□"的传教师,西安景教碑叙利亚文与汉文对配者题名中有"和吉""和明""和光"诸僧,可证景教传教士华化名字之规律。

社邑聚落里通婚，只有那些身份较高和汉化较深的胡人才会和其他民族结婚。一般来说，移民人口更容易在本族群内部婚配，与外族通婚少，显示移民注重增强自身家族的文化认同。但第二代移民或后裔会比父母接受较多的当地教育，他们与外族人通婚比例较高。景教经幢上大秦寺寺主和威仪大德均姓"米"，九阶大德姓"康"，虽然不清楚他们之间的亲属关系，可其家族之间的通婚是完全有可能的。

美国威斯康星大学汤普森教授曾认为："中国景教徒都是国际难民，是在波斯被阿拉伯军队打击占领之后逃到中国来的，阿罗本是来看望难民时得到允许译经传教的。"[1]我们不禁怀疑，如果阿罗本是来看望难民的，他之后的传教经历该怎么解释？入华米氏、安氏、康氏诸家族显然不能印证中国景教徒是波斯逃窜难民的说法，他们在中国有着自己的聚落，而且各个聚落之间经常互相来往，共同的景教信仰也许是他们联系的纽带。

总之，长安景教碑和洛阳景教经幢是中国景教历史上最重要的两个出土石刻，证明了唐代两京景教之间的互相呼应，相得益彰。但由于洛阳景教经幢残断了一半，许多疑惑还不能解决。若是追寻线索再进行考古发掘，就会破解更有价值的历史难题，取得进一步深入研究的成果，将为整个东方基督教历史研究打开新的局面。

---

[1] 此观点为笔者在2006年奥地利萨尔茨堡第二届"景教在中国与中亚国际研讨会"上所记录，未见作者相关文章的发表。

A COMPARATIVE STUDY OF THE IMAGES OF NESTORIAN ANGELS AND BUDDHIST FLYING APSARAS

6 景教天使与佛教飞天比较辨识研究

景教天使与佛教飞天比较辨识研究

　　景教信仰的精神遗产历来受到学术界高度关注。自2006年洛阳景教经幢面世后,经幢上端两幅十字架侧旁各有两对人物的图案一直吸引着人们,针对这两对人物,众说纷纭,有人说是"天神",有人说是"天使",还有人说是"飞天",莫衷一是,难以断定。罗炤先生分析认为,一对人物为男性,另一对人物为女性,指出"这两组男、女性分别组合的图像,形象近似于佛教造像中的飞天,功用则介于飞天与供养人之间,可能尚不足以达到崇拜信条的高度。它们的身份究竟是

▲ 图1 洛阳景教经幢正面浮雕

▼ 图2 洛阳景教经幢背面浮雕

什么？是否属于基督教的天使？敬待识者确定。"[1]

本文试对景教经幢上的人物图像再做进一步的辨识和研究，以求教于大家。

一

我们首先观察，洛阳景教经幢在石刻形制上采用了唐代流行的佛顶尊胜陀罗尼经幢，八角石柱体，顶端圆形石榫连接一圆形石盘，从榫卯结构推测，经幢原有高耸的幢顶。这是景教徒和传教士模仿佛教经幢的典型事例。

石刻经幢是唐代新出现的一种佛教石刻艺术形式，绝大多数刻有唐高宗时代传入的《佛顶尊胜陀罗尼经》，由于其梵本传奇故事的迅速流传[2]，石柱顶部开始刻有菩萨像。开元年间，经幢大为兴盛，六角、八角等形式的石柱体纷纷出现。[3] 从艺术史角度观察，除佛教造像外，经幢是唐代佛教艺术中最普遍的形式，而且经幢上佛像雕刻、莲花宝座、经文书法等都是出色的艺术品创作。从建筑史角度观察，经幢不仅是一个宗教物品的纯粹表现，也是寺院配置的建筑小品，后来又竖立在大道通衢、高山显著处，而在坟墓域内更为普遍，称为"墓幢"或"坟幢"，洛阳景教经幢就是明显的"墓幢"，因为题记上明确记载"亡姚安国安氏太夫人神道"，也即在坟茔墓地的神道上所立，既可供来往信徒礼敬，又可感化过路行人。

在唐朝平民百姓心目中，石刻经幢是"宝幢"，具有威力无比的神效。上海松江唐代经幢记载："夫石幢者，镌写陀罗尼真言，即西国惠人心传秘密也。"[4] 明确指出这是来自"西国"的信仰，可以作为"心传秘密"恩惠庶民。经幢被披上神异的色彩，可以拯济幽明，尘沾影覆，消除罪业，得到福报。由此，经幢得到广大佛信徒的崇信，流传遍布城乡，大历十一年（776），唐代宗下令："天下僧尼令诵佛顶尊胜陀罗尼，限一月日诵令精熟，仍仰每日诵二十一遍。"[5] 平民信徒更是"受持

---

[1] 葛承雍主编《景教遗珍——洛阳新出唐代景教经幢研究》，文物出版社，2009年，第37页。
[2] 刘淑芬《佛顶尊胜陀罗尼经与唐代尊胜经幢的建立——经幢研究之一》，《"中央研究院"历史语言研究所集刊》第67本第1分（1996年3月），第150—155页。
[3] 罗香林认为，汉以后染有希腊建筑风格的犍陀罗艺术随着佛教东传，中土遂出现八棱形或多棱形石柱，武则天"颂德天枢"八面造型为波斯人阿罗憾为首的"蕃夷诸酋"制作即为事例。见《唐元二代之景教》，中国学社，1966年，第66页。
[4] 《松江唐经幢记》，载《上海碑刻资料选辑》，上海人民出版社，1980年，第51页。
[5] 《大正新修大藏经》第52册《敕天下僧尼诵尊胜真言制》，第852页下。

读诵",所以在宗教、政治、社会诸因素合力推动下,经幢成为唐帝国境内传布佛教密宗信仰的重要标志之一。

因为经幢多建在坟墓旁边,故有追念功德、礼拜供养的意义。只要高耸的经幢影子能影映身上,或是风吹灰尘落在身上,皆可以使罪孽消除,感化信徒。从中唐开始,经幢装饰日趋华丽,上加华盖,下施须弥座,形体增高,顶盖增多。不过,墓地经幢一般高度都在二三米以下[1],洛阳景教经幢残存85厘米,《宣元至本经》经文已占经幢十分之七,估计整个经幢不会超过2米。景教经幢幢身也没施彩绘,经文也无贴金,这表明虽然景教徒们对亡者尊敬贵重,但还是没有按照七宝庄严装饰到极点。

图3 西安《大秦景教流行中国碑》碑额十字架拓本

佛教经幢上部或幢顶都雕刻有佛像或佛龛,有的装饰非常华丽,火焰宝珠、莲瓣束腰、斗拱托檐、金铎相连,但是经幢上最引人注目的还是佛像,雕琢精工,造型各异,有站像坐像,有龛有台,供人们敬崇礼拜。

众所周知,佛教飞天形象存在于寺院、石窟、壁画以及铜钟等许多物品中,但是经幢镌刻有飞天艺术造型的,目前还很罕见。我们查阅了许多佛教经幢雕刻艺术资料,飞天艺术造型是否存在,记载均不清晰明朗。笔者孤陋,至今未见到经幢上端有完整清晰的飞天造型。那么,景教经幢上何以套用飞天形象去表达天使创意呢?或是景教经幢有飞天仅是孤证?如果景教天使套用佛教飞天形象,岂不是景教传教士放弃自己经典文化符号新造了神祇?我们期望找到更多的证据来说明与印证。

---

[1] 刘淑芬《灭罪与度亡——佛顶尊胜陀罗尼经幢之研究》,上海古籍出版社,2008年,第60页。

图 4 洛阳景教经幢

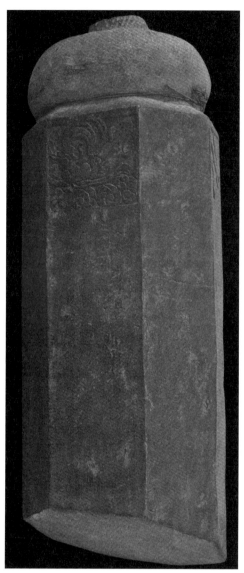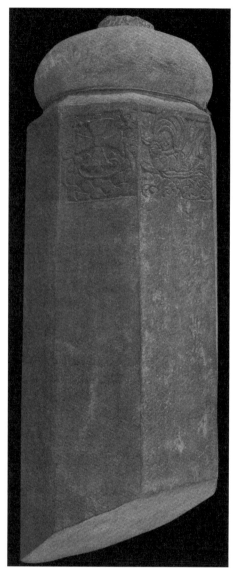

　　景教曾借用佛道语言文本形式来表达自己的神学思想，又仿照佛教石经幢形状为自己服务，道教也曾仿效佛教在石幢上镌刻《道德经》，宗教之间的竞争促使他们各自竖立石幢赞颂本宗教的神威。西安大秦景教碑上两条龙盘绕簇拥着希腊式正方形十字架，是因为要向皇帝献媚讨好，龙的形象，意为表示景教希望获得朝廷和天子的庇护。与西安景教碑是纪事性质相比，洛阳景教经幢是直接将《宣元至本经》镌刻上去，在八面石幢上正反两次出现十字架，两个十字架都置于象征光明的莲花之上，侧面都有"飞天"或"天使"。如果宣传教义的是报恩母爱主题，那么无论采用天使或是飞天图案都是比较合情合理的，也符合佛教"涅槃圆寂"的境界与基督教"天国永生"的目标。

根据经幢题记中记载安国夫人的迁葬典礼，应该是非常隆重严肃的。洛阳景寺寺主、大德全部来参加教徒母亲的丧礼，这些景教权威人士在场，是不会容许将景教、佛教两个文化符号混淆使用、混为一谈的。如果在这种场合用佛教的符号，会令人莫名其妙。

景教从贞观九年（635）阿罗本携带圣像进入长安后[1]，图像崇拜随之而来。景教既要坚守旧有反对圣母玛利亚偶像崇拜的俗套，又要坚守基督耶稣信仰的传统价值。如果基督教的"天使"被伪装成"飞天"，这是一场不同信仰之间的较量，在神学符号上是有差别的，即使有"会通"暧昧之处，也会冲淡景教神学而成为佛教的附庸，但当时一般人不易识别这种宗教信仰，因为景教与佛教两种教团的戒律、行善、宣教、生活方式等方面有许多明显相似处[2]。敦煌发现的景教耶稣画像就曾被当作佛教菩萨来供奉，因而被称为景教的"佛画像"。[3]

二

据西方学者研究[4]，基督教最早在耶路撒冷产生时，并没有天使造型，经过叙利亚传入欧洲后，最早圆圈式十字架两旁有左右对称的孔雀、烛台、花卉等，并不用天使形象来区分天国与俗世的差别。

在3—4世纪叙利亚大马士革博物馆保存的早期基督教壁画中还看不到天使安琪儿的形象，即使在罗马4世纪的绘画中，也很少见到天使造型。在一些残存的牙雕画或马赛克镶嵌画中，十字架左右是飞鸟、绵羊、橄榄树枝等形象，寓意丰收的果实。巴黎卢浮宫收藏的4—5世纪的石雕上有了十字架与鱼的形象。一般来

---

[1]《大秦景教流行中国碑》记载贞观十二年诏令"大秦国大德阿罗本，远将经像，来献上京"。见翁绍军校勘并注释《汉语景教文典诠释》，生活·读书·新知三联书店，1996年，第54页。
[2] [加]刘在信著，魏道儒、李桂玲译《早期佛教与基督教》，今日中国出版社，1991年，第210—214页。
[3] 朱谦之《中国景教》，人民出版社，1993年，第194页。又见陈继春《唐代景教绘画遗存的再研究》，《文博》2008年第4期。
[4] Lyn Rodley, *Byzantine Art and Architecture*, Cambridge University Press, 1994, pp. 94—95. 6世纪的早期基督教成为拜占庭社会的宗教后，更注重在不同场合使用两个安琪儿（天使）拱卫十字架的艺术造型。

▲ 图5 牙雕画（顶部），罗马基督教博物馆藏

▼ 图6 6世纪牙雕画，耶稣两边有天使，巴黎基督教国家博物馆藏

说，4世纪中叶以后，才出现手持弯拐短杖的裸体童子和十字架下的圣女与婴孩形象，随之小天使形象逐步扩展，西班牙历史博物馆收藏的388年银盘上有了建筑顶部上飞翔的小天使造型，守护在圣女头部上方（似为首次出现的小天使图像），罗马银器上也出现了天使左右分别簇拥圣女的艺术作品，4世纪末叶天使形象已经由雏形走向完善。[1]

天使造型从不成熟到成熟有个逐步完善的过程。5世纪至7世纪早期，随着十字架上艺术装饰越来越繁复，西方学者认为这是拜占庭社会永久性变革的最后一段时期，十字架艺术也与建筑壁画、器物雕刻、人物塑造等一同走向成熟。两个安琪儿（天使）拱卫十字架在建筑上的壁画中不断出现。巴黎卢浮宫和巴黎基督教国家博物馆收藏的5—6世纪象牙雕版画，耶稣站在中间而天使飞翔，这是从《旧约全书》中发挥出来的原始环形崇拜形象。

西方宗教学者指出，基督耶稣身旁左右陪伴有彼得和保罗，圣母怀抱孩子身

---

[1] *Early Christian Art*, Meulenhoff International, Amsterdam, 1971. 第85页有基督早期形象。

旁则经常陪伴有天使，在大英博物馆和柏林宗教博物馆都有这样的牙雕画收藏保留着。在巴黎卢浮宫中收藏的5—6世纪牙雕画中，分为五个部分，最上方两个天使扶持着圆环内的手持着十字架的耶稣形象，而下方中间骑战马的皇帝形象也威风凛凛。[1]

飞翔的小天使出现在建筑顶部表示对异教徒的胜利，基督会从天上透过云层伸手援助教徒，让异教徒感到恐慌。5世纪，罗马象牙雕刻画开始表现这一主题。实际上，在6世纪拜占庭基督教教堂的壁画中，还常常画有皇帝的形象，拜占庭国王麦基西德就被当作神来祭拜。此后，在众多男女侍从陪伴下的君士坦丁大帝和皇后（左右仆人经常有意画得小些）形象，更是被人们奉为神。

所以，我们就可理解为何开元天宝时期长安大秦寺的传教士按照拜占庭－叙利亚的模式，"将帝写真，转模寺壁"，将中国五个皇帝写真画像挂入教堂内壁，一点也不违背基督教的教旨传统，并不像有学者所认为的，这只是中国教堂的特色，逸出了常轨。

但是，不管绘画雕刻中间部分如何丰富多彩、人物众多，其顶部一般都是两个飞翔的天使，衣裙飘逸，左右拱卫着十字架，寓意着基督无处不在，莅临天堂之上。这一

---

[1] *The Christian World: A Social and Cultural History of Christianity*, Edited by Geoffrey Barraclough, Thames and Hudson, 1981, p.42.

▲ 图7 5—6世纪牙雕画，巴黎卢浮宫藏

图8 牙雕画（顶部），巴黎卢浮宫藏

▼ 图9 5世纪牙雕，十字架代表基督，两边有天使手扶花环，罗马基督教博物馆

▲ 图10 6世纪牙雕,维多利亚与艾伯特博物馆藏

图11 环形基督十字两翼有天使,意大利东北港口城市拉文那,526年的教堂

▼ 图12 6世纪牙雕画,基督两边有彼得和保罗,顶部有天使,巴黎基督教国家博物馆藏

艺术传统在聂斯托利派的景教中也得到了继承和沿袭,尽管景教与正统教会分离,但基督教各派都遵循着这一主要特征。

英国伦敦维多利亚与艾伯特博物馆收藏的象牙雕刻画板顶部,两个天使手扶十字架花环,表示飞来的天使将代表基督的十字架搬运过来,这是拜占庭大约500年的早期形象,几乎在早期拜占庭教堂和雕刻艺术画顶部都有这类造型。[1]大多数牙雕是被5世纪意大利艺术直接影响的,或是受到艺术书籍的影响,一些摹本被认为是非常相近,以至于难以分辨,它们可能是拜占庭的复制品。然而,并不是所有拜占庭牙雕都遵照西方模式,有些是受到6世纪早期君士坦丁堡的影响。525年之后,君士坦丁堡的技术影响了天使形象的塑造,两个天使举着圆形大奖章,中间有十字架,这被看作拜占庭早期作品的原型,类似图像也在梵蒂冈出现。

我们知道拜占庭深受西罗马帝国的影响,作为经典的罗马文化常常被奉为圭臬,5世纪意大利卡罗林艺术被拜占庭吸纳就是一个明显例证,但是拜占庭也对波斯产生了二百多年的广泛影响,天使手扶十字架花环的雕刻造型,在伊斯坦布尔考古博物馆中也有展示,据介绍为4世纪晚期和5

---

[1] Otto Demus, *Byzantine Art and the West*, New York University Press, 1970, pp.70-75.

13

14

15

16

图13 敦煌第285窟，西魏，南壁飞天

图14 敦煌第220窟，初唐，甬道飞天

图15 敦煌第158窟，中唐，西壁飞天

图16 新疆克孜尔石窟第8窟唐代乐舞飞天

图17 新疆库木吐喇石窟第16窟飞天壁画

图18 吐鲁番公元700年的飞天壁画

17
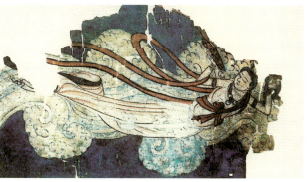
18

景教天使与佛教飞天
比较辨识研究

图 19 阿富汗哈达佛窟天花板上的天使绘画

19

图 20 阿富汗巴米扬飞天（线描）

图 21 阿富汗大夏国古神殿遗址发现黄金之丘 6 号墓有翼女神像

图 22 伊朗克尔曼沙赫门浮雕飞天（线描）

20

21

22

世纪早期的作品[1]。

基督教是由聂斯托利派传教士通过波斯人、粟特人沿着丝绸之路带到中亚和西域的，聂斯托利作为一个叙利亚主教是由拜占庭大主教在428年任命的。他支持基督教的一个教派，认为基督位于人和神之间，基督是一个纯正的神。431年，教皇宣布聂斯托利被惩罚，其教派教堂被东迁到萨珊波斯帝国的首都泰西

图23 阿富汗那揭罗国佛教壁龛中希腊风格的佛像

封。为了对抗拜占庭教会，波斯聂斯托利派教徒开始与粟特商人接触，并向东方的中亚进发。554年，中亚木鹿城已有聂斯托利派的主教区。650年，聂斯托利派基督教会沿着东方丝绸之路在撒马尔罕和喀什噶尔建立了传教中心，并越过帕米尔高原，在乌浒河东部派驻20多位主教。[2]从文献记载看，景教在中亚传播的路径并不清晰。而在敦煌藏经洞绢画残片中，却发现拜占庭式的基督头冠、项链和权杖上都有正方形十字架的画像[3]，这是基督教聂斯托利派进入中国后留下的珍贵图像。

十字架是辨识景教的重要符号之一，而小天使也是早期基督教的辨识标志，但我们却没有看到天使形象。尽管景教汉语经典《三威蒙度赞》译自叙利亚文《天使颂》[4]，可是东方教会聂斯托利派进入中国后天使是否变成飞天，传教时是否继续使用天使表现普世文化，或是"巧合"或是变化，这一线索长期模糊不清，留下了千古之谜。

仅从敦煌壁画的众多飞天形象来观察[5]，中国佛教飞天往往被塑造或刻画成

---

[1] 见 The Art of Byzantium, Thames and Hudson, London, 1959, 插图9。
[2] The Silk Road: Trade ,Travel ,War and Faith, Edited by Susan Whitfield, published on the Occasion of the Exhibition at the British Library，2004, p.124.
[3] [德]克里木凯特著，林悟殊译《达·伽马以前中亚和东亚的基督教》图版6，淑馨出版社，1995年。
[4] 吴其昱《景教三威蒙度赞研究》，《"中央研究院"历史语言研究所集刊》第57本第3分，1986年。
[5] 史敦宇、金洵瑨编绘《敦煌舞乐线描集》第二章《敦煌壁画中的飞天伎乐》，甘肃人民美术出版社，2007年。据统计，敦煌壁画共有6000多个飞天形象。

图 24 敦煌第209窟，初唐，双飞天

图 25 泉州元代景教石刻，飞翔天使手捧十字架

图 26 泉州元代景教石刻，天使手捧圣物

图 27 泉州元代景教碑石（采自吴文良《泉州宗教石刻》，科学出版社，1957年）

"天宫伎乐"形象，舞蹈伎乐人飞翔弹琴，腰缠齐鼓，或是各执琵琶、排箫、笙笛类乐器向佛演奏礼赞，有些翱翔起舞的飞天还要向佛陀散花。隋代飞天开始女性化并在蓝色天宇中成列成串弹奏各种乐器，唐代飞天着菩萨装的宫女形象更为华丽高雅，或双手合十，或手执乐器，舞姿轻盈，礼赞佛陀。最关键的区别是景教的天使从未手拿乐器演奏，也未有撒花举动。洛阳景教经幢上两对飞天或天使虽然都有随舞飘动之感，但却没有手拿乐器或随风散花，特别是裙不露脚。如果说基督教中的天使虽然也身体飞动，衣裙飘舞，但均为两人簇拥手扶十字花环，手势、足形与佛教飞天有着明确差别，整体构图大不相同。

笔者认为《大秦景教流行中国碑》的内容，是大秦传教士讲述自己的遭遇，对自身宗教的赞颂，对遥远母国的夸耀，碑中论点不是中国人的而是叙利亚人的看法。同样，洛阳景教经幢是景教传教士对教徒母爱的追思，对自己宗教影响的扩展宣传，不用景教信仰的文化符号，反而用佛教飞天，有人认为这是"景教佛教化"，此说法是站在现代人角度认识当时的景教，恐怕是一个极大的误判。

三

长期以来，学术界认为景教传入中国后，受到唐代佛教与道教的巨大影响，为了生存、发展与扩大，景教不得不借用佛教术语和道教用语，以便吸纳更多信徒。这个判断和认识是正确的。但由此延伸出景教天使艺术也是受佛道艺术影响而变为飞天形象，这个判断则有继续探讨的空间。

由于西安《大秦景教流行中国碑》碑额上只有十字架，没有飞天簇拥，而十字架周边盘绕着中国传统文化的艺术造型——螭龙。对景教所表现的艺术象征，多围绕宝珠、祥云和莲花展开，对飞天的形象并没有较多的考释和解说。

洛阳景教经幢面世后，最明显的就是经幢八面柱上，有两幅飞天类浮雕形象分左右两边簇拥着十字架，我们一直认为这是来自佛教艺术中飞天的影响，因为敦煌长裙飞舞、飘带缠绕的飞天形象已经深入人心，文化记忆中有一种似曾相识的感受，因而都说这是景教辗转接受佛教艺术的证据，在中国盛行佛道的大环境下利用飞天来突出景教的特征。

实际上，飞天形象从印度到中国的演变反映了佛教艺术广泛的包容性，特别是以犍陀罗为中心的中亚地区，曾经受到古希腊古罗马文化的深刻影响，例如带翼的天使形象曾多次被发现，在阿富汗东部古那揭罗国佛教圣地 1 世纪末至 2 世纪初的塔院、僧院里，不仅伽蓝佛像与罗马帝国遗址出土的石膏雕制的王头像相似，而且在有供养人和僧侣的佛像头顶天花板上，突出地画着一对手捧花环的小天使[1]，其绘画手法具有明显的西方艺术特别是罗马晚期哥特美术的特征。

从公元前 326 年亚历山大征服西亚、进入印度后，希腊的文化艺术迅速传播，压倒印度本土艺术流派。在印度早期佛教艺术中，佛像的出现被称为"佛像的希腊起源"[2]，佛像波浪形卷发和面部轮廓以及嘴唇、眼睛、手势、衣褶等细节与希腊作坊的作品惊人相似，特别是号称"佛教大舞台"的犍陀罗地区，曾被大夏（巴克特里亚）的希腊人统治 130 多年，印度-希腊混合样式的佛像艺术非常独特，菩萨样式与希腊王子塑像接近，佛陀与基督形象相似。经过两个世纪的转变，在 5 世纪犍陀罗佛教艺术的浮雕中，有翼的小精灵天使或无翼的飞天神人屡屡被安置在主尊佛的上方，有的对称手持花环，有的对称托着王冠[3]，这对我们理解飞天与天使的混合发端很有帮助。

可佐证的是，伊斯兰文化也有艺术混合的例子。6 世纪伊斯兰教产生时因靠近基督教发源地，西邻拜占庭，东接波斯，其文化互为影响，早期伊斯兰教

---

[1] [日] 樋口隆康《アフガニスタン遺跡と秘宝——文明の十字路の五千年》第三章，NHK，2003 年，第 152 页。
[2] [法] 阿·福歇著，王平先、魏文捷译《佛教艺术的早期阶段》第四篇《佛像的希腊起源》，甘肃人民出版社，2008 年，第 83 页。
[3] 《佛教艺术的早期阶段》，第 136—137 页，图版 27、28。

图 28　泉州元代景教碑石

图 29　巴尔喀什湖七河地区谢米列契城 1302 年景教墓石，圣彼得堡国家遗产博物馆藏

图 30　河南巩县石窟寺第 5 窟南侧飞天

图 31　河南巩县石窟寺第 5 窟西壁飞天

图 32　唐代石门上的飞天，西安博物院藏

吸收了基督教艺术中的一些元素，创作的图像来自上帝。在流传下来的阿拉伯北部地区的图画中，穆罕默德出生时，有很多女性天使带来了毡毯和天篷保护他的母亲，他的母亲虽然贫穷，但很舒适，图画中有十二个天使从空中飞来告诉梦中的她，穆罕默德将降临人间。这些天使或戴王冠或戴阿拉伯白色头巾，身着红、绿色长袍，但都有双翼在背后展开。

目前，从渊源上追溯飞天"正宗"起源，仍然众说纷纭。赵声良在《飞天艺术——从印度到中国》一书中指出[1]，佛教传来之前，羽化飞天的飞仙就是中国人十分熟悉的艺术形象，佛教飞天与中国飞仙相差无几，尽管双方理解不同，但都是自由飞翔于天际之人，从而使飞天深受欢迎，并成为中国佛教艺术的重要内容。可是印度飞天没有翅膀和飘带，实际上是飞不起来的。中亚巴米扬带翼的小天使深受古希腊古罗马文化的影响，可是找不到传播的轨迹。龟兹飞天艺术中有着结合印度的特征，而南疆米兰出土的有翼天使壁画则有西方特点，克孜尔带翅膀的虚空夜叉融汇了几种宗教艺术交流后留下的痕迹。敦煌飞天肩上没有双翼，但利用加长飘带增加了自然飞扬的效果，从而使无翼的飞天身体演化成一种御风自由样式[2]。隋唐时期的飞天与菩萨形象都区别于西域风格，无论是服装还是面相，都逐渐仕女化，以体现女性的善良慈悲，与景教天使轻松舒展的造型更为接近。

景教传入中国，其天使形象可能吸取了希腊天使、印度神灵、道教飞仙、佛教飞天等多种艺术形象。虽然面临着宗教间生存的竞争，但景教在艺术上不存在刻意拔高或矮化其他宗教的行为。景教传教士在传教上坚持自己的价值观，在艺术塑造上并未沿袭原来惯用的套路，而是巧妙地进行了类型融合和角色设置，画作技法上讲求复合化，很可能用飞天的外形混合着天使的内核来光耀景教文明。

细察洛阳景教经幢上两幅图案[3]，飞天形象似乎比天使形象更典型、更明显，硬说非此即彼，似有强辩之嫌。我们推测，景教徒不是简单地用飞天形象代替了天使形象，而是因为雇用的洛阳当地雕刻工匠不熟悉景教天使粉本，他们在制作平面抽象化图式时出现了走样，在天使雕刻上习惯性地选用了飞天形象，所以虚实之间既像飞天又像天使。两幅图案中的形象也有许多不同之处。面相脸谱上：一幅脸型

---

[1] 赵声良《飞天艺术——从印度到中国》，江苏美术出版社，2008年，第7—8页。
[2] 吴焯《佛教东传与中国佛教艺术》，淑馨出版社、浙江人民出版社，1994年，第329—330页。
[3] 《景教遗珍——洛阳新出唐代景教经幢研究》图版11、12，文物出版社，2009年。

瘦长，轮廓长条；一幅丰润圆满，眼嘴可见。装束打扮上：一幅头戴高冠，腰束锦裙；一幅发髻高耸，赤裸上身。手势动作上：一幅张臂前伸，平移似升；一幅手持花蕾，从天而降。整体造型上：一幅采取身躯上倾，薄衣贴体，飘带从头顶飞起，另两条飘带绕至身后；一幅身体呈横卧式，屈腿俯冲下降，丝裙如带，线条高高飘曳，动感极强。

所以，这两幅图像与唐代佛教壁画奏琴弹乐、载歌载舞、着羽衣霓裳的伎乐飞天不一样，与翱翔在楼阁宫阙、极乐世界里的道教飞仙也不一样。这两幅图主要是塑造神灵形象，描绘天国世界，反映出佛教艺术想象和景教幻想艺术有着不同效果。

如果我们注意开元天宝时期绘画技法的变化，就可发现景教经幢上的图案不是刚劲精细的铁线描，也不是追求传神的白描画，而是自由豪放的兰叶描。雕刻工匠按照景教寺院的要求，有意选择两个不同形象的飞翔天使来拱卫十字架，这种失真走样呈现出宗教之间的复杂性，景教天使被转换成了飞天的形象，从而造成了"景教佛教化"的误判。

20世纪四五十年代，福建泉州发现了30余方元代景教墓碑石刻，天使分为有双翼和有飘带两种，碑额上天使都奉献在十字架两旁，大多全身修长显露，戴圣帽穿圣衣，袖口宽大，足不外露。[1] 这些天使图像与洛阳景教经幢图像类似，恰好佐证景教历经数百年，仍一以贯之坚持自己的传统，坚持固有的本色化宣教，并未随意将景教天使变为佛教飞天。

景教传教士坚持自己固有的文化标识，不会轻易贴上佛教的标签，摈弃富有信仰表达的天使形象，虽然耶稣受难赤身裸体钉在十字架上的形象估计不被中土唐人接受，但是在景教及基督教教徒思想里，十字架就是基督，"以十字圣架号基督"代表着自己的信仰，而飘洒飞逸的天使总是能够陪伴在左右。特别是十字架与天使乃基督教的经典标志，即使加有珍珠、祥云、花朵等因素，也不能放弃神学立场而改变中心形象与外在文化符号。天使配合十字架不仅为信徒带来了情感体验，而且具有启人心智的艺术张力，拉近了信徒与基督十字架的心理距离和情感距离。倘若景教符号也用佛道标签，那就是宗教传播的失败。

在当时佛教占据优势的社会背景下，景教有可能在艺术表现技法上吸取了佛

---

[1] 吴文良《泉州宗教石刻》，科学出版社，1957年，第63—64页，图版74—101。彩色图版见顾卫民《基督宗教艺术在华发展史》（唐元明清时期），香港道风山基督教丛林有限公司，2003年。

图33 洛阳龙门石窟中从北魏到隋唐的飞天造型

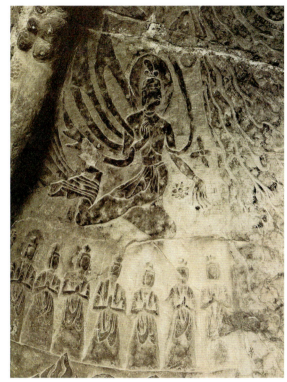

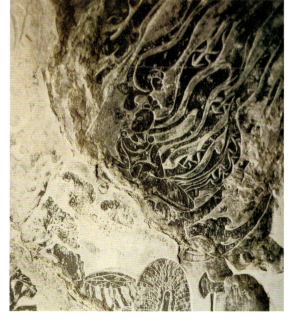

图34 亚美尼亚境内的基督教十字架石刻,刻有蔷薇、缠枝图案,是中世纪宗教建筑标志性附件之一

教元素,但天使并不是来源于飞天。洛阳景教经幢图像从表面上看可能是一种飞天与天使的调和形象,一幅使用洛阳龙门北魏以来的瘦长样式,另一幅则使用长安、敦煌类型的丰腴圆满样式,不一定采用了印度男性乾闼婆(Gandharva)和女性紧那罗(Kimnara)的形象。对比当时洛阳佛教石窟的飞天造型,景教经幢更有可能是聘请当地佛教艺术工匠雕刻的,为了满足景教士坚持使用自己信仰的人物艺术造型的要求,采取了艺术技巧与精神内核结合的方式,虽有可能落入佛教艺术的窠臼,但目的还是为了拉近信徒与教会之间的情感,让信徒情有独钟、过目难忘。

现行的"景教佛教化"结论是难以令人信服的。景教徒对自己的文化符号很重视,镌刻的天使作为他们信仰的文化符号和形象标志,是不会随意改变的。虽然洛阳经幢是佛教形制,但石刻符号及内容是景教的,形制与符号是不一样的,景教徒信仰的有可能不全是纯粹教堂里的东西,但内容毕竟是景教的。16—17世纪之前,其他宗教曾对天主教会进行迫害,就是要他们放弃符号,他们一直坚持不变。所以,"华化"不等于"佛教化"。

蔡鸿生先生提示笔者要坚持"以景释景"的思路。事实上,"华化景教"与"佛化景教"风马牛不相及,中国化景教主要表现在政教关系上,佛教化景教是虚假的命题，天下哪有这回事？！这是一个内容与形式的问题，即天使的宗教内涵与飞天的艺术形式的矛盾性的结合，它出自惯于为佛教造像的洛阳工匠之手，是完全可以理解的，犹如清代外销瓷将圣母画成观音，这是一种强加于"景"的历史的"无奈"，矛盾性中包含着合理性。[1]

总之，宗教艺术能承担一种世俗救赎的功能，也能追寻已经逝去的精神碎片。洛阳景教经幢上的两幅天使簇拥拱护十字架图像，无疑是景教传入中国后一个不可或缺的文化符号，即使出自习惯于佛教雕刻艺术套路的民间工匠，也不会从根本上轻易改变景教日常宗教生活中的经典信仰。

---

[1] 蔡鸿生先生两次审阅拙稿，提出了高屋建瓴的宝贵意见，特此感谢！

THE MOTIF OF MOTHERLY LOVE ON THE NESTORIAN SUTRA PILLAR IN LUOYANG OF TANG DYNASTY

7 洛阳唐代景教经幢表现的母爱主题

洛阳唐代景教经幢表现的母爱主题[*]

唐大和三年（829）洛阳景教经幢是粟特移民后裔刻勒者为其母"安国"安氏太夫人所建造的[1]，经幢题刻将"母爱"作为一个主题，实际上是将神性与人性、慰藉与亲情融为一体，将"圣爱"世俗化播散在人的日常生活情感之中。如果说儒家提倡"仁"，佛教提倡"善"，景教则弘扬的是"爱"，特别是"母爱"成为景教进入华夏国土后宣喻的伦理关切与人道精神[2]，这也是耶稣基督要求门徒"爱人如己"（博爱）基础上的理想之爱，有别于儒家血缘远近的等差之爱。

一 母爱主题

景教是外来移民漂泊者特有的精神诉求，

图1 洛阳景教经幢原状

---

[*] 本文为笔者参加2015年6月10日香港大学景教国际会议所提交的论文。
[1] 葛承雍主编《景教遗珍——洛阳新出景教经幢研究》图版2、图版10，文物出版社，2009年。
[2] 洛阳景教徒为母亲迁葬建立经幢，既弘扬母爱又宣传教义，感谢林悟殊先生提示笔者要关注景教徒情怀，避免引起歧义。中古时代世俗百姓有着遵从佛道戒律的传统，佛教重视布施、捐赠行为，并不强求要有信仰，尊敬佛祖、崇拜祖先即可，行为比思想更重要。景教传统更关注信仰感受，而不是行为，即使教堂礼拜和捐赠财物，若不从内心认同上帝，也不会被看成是一个基督教徒。这也是景教经幢上前面镌刻《宣元至本经》，后面题记叙述为母立幢的原因。

也是底层民众对命运轨迹和心路历程的追求。景教表达最丰富的是"博爱"情感、"怜悯"心理、"忏悔"心态。但是从叙利亚东来的景教有着自己的伦理规范，与中国传统伦理观念如祭祖拜像等有着某些冲突，甚至在武则天时期的洛阳和唐玄宗初期的长安都意外地引来一些谩骂讪谤声浪。[1]景教在"君权与神权"上采取妥协策略以保证得到皇帝政治上的支持，而在"不拜祖先"信仰原则上采取了敬父爱母、慎终追远的"孝道"迂回策略，将宗教信仰糅合民俗文化，赢得民众的认可。

安史之乱是唐代历史的一个拐点，洛阳从黄金时代步入衰败时期。安史叛军不仅给人们造成强烈的恐惧，而且留下了巨大的精神迷茫与痛苦，佛教的慈善救济和养病坊的扶老济贫在安史之乱十几年里曾一度中衰。遍布各地的佛教寺院也不可能救济长安、洛阳等地那么大地域范围内的百姓的贫苦，一般民众仰仗佛教的文化优越感成了幻觉，特别是中央朝廷的衰弱，政治斗争的混乱，文化权威的消失，道德力量的弱化，使洛阳成为安史叛军、唐军、回纥军队三方轮流杀掠的灾难之城，洛阳百姓以树叶充饥，甚至以纸为衣[2]。普遍的灾难降临于社会大众，胡汉之间变得彼此怀疑猜忌与互相提防，景教士在洛阳陷入一种长期复杂的纠葛中，面对周边军阀藩镇的威胁和回纥军队的抢掠，他们首先面临的是自我解救。虽然我们无法判断景教士在这一时期的煎熬，但走出悲情治疗创伤，景教无疑是最好的医方之一。景教也恰恰弥补了这一空间，"广慈救众苦，善贷被群生者"[3]，"贷"为施舍。景教对西域移民包括汉民人心的关照，对人的生命意义的追问，对社会的悲悯和救世情怀，无疑成为了唐人新的感受、体验和想象的内容。

《大秦景教流行中国碑》记载："饥者来而饭之，寒者来而衣之，病者疗而起之，死者葬而安之。"[4]战乱之时，景教士们施舍饥者、收殓亡者，对那些视胡人为仇者的汉人实在是莫大的心理安慰，对一般西域移民或是粟特胡人更是雪中送炭之举，宣传"爱人如己"的普世化景教显现出人人皆有的慈爱之心，符合基督教信徒在神面前平等的博爱教义。

---

[1]《大秦景教流行中国碑颂》中说"圣历年释子用壮腾口于东周，先天末下士大笑讪谤于西镐"。见翁绍军《汉语景教文典诠释》，生活·读书·新知三联书店，1996年，第58页。
[2]《资治通鉴》卷二二二，代宗宝应元年十月条："比屋荡尽，士民皆衣纸"，中华书局，1956年，第7135页。
[3]《大秦景教流行中国碑颂》，见翁绍军《汉语景教文典诠释》，第64页。
[4]《大秦景教流行中国碑颂》，见翁绍军《汉语景教文典诠释》，第65页。

洛阳景教经幢正面虽然镌刻有景教《宣元至本经》，但是丧母、祭母的大悲悯揭示世俗爱的伦理道德情怀，是神性与人伦的结合，整个经幢没有表现出明显的忏悔心理，而集中表现的是对母亲的祭悼，与中国人的孝顺伦理与儒家"仁爱"理论有着相通性。《旧约圣经·出埃及记》20章12节（和合本）十诫第五诫曰："当孝敬父母，使你的日子，在耶和华你神所赐你的地上，得以长久。"景教文献中比较详细论述有关"十诫"内容的，是早在贞观年间景教进入中国后汉译的《序听迷诗所经》，其中宣传信徒有三件事是必须要做的："此三事，一种先事天尊，第二事圣上，第三事父母……第二愿者，若孝父母并恭给，所有众生，孝养父母，恭承不阙，临命终之时，乃得天道为舍宅；[第三愿者，所有众生]，为事父母，如众生无父母，何人处生。"〔1〕相较于"十诫"，在景教文献中，还多出了"事圣上"与"对人发善心"两事，特别是将基督教十诫中第五诫"当孝敬父母"提前到第三愿，说明景教入华后其伦理优先顺序的变化，人伦关系中父母被赋予高度的重要性。

景教的宗教神学信念对于人心的拯救作用，特别是人们感到孤独、忧郁、虚无、罪恶等时候，就会在人的情感、精神和灵魂世界方面，具有超越现实的想象。尤其在中国提倡儒家孝道的背景下，景教糅合了儒家因素，入华景教崇拜帝王、提倡孝道，孝敬父母与儒家《礼记·祭义》"大孝尊亲"思想相符。洛阳景教经幢中则明确记有："承家嗣嫡，恨未展孝诚，奄违庭训……"可见，景教适时地把孝敬父母这种与自身教义相符的思想极力传播，就成为很自然的事了。

中国汉代以来最讲究"孝道"，在早期佛教进入中国时就遇到与"孝道"的冲突。儒家批判佛教为"不孝之学"，佛教逐渐利用佛经中与儒家重合的"孝"的思想，不仅要报答父母之恩，顶礼父母，不能抛弃长辈，而且尊老爱幼推及世间一切善法，既用血缘关系的家庭伦理构建桥梁，又提升到了令父母出离生死轮回的出世法的高度，这才开启了融合的佛教之路。考古资料证实，新疆吐鲁番古墓群

---

〔1〕 翁绍军《汉语景教文典诠释》，第94—95页。关于景教经典《序听迷诗所经》真伪问题，学术界一直有争议，见林悟殊《高楠氏藏景教〈序听迷诗所经〉真伪存疑》，载《敦煌文书与夷教研究》，上海古籍出版社，2011年，第347页。笔者认为，作为中国最早的景教原始文献，种种论断皆可，有待新资料确认，与洛阳景教经幢提倡"孝诚"比较，宣扬恭养父母的孝道思想应该是一贯的。

中曾多次出土有高昌国与唐西州当地百姓陪葬《孝经》的衣物疏[1]，孝观念的传播也影响到当地胡人，史称高昌国"文字亦同华夏，兼用胡书。有《毛诗》《论语》《孝经》，置学官弟子，以相教授。虽习读之，而皆为胡语"[2]。胡人效法汉人习读《孝经》，不仅说明孝观念深入人心，而且有仿效汉族陪葬墓龛昭告冥界的遗风。唐玄宗开元、天宝时期又重注《孝经》，大规模颁行天下，对长安、洛阳两京胡人不会没有影响。

景教在佛道之外对唐人情感有着补救作用，强调自身具有拯救性和超越性，约束人性恶的欲望，景教含有一种"不死"精神和"强生"的意志。如果说景教的神性拯救精神与道教的人性逍遥心志都具有超越性，那么超越的方式是不同的，景教拯救悯爱是追求实质性的超越，道教羽化登仙的逍遥则是形式上的超脱。特别是安史之乱后，帮助人们消弭生存的苦难，是景教传教士倾身下降到社会基层扶持教徒、信徒"自救"的积极方式，也是将基督教入华后"母爱"化为心灵需求的意义。

景教士虽然没有实现使中国皇帝大臣皈依景教的理想，但是他们融入粟特移民的努力基本是成功的。他们允许教徒祭母祭祖，甚至大秦寺寺主（米姓）、威仪大德（米姓）、九阶大德（康姓）都亲自参加教徒母亲的移坟仪式，这不仅会让粟特移民后裔有所感动，有利于增加凝聚力，也符合儒家文化，更易于为当地中国百姓所接受。

基督教就其本质是一种获救型信仰，这种得救型文化如何转化才能被汉人接纳？景教进入中国是以伦理话语的身份出场的，景教士以"十诫"为底本，将其改为"十愿"，混用掺入新约教义，从"十诫"的被动到"十愿"的主动[3]，在长安、洛阳这样的华夏文化的腹心地带，景教之所以没有被边缘化，离不开宣扬母爱这一伦理支柱。

在东方圣土，造物主是仁慈的，但女性遭受着种种苛刻的束缚，唐代虽然不是"男女授受不亲"盛行的时代，但是妇女地位也不会普遍高于男子。东方教会与

---

[1]《吐鲁番出土文书》（图录本）壹，文物出版社，1992年，第207、255、360、370页。荣新江、李肖等《新获吐鲁番出土文献》，中华书局，2008年，第105页。

[2]《周书》卷五〇《异域传》下，中华书局，1971年，第915页。

[3] 曾阳晴《唐朝汉语景教文献研究》，《古典文献研究辑刊初编》第35册，花木兰文化工作坊，2005年，第167—170页。

其他宗教一样,女性从小接受的教育就是要虔诚顺从,坚贞不渝的忠诚和恭敬顺从的奉献是她们的主要职责。从出土的大量唐代女性墓志中我们可以看到,三从四德、恭顺服侍,都是被极力推崇的,她们过着较为单调的生活,宗教给她们带来抚慰与激情,是她们生活的精神寄托。

◀ 图2 洛阳景教经幢正面拓片

▶ 图3 洛阳景教经幢背面拓片

英国 Hanter 教授提示笔者注意,在景教总教区中心所在地叙利亚,东方教会对母亲的纪念并无特殊照顾,当时的叙利亚还是重男轻女,即重视父亲而非母亲,所以不会对母亲格外重视。但是景教传入中国后,接触中国儒学、佛教、道教后逐步适应"本土化",洛阳景教经幢是专门为母亲而不是为父亲建造的[1],这说明他们不是按照叙利亚教会原有理念行事,他们的宣教运动已经糅合了一种中国人"孝

---

[1] 笔者曾考虑景教经幢上残存的文字"尉"可能是校尉的意思,如果是其父亲的官名,那么其父是否排在其母前面呢?暂且存疑,以待新出资料证明。

洛阳唐代景教经幢表现的母爱主题

诚"的普世化意识，这种意识驱使景教士向长安、洛阳等地传播福音，也必然产生新的文化交流。

二 亡师作用

洛阳景教经幢上第十行刻有"亡师伯和"名号[1]，由于断裂，文字残缺，我们不知亡师名字之后的称谓头衔，但这个亡师一定是洛阳大秦寺传教士群体中的重要成员。景教进入中国后很注意传教时由神格向人格的转换，由宗教向世俗的主导，这都是必须"华化"的主题，也是体现母爱的主题。按照叙利亚东方教会的规定，一个关键性的布道者就是传教师，这个"师"即启蒙者之义。启蒙者，与中国士人传统中"导师"身份自觉认同是一样的，不过是用另一种文化命名的"师"者而已，这在景教传教士中于新的历史环境下向启蒙者转换是顺理成章的。这种启蒙者往往以拯救者身份出现，相对于被启蒙者或被拯救者，他就是"师"，而信徒成为得救者。师的作用是代替神指导人进行自我拯救，他担当的角色会使粟特胡人信徒对上帝、耶稣产生一种角色期望或偶像认同。所以笔者怀疑这位"亡师"也是西域来的胡人。

将经幢"亡妣"安国安氏太夫人与"亡师伯和"进行并列审视，这位"亡师"与"亡妣"关系很密切，其应为通教理的神职人员，很容易成为安氏太夫人以及粟特后裔的人格楷模，按照随后的幢记文字记载："愿景日长悬，朗明暗府，真性不迷，即景性也。"[2]"亡师"降临人间，就是上帝与信徒之间的使者，为人赎罪，承担苦难，保证真性不迷，即使被钉死在十字架上也是神迹。这也是"亡师"很容易被深受儒家文化影响的唐代士人误读为儒家舍身成仁的至高境界，从而使"亡师"成为被效法和追随的人格标杆。

我们曾多次讨论过唐人是否能读懂景教经文、碑文的问题，涉及粟特胡人能

---

[1] 究竟是"亡伯和"还是"亡伯"，笔者认为应是"伯和"，因为西安《大秦景教流行中国碑》中的景教士常以"和"字为名，如大德佶和、僧延和、僧冲和、僧太和等，即使洛阳大秦寺寺主也称"法和玄应"。有关不同解释，见林悟殊、殷小平《幢记若干问题考释——唐代洛阳景教经幢研究之二》，《中华文史论丛》2008年第2期，收入《景教遗珍——洛阳新出唐代景教经幢研究》，文物出版社，2009年，第102页。

[2] 林悟殊、殷小平认为，"真性不迷"应为"真姓不迷"，见《幢记若干问题考释——唐代洛阳景教经幢研究之二》，《中华文史论丛》2008年第2期。

否运用汉文也一直是个疑问,"卢坷宁俱沙"(圣灵)、"弥施诃"(救世主)、"阿罗诃"(三一妙身)等聱牙拗口的专有名词,以及诸如"净风""证身"等专有名词,都需要精通叙利亚文或粟特文的传教"师"解说才可读懂,否则会与佛教、道教混淆。《宣元至本经》虽然没有其他景教经文中的一些名词,但"景通法王""大圣法王"专指耶稣基督的汉文用词也需要"师"的解释与介绍。当然,传教僧侣更重要的作用是引导教徒回归人性的本能,甚至隐修以绝色、绝财、绝意。

洛阳景教经幢立幢人专门刻上已经逝世的"亡师伯和",大概就是强调耶稣基督式的救赎者,"亡师"鼓励教徒要有承担意识,即使没有背负十字架,也要有自觉承担苦难的精神意向,荣神益人,嘉言懿行,为了替深陷暗渊的人们分担苦难,需要默然坚忍地献出自己的爱。可以推测,"亡师"有着慈祥的双眼,有着深沉的呼声,有着担当苦难的精神品格,特别是有着爱的人格伦理。

中国没有"原罪"的传统,只有"恶"的意识,基督教从世俗到神性的超越,就是受难和牺牲所承担的社会义务与责任,亡师教导"景日""景性""景福"都暗含了安氏太夫人的"母爱与童心"。相比之下,佛教、道教过重的道德理性带有冷漠的味道,缺少基督教纯情"爱"的情感,景教"由情入道",由爱到宗教,最后到达明心见性的境界。基督教的人道主义思想,就是由"爱"申发出来的,与儒家"仁爱"有一定联系。

有人问,洛阳景教经幢题记里没有提及安氏太夫人的丈夫、立幢人的父亲,难道真是像安禄山声称的胡人"只知其母不知其父",不重视父系吗?按照汉人感恩的致辞首先应该提父亲的官职爵位、地望家世,但经幢题记中为什么不提其父呢?或许是只重视母爱不讲究父爱?圣父、圣子、圣灵"三位一体"是景教非常重视的教义,"亡师"伯和是否就是谙于教理、阐发得体的"教父"呢?

母爱是有尊崇的,安氏太夫人前面加上"安国"两字,这不仅体现了安太夫人与安国不可分割的关系,更重要的是加上"安国"两字可以进一步突出母亲的尊贵地位,或许"安国"作为尊号有着满足外来移民民族认同的现实背景。

三 代祷仪式

洛阳景教经幢镌刻的《宣元至本经》,虽然以景教原典文化为背景,但是以中国语言为载体。它的语言是温婉、质朴、清丽的,但同时也增加了凄婉、沉郁与

图4 十字架金饰片，内蒙古锡林郭勒盟东乌旗元墓出土

感伤，这都与"母爱"主题有关，但却与西安《大秦景教流行中国碑》幽邃庄严的行文风格大不相同，语言的修饰没有过多的比喻和象征手法。如果说西安景教碑是歌颂式的语言，那么洛阳经幢语言表达的是谦卑、本分，似乎充满了心灵的痛苦，使用了"岁时奠酹，天地志同""于陵文翼，自惭猥拙，抽毫述文，将来君子，无见哂焉"等语汇，语言风格是人的精神心理和情感态度的外化，因而洛阳景教经幢撰文者、刻勒者处处表现出本人的悲伤、家族的祝福、"匠帝"的呼告，是一种沁入人心的历久弥新的记忆。

景教不仅有着自成系统的神学理论，还翻译了诸如《宣元至本经》《三威蒙度赞》《尊经》等一系列景教经典，更重要的是形成了一套完备的礼仪规范。礼仪是信徒表达宗教思想、观念和感情的外在象征性活动，也是最能沟通教徒与"匠帝"的信仰交往，最能体现教义和信条的神圣活动。可以说，基督教最为吸引世人的部分，不是其深奥的神学理论，而是各种繁复的仪式和节日。对一般胡人信徒来说，基督教经典不管是叙利亚文、粟特文或是汉本，都不可能令信徒们始终保持日诵夜念，而各种繁复的礼仪仪式却能吸引他们。在隆重的仪式活动中聆听来自天上神的声音，激发起信徒崇拜的情感。这与同时在中国活动的祆教、摩尼教传教方式可能异曲同工，但景教庄严肃穆的独特仪式使人备感"朝圣""膜拜"的严肃与宁静。

安氏太夫人逝世十几年后，其子为母亲举行隆重的迁葬大礼，对母爱可谓非常难忘。"迁举大事"背景不太清晰，或许原墓地选择不合心意，或由家族集资提供再迁新地，尽管我们不知道这是单独埋葬、夫妻合葬还是葬于教徒的集中墓地，但购买土地建茔立幢显然不是由官府赏赐地皮，而是由专门负责料理墓地的"检校

茔及庄家人昌儿"经办,这个"庄家人"并不是种田的农民[1],而是安氏"庄"里的家人。安氏之子为"检校茔及庄"派"家人昌儿"专司其事,正说明对墓园的重视,借此以报母恩、母爱,非同一般也。[2]笔者曾推测,昌儿或许是洛阳教会组织中负责守护墓地与葬礼事务的景教士,属于教阶较低的教士。西安《大秦景教流行中国碑》上就有一个名叫西蒙的"坟墓的牧师",负责守护墓地的事务。[3]

洛阳大秦寺寺主并不是要遵守中国传统葬俗,而是希望通过对安氏太夫人的迁葬仪礼来为景教传教士在洛阳的立足扩展奠定基础,因此经幢题记上不仅专门写上亲族友朋等见证人,更重要的是刻上寺主、大德的名字。这与叙利亚东方教会的"代祷者"有着渊源关系,"代祷"是基督教里备受重视的重要礼仪。

景教将圣母玛利亚作为耶稣的保护者和"代祷者",定期请僧侣为死者做弥撒,是一种代祷形式,希望借此可以清洁其灵魂并且纪念死者。景教士按照迁葬仪式做纪念性弥撒,祷歌悠扬响起后,穿白衣的景教士在送葬队伍中抬着棺材,亲属、信徒们手持蜡烛跟在手举十字架的景教士后面参加葬礼,在墓地举行弥撒后将棺材放入最后的葬地。[4]在天国上帝的召唤下,安氏太夫人在洛阳找到了她最终的长眠之所。她的亲朋好友怀着虔敬、敬畏之心为逝去的亲人聘请景教士代祷,迁葬时无论是在墓地吟唱宗教经典里的赞美诗,还是对经幢顶端的十字架顶礼膜拜,都与代祷的感恩仪式有关联。[5]

基督教强调家庭的重要性,而不是肉身的从属,真正意义上对于母爱的颂赞,

---

[1] 聂志军将洛阳景教经幢"幢记"中"庄家人"解释为种田人、农民,此释读不确,庄家人恐非"庄稼人"。见氏著《唐代景教文献词语研究》,湖南人民出版社,2010年,第107页。唐莉则认为,庄家人可理解为姓庄的人,也可理解为有钱之大户富人,并推测后者可能性较大。"昌儿"就是庄家的人,他可能帮助购买墓地。见《景教遗珍——洛阳新出唐代景教经幢研究》,文物出版社,2009年,第148页。

[2] 蔡鸿生先生指出,洛阳景教经幢出土以来,对"检校茔及庄家人昌儿"一语,诸家解释似均未得确解。关键问题是对"家人"为唐代特别称谓不明究竟,以致与"庄"连读,乱其身份。据《酉阳杂俎》卷五"诺皋记下",有两处提及"家人":"独孤叔牙常令家人汲水""惠恪呼家人斫之";又如洛阳龙门石窟开元三年浮图铭题名也有"家人石野那"字样,可知家人作"家仆"或"用人"解。

[3] 葛承雍《西安、洛阳唐两京出土景教石刻比较研究》,见《景教遗珍——洛阳新出唐代景教经幢研究》,文物出版社,2009年,第126页。

[4] P. Y. Saeki, *The Nestorian Monument in China*, Society for Promoting Christian Knowledge, London, 1928, pp.12-14.

[5] 李韡博士指出,中世纪特定使用的一个词necrology或necrologium(与现代词汇意义不同),表示在修道院中有登记若干逝者名字的簿册,它用于记录哪一天为谁做弥撒,以便教会确定代祷。她提出:洛阳景教经幢是否也有类似的代祷功能?形式上的华化是否等同于教义上同等深度的华化?需要进一步探讨。

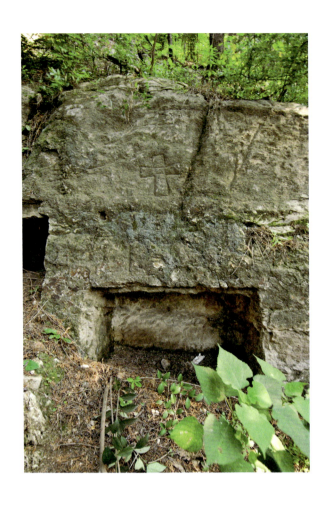

图5　洛阳龙门石窟景教瘗穴遗迹

几乎是没有的,因为这个不属于基督教的核心价值。但入华的景教面对儒家的"仁义"、佛教的"慈悲"、道教的"清净",在保持核心理念的前提下,在"纯净"信仰中吸收本地"孝诚"文化,凸显人性以便更好地发展。景教已经不是依靠佛教"借腹怀胎",他们是用佛教经幢外在形式来宣扬母爱,实际上"事母至孝"是对家族、人品的高度赞扬与褒奖。仅从迁葬仪式背景来说,目的也是为了减少逝者死后受苦遭罪的时间,中世纪晚期基督教盛行的赎罪券,就是这种代祷形式[1]。

景教在佛教中心的洛阳开展传教事业,犹如在岩石上播种一样艰难。但是大秦寺景教士是前赴后继的福音播散者,为了让那些看不到十字架的遥远地方的人们可以聆听到神的旨意,他们承受了很多的艰苦、孤独、贫穷,甚至是凶险。洛阳受到安史之乱的重创,其与周边地区的交通也一度阻塞。景教士即使要与长安景教总部联系,也要延缓到一年半载才有反馈。

洛阳与长安一样都是宗教之城,既是佛教的传播地,又是道教的逍遥津,摩

---

[1] J. Stewart, *A Church on fire: Nestorian Missionary Enterprise*, Edinburgh, 1928(斯蒂沃特《火的教会:景教传教士的事业》,爱丁堡,1928年)。圣母玛利亚作为代祷者是后来天主教的特色,东叙利亚教派创始人聂斯托利反对将玛利亚抬高到"神之母"的地位,只承认她是耶稣作为人的母亲。景教在中国只宣传基督教最基本的教义,并没有涉及圣母玛利亚在教义上的精深讨论,所以景教(东叙利亚教派)与天主教对玛利亚的崇拜虽有差别,但在7—9世纪的唐代,差别并不明显。

尼教的穆护、祆教的祆祠，也都在这里并存。虽然我们不知道官家是否允许东方的寺庙与西方的教堂相互辉映，钟鼓木鱼之声与唱诗班的颂歌同在京城上空飘扬，但是从目前新发现的洛阳龙门十字架景教瘗穴墓龛[1]，可以确知朝廷是允许诸多不同信仰的信徒相互融合的。敦煌莫高窟北区也有时代较晚的景教徒瘗葬遗迹[2]，可备参考。

在景教传播方面，洛阳似乎是长安的翻版，洛阳大秦寺是长安大秦寺的接引与延伸，但没有迹象表明，景教士们的大秦寺曾在洛阳大放光芒，就像长安的大秦寺一样宏伟壮大，他们普及福音的梦想既要面对佛道的攻击，又要受制于官场政治伦理的致命性限定。安史之乱以后，怀疑和不信任外来胡人是中原汉人的普遍心理，历史性的动荡使唐王朝已经摇摇欲坠，景教福音事业却还在苦苦坚守，安氏太夫人迁葬之事借母爱主题，"有能讽持者，皆获景福，况书写于幢铭"[3]，不仅使景教信徒继续看到了人世间最后福音的希望，也给那些不能载榇归国、只能掩埋中土的中亚胡人极大的心理安慰。

---

[1] 焦建辉《龙门石窟红石沟唐代景教遗迹调查及相关问题探讨》，载《石窟寺研究》第4辑，文物出版社，2014年，第17页。

[2] 彭金章《敦煌新近发现的景教遗物——兼述藏经洞所出景教文献与画幡》，《敦煌研究》2013年第3期，第51—58页。

[3] 《景教遗珍——洛阳新出景教经幢研究》图版8，文物出版社，2009年。

THE FEMALE RELIGIOUS DEVOTION: A STUDY FROM THE EXCAVATED NESTORIAN WALL PAINTINGS IN TURFAN

8 从新疆吐鲁番出土壁画看景教女性信徒的虔诚

从新疆吐鲁番出土壁画看景教女性信徒的虔诚

根据历史文献记载,在中国宗教发展史上,佛教有女尼,道教有女冠,摩尼教有女摩尼,那么从唐初传入中国的景教(基督教之聂斯托利派)究竟有没有修女呢?这是我们查及文献关注的问题。但是从现存的敦煌景教遗留文献和西安《大秦景教流行中国碑》、洛阳《大秦景教宣元至本经》经幢等石刻文献中,我们还没有寻觅到女性传教者的痕迹。

在历史上最有影响的世界宗教领袖几乎清一色为男性,如亚伯拉罕、摩西、耶稣、乔达摩·悉达多、穆罕默德等,而且宗教群体如罗马天主教、正统派犹太教群体等,只允许男性担任神职人员。但是,宗教群体中最虔诚的或者说"最宗教"的往往是女性。女性比男性在宗教上更加虔诚,这不仅造成了宗教的性别差异问题,而且促使我们思考景教东渐传播中的女性问题。

一

20世纪初,德国探险考察队在新疆吐鲁番的高昌城外发现一所9—10世纪废弃的基督教寺院,对应中国晚唐时期,出土有用叙利亚文突厥语、粟特语拼写的残片,并发现了几幅壁画残片与碎片,收藏于柏林亚洲艺术博物馆,其中最重要的景教壁画,"带有明显的拜占庭艺术风格"[1]。

我们首先观察景教寺院遗址出土的壁画。这幅壁画图高70厘米,宽63厘米。画面左边有黑色卷发的男性站立,上身披着一件淡红色外套,内穿镶嵌淡绿色锦

---

[1] 林梅村《丝绸之路考古十五讲》,北京大学出版社,2006年,第296页。

图1 高昌景教寺院壁画

边的白色长袍,脚穿黑色皮靴。他左手提长链黄色香炉,正在摆动,香烟缭绕,袅袅向上;他的右手紧紧托着一个深棕色碗钵。这是一个典型的主教唱诗祈祷的形象。[1]

在主教对面有三个人物,皆为女性。第一个盘头女性身披淡蓝色翻领外套,内穿深棕色长衣,脚穿尖头皮靴。第二个戴黑帽女性,身披翻领棕色外衣,也穿尖头皮靴。第三个梳高髻发饰的女性披棕色长帛,上身穿短襦,下结长裙,脚穿高头履。这三个女性并排站立,没有所谓"簇拥牧师"的表现。

画面上方原有手持十字架的骑士像,但只揭取了残留棕色马两腿下的马蹄部分。有人认为,这是圣诞平安夜耶稣骑马进城的景象,也有人认为,这是复活节的礼拜场景。[2]勒柯克起初认为是表现基督教祭司施洗礼的情景,后来他认为是景教"圣枝节"(Palm Sunday),也即复活节前的星期天人们欢迎基督进入耶路撒冷的情景。[3]朱谦之认为,骑士形象者是景教会最下僧位的执事补[4],因为三位信徒都手持一根有叶子的树枝,究竟是橄榄枝还是棕榈枝,目前还有不同看法。日本学者吉村大次郎甚至猜测,此画左边较大的人物像是耶稣,右边三个小人物分别为

---

[1] 德国学者克里木凯特曾认为,这幅画"描绘了一位教士正在向一群突厥人传教,其手执一个圣餐杯,显然是个伊朗人。这画面证实了我们从文书中了解的情况:教会的领导成员是伊朗人,包括粟特人;而粟特人或许是来自社会的较低层,则构成了会众"。见林悟殊译《达·伽马以前中亚和东亚的基督教》,淑馨出版社,1995年,第35页。

[2] 吐鲁番博物馆、吐鲁番学研究院《丝路遗珠:交河故城、高昌故城申报世界文化遗产文物精品展》,上海古籍出版社,2014年,第121页。

[3] 林梅村《西域文明——考古、民族、语言和宗教新论》,东方出版社,1995年,第460页。另可参阅[德]勒柯克著,赵崇民译《高昌——吐鲁番古代艺术珍品》,新疆人民出版社,1998年。

[4] 朱谦之《中国景教》,人民出版社,1997年,第193页。

彼得、约翰和抹大拉的玛利亚。姜涛在《宗教珍宝档案：高昌景教圣枝图》中说，依据服饰和希腊人特征，推断这是5世纪左右景教传入高昌地区的见证。[1]关于这幅壁画的解释还有种种推测，但都未详细解释画面中处于主角位置的女信徒。

这幅有限的残片画面，给我们提供了比较多的女性教徒信息。壁画中三个女信徒的不同穿戴，体现了她们的不同等级身份。右边最后一个明显是汉族女性，仅从肩有披帛和脚穿高头履来看，她肯定不是一般的下层平民，或许是景教寺院的施主（供养人）。从画面看，三位女信徒面部克制而内敛，神情肃穆而淡漠，绷紧嘴唇，似乎最隐秘的内心情感都被压抑在画面之下。精彩的是，三个女信徒眼睑低垂，与教主没有直接对视的眼神交流，萌生出多愁善感、心感神赐的情景，女子柔弱的情感一览无余。

左边传教的主教是信徒们宗教信仰生活的牧养者和引领者，他有着悲喜不露的刻板形象。过去有人说这是主教准备让信徒用树枝蘸水播洒甘霖的形象，恐不确，因为主教手里还摇摆着长链香炉，这正是仪式上唱诗做祈祷的形象。

如果确是复活节前教徒欢迎基督入城的故事，那么笔者认为整幅画面表现的是圣枝节前夜传教士带领信徒追念基督的方式：唱诗、读经、听道和追思默祷。讲道的主教劝勉信徒要在信仰里有盼望，并环绕慈爱彼此安慰。女教徒们手持橄榄枝或柳枝，这是基督教的独特方式，祈祷而不跪拜，献花而不烧香，礼拜而不献贡果，与中土佛教、道教迥然不同。

另一幅壁画残片高43厘米，宽21厘米，描绘了一个目光平视的青年女性，也应是女性景教徒的画像。她梳着长发，一绺发丝侧垂脸旁和耳畔，双手抱至胸前做恭顺状。这位披着长发的女教徒包裹着圆领淡棕色长袍，脚下是当时最时尚的高履鞋，面容端庄，目光平视，究竟是正在向基督忏悔，还是向主教询问，不得而知。从她的神态上看，也是一副虔诚的形象，完美地平衡了宗教和人性的叙事性，让人永远分辨不出她投来的目光是救赎、悲痛还是宽恕、希望，非常生动地表现了信仰者的虔诚。

遗憾的是，吐鲁番景教寺院的壁画全景构图已经看不到了，无法推测被切割画面周围是否还有圣母像、耶稣像以及圣母子像，或是诸神体系中其他神祇的细节，但通过有限的残留画面进行"透视"，可见画师是有选择的，形成一组表现女

---

[1] 姜涛《高昌景教"圣枝图"》，《中国宗教》2006年第4期。

性群体的作品链,刻意复原和表现女信徒的虔诚。

二

景教是否有女性传教士或者嬷嬷、修女呢?在叙利亚东方教会中,1世纪后就有修女积极参与修道院建设,到4世纪时,姐妹兄弟同领同导福音,已经成为基督教修道礼拜的组成部分。

按照叙利亚基督教早期文献传说,带来圣洁福音的上帝使者托马斯,其第一位信徒就是女孩。女性率先获得福音,正如圣母玛利亚第一个了解耶稣基督的救赎计划,第一个获得复活消息。所以女性信仰在东方教会中有着自己的印记。此后,独身女性被鼓励奉献教会团体或教堂,教堂里有修女和女执事,并设置了各种专门由女性充任的职位,为女性服务,不仅在教会医院里有女性协助神职人员,而且女子合唱团也是神圣事工的一种形式。在文献中,女性甚至被理解为圣灵,在圣像或其他图像中女性形象也被认为是神圣的。[1]

400年以后,性别偏见逐渐增大,女性圣灵被男性替代,较大教堂里美丽的女性形象消失了,修道院中女性执事被排除出教会僧侣教职之外,女性被压抑不提,但在日常生活中妇女仍是以神圣的形象出现,母亲的宗教信仰和精神教导对子女有非常重要的影响。进入波斯王朝后,禁欲主义对女性形成一种压力,修女被告诫保持沉默、封闭和被动的沉思。伊斯兰教统治中东后,基督教修道院迅速消失,也使妇女记载被忽略,原始资料中女性信息极为缺失。

有关女性信仰的文献大概只局限在教派建立的早期阶段,中期以后就不再有专门记载,更没有修女主动传教的记录。[2] 431年,聂斯托利派与拜占庭教会在以弗所宗教大会决裂后是否还保持修女制度,语焉不详。波斯萨珊王朝初期,对基督教修女们较为宽容,允许其担任教职。359年,沙卜尔二世(309—379)攻占拜

---

[1] Susan Ashbrook Harvey, "Women in the Syriac Tradition", *Syriac Studies*, No.2, 2016.
[2] 有关叙利亚东方教派女性修道者、女性信仰者及殉道者的详细研究,见 Susan Ashbrook Harvey 的相关论著:*Song and Memory: Biblical Women in Syriac Tradition*, Milwaukee: Marquette University Press, 2010; *Holy Women of the Syrian Orient*, by Sebastian P. Brock and Susan Ashbrook Harvey, Berkeley: University of California Press 1998.

占庭时，还允许基督教修女们继续担任教职以收揽人心。[1]但由于萨珊波斯与罗马关系时好时坏，两个世纪内，基督教有时会获得宽容与自由的发展，但在长达半个世纪的时间里，基督教遭遇了严重的迫害。[2]特别是随着女性遭遇歧视而地位低下，她们被贬斥为不洁、邪恶和恶魔的化身，导致基督徒修女不知所终，其原来面目已很难追溯。从后世修女来看，她们一般都有着较高的文化水平，经历过试学、初学、暂愿、永愿等不同阶段的培育，很多女性因为文化水平较低、家庭困难，只能成为独身的贞女，无法割断与世俗的联系，跨入修女的门槛不易。但是，女性是温和的信徒，她们对教会的虔诚和对家庭的忠诚，以及她们谦虚的美德，使其一直是基督教东方教会的重要成员。

佛教中的女尼，道教中的女冠，在史书中都有记载，并有专著研究。[3]吐鲁番出土文书《高昌僧智副等僧尼财物疏》还记载高昌有"胡尼"，说明佛寺中有"胡"族尼姑。[4]摩尼教也有女摩尼，会昌灭佛时被杀的72个女摩尼"烈士"就是明证。《僧史略》卷下"大秦末尼"条曰："会昌三年，敕天下摩尼寺并废入官。京城女摩尼七十二人死。及在此国回纥诸摩尼等，配流诸道，死者大半。"史书所载女摩尼，是被杀还是自杀，虽不甚明了，但是可

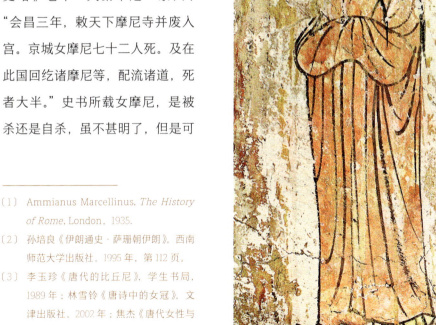

图2 高昌景教寺院壁画

---

[1] Ammianus Marcellinus, *The History of Rome*, London, 1935.
[2] 孙培良《伊朗通史·萨珊朝伊朗》，西南师范大学出版社，1995年，第112页。
[3] 李玉珍《唐代的比丘尼》，学生书局，1989年；林雪铃《唐诗中的女冠》，文津出版社，2002年；焦杰《唐代女性与宗教》，陕西人民教育出版社，2016年。
[4] 王启涛《吐鲁番出土文献词典》，巴蜀书社，2012年，第443页。

图 3 吐鲁番高昌景教寺院发现的景教壁画残片中手持十字杖的耶稣和远处的唐朝女信徒

见女性传教者是京师摩尼寺中的中坚骨干。

20 世纪初，在新疆吐鲁番出土的大量摩尼教文书中，723 年开始用中古波斯语抄写的《摩尼教赞美诗集》存放于焉耆寺院，到 9 世纪才完成，其中发现了摩尼教教团内部通信文书中对女信徒的记载，上有可敦、公主、贵妇及汗廷女官，下及普通女性侍从，种族涉及回鹘、粟特、汉族等，从而证明漠北回鹘汗廷拥有不少摩尼教女听者。[1] 从跋文所列世俗听者名单中的职衔"听者首领"来看，似乎有宗教教职，但不是具有"慕阇""拂多诞"等身份的传教师。再观察柏林藏吐鲁番出土绘画中高昌回鹘王国女性摩尼教徒形象。她们似乎在聆听僧团领袖慕阇唱诵赞美诗，并随声朗读教规和歌唱赞美诗，但却仍然看不到摩尼教会中对应的女性神职人员形象。当然，摩尼教女信徒图像与有神职的女摩尼形象不易确定身份，也是很重要的原因。

从北魏到南北朝时期，女性出家人一直是佛教活动中的重要力量。《洛阳伽蓝记》就记载了 11 所尼寺，而且尼寺中安置了大量信佛的皇室女性和贵族女眷，北朝后妃为尼者就有十五人[2]。隋唐之际，尼寺、尼庵和住着女道士的女冠庙宇，遍及长安、洛阳等地，不仅吸引着大量的女香客，而且还有一些俗家女信徒长期寄宿在女庙之中。有名的尼师、女冠常常名闻天下。唐天宝十二载（753）十月，跟随鉴真和尚从扬州赴日本的 24 名弟子中，既有胡国人安如宝、昆仑国人军法力、瞻波国人善听，也有"藤州通善寺尼智首等三人"[3]，她们是什么民族、籍贯都不了解，但是尼姑出国远赴异域传教，确是献身佛教的女性先行者。

在通常人的印象里，佛教寺院中慈眉善目的佛祖是信徒们的男神，观音菩萨则是广大善男信女的女神，男女的区分在寺院里还是比较清楚的。宗教为女性获得

---

[1] 王媛媛《从波斯到中国：摩尼教在中亚和中国的传播》，中华书局，2012 年，第 103 页。
[2] 陈怀宇《中古时代后妃为尼史事考》，载《华林》第 2 卷，中华书局，2002 年，第 141 页。
[3] [日] 真人元开著，汪向荣校注《唐大和上东征传》，中华书局，1979 年，第 85 页。

男女平等的地位提供了某种制度性的支持。我们可以看到，佛教寺院壁画中女性供养人很多，至少与男性平起平坐、平分秋色、不分伯仲。敦煌壁画中的供养人形象就说明了这一点。不仅佛教、道教如此，后来传入中国的伊斯兰教也有特色鲜明的女学、女阿訇、清真女寺制度。

蔡鸿生和林悟殊先生都提示笔者，中古传统基督教会中应是有男有女的，应该有修女制度，拜占庭帝国是否有修女出来传教不甚清楚，但是景教文书中还未发现有关女性修士甚至女信徒的记录。现在唯一可证的是，洛阳发现的唐代景教经幢是为安国夫人所立，安国夫人无疑是景教女信徒，不过洛阳大秦寺寺主仍是粟特男性。

那么，景教中的男女传教究竟有什么异同呢？

按照中国人的眼光，基督教里本身就分为女神圣母玛利亚、男神耶稣。聂斯托利派的景教更是认为圣母玛利亚是人不是神，反对玛利亚是神的母亲，反对圣像崇拜，反对炼狱说等传统基督教教义，对女性神明有着自身教派的解读。女性对宗教信仰有着天生的敏感，因为所处社会地位往往低于男性，若无家族、家庭中的特权，她们不会拥有较大的人身自由空间，但是她们以女性独有的生存体验去洞察人神关系，更容易提升自己、影响别人。萨珊朝波斯王宫中信仰基督教的王妃贵妇就曾影响了自己的子女，更对祆教、摩尼教僧侣产生了很大的制约作用。女性比之男性更容易走近神、追随神、崇拜神，她们的传教肯定会起到一般男性所起不到的作用。

景教入华后，男女两性对宗教的虔诚远比今日人们认知得更加复杂。1907年斯坦因在敦煌藏经洞发现残存的基督手持十字架像绢画[1]，吐鲁番高昌城外景寺附近发现残破的绢画中有手持十字杖骑在驴上的基督像，远处还有一个穿唐服的女信徒[2]，这些基督教艺术并没有专门凸显女性，但是从吐鲁番景教寺院壁画中，我们可以看出画师对壁画创作非常用心，将教主与女教徒画在同一个空间中，细腻

---

[1] 这幅敦煌出土的基督画像断片，被外国学者断代为8—9世纪，依据其头饰及有波斯式翼的王冠上带有十字章等，确定具有波斯艺术风格。京都大学羽田亨认为，这幅基督绢画大概是敦煌地方唐代画家接受景教司祭或教徒订货而画成，所以在整个写实画法中采入了佛教基调，有唐代佛像画样式的影响。林梅村认为，这幅基督画是刻意模仿塔奇布伊·博斯坦的萨珊波斯神像石雕。例如，两者都带头光，佩戴类似的项圈，甚至两个神像的基本姿势都非常相似。因此，这幅基督像的作者应为萨珊波斯艺术家，很可能是以波斯景教僧阿罗本带到长安的圣像为底本摹绘的。

[2] [日]羽田亨著，耿世民译《西域文化史》，新疆人民出版社，1981年，第73页。

图4 中国15世纪的圣母玛利亚像摹本,被后人误判为是唐寅所绘送子观音像,原件藏美国菲尔德自然历史博物馆

优雅的线条和教堂空间构造配合,淡雅的色彩而不是艳丽的圆美,让观者的步履都庄重起来,很好地阐释了景教的观念与思想[1]。

值得思考的是,20世纪初,高昌故城还出土了很多佛教、摩尼教的壁画以及麻布挂轴画,画中女性供养人数量较多,无论是佛教女信徒合十跪拜还是摩尼教成排身穿白色服饰的女信徒,都反映了她们宗教崇拜的形象[2],这对景教寺院壁画也以女性为主要画面呈现是否有影响呢?各种宗教都把争取女性作为扩大自己影响的主要目标。女性对宗教的敏感热情、积极投入和虔诚信仰,是各大宗教能够发展的重要因素。宗教为女性内心的发展与灵魂的解脱提供了途径,并不断加强与女性信教者的联系,提高女性在宗教中的地位,以达到各自的发展。

---

[1] 陈继春《唐代景教绘画遗存的再研究》,《文博》2008年第4期;钟丽娟《丝绸之路景教艺术初探》,西安美术学院硕士论文,2012年;《丝绸之路沿途景教绘画遗存考》,《西北美术》2011年第3期。类似文章均未涉及景教女性问题。

[2] [德]阿尔伯特·格伦威德尔著,管平译《高昌故城及其周边地区的考古工作报告》(1902—1903年冬季),图版6—17,文物出版社,2015年。

三

　　在所有社会、文化和信仰中，女性都比男性更加虔心于宗教。从心理遗传学上说，女性的忠诚感比较严重，一旦皈依就会恪守自己的信仰不变，保障自己死后灵魂回归天堂或"西方净土"。

　　从家庭环境、社会地位、职业身份和缺乏"生存的安全感"上看，女性比男性"更宗教"，或许是因为她们通常比男性更容易受到贫困、疾病、年老、暴力、卑贱等不利因素的影响，但作为家庭的"精神之母"，对子女及周围亲属影响颇大，在她们身上常常体现着家国之痛和兴亡之感，也体现着寄托天国理想的宗教感。萨珊国王胡斯洛一世（531—579）的宠妃就是基督教聂斯托利派信徒，她坚决不改奉祆教，并影响到王子阿诺士札兹（Anoszadh）继承景教信仰，发动景教徒反叛，并得到景教宗主帕特利克（Patrick）背后的支持。[1]

　　从波斯到中亚，再从粟特到新疆乃至汉地，女性的信仰往往是由家族、家庭中的男性主导，与父亲、丈夫、儿子保持宗教信仰上的一致，但是男女的宗教虔诚度还是有差别。男女对宗教的虔诚度可以从宗教归属、出席宗教仪式、日常祈祷和宗教在生活中的作用等方面来衡量，从中都可以发现性别上的差异。限于唐代资料缺失和景教史料零星，依据后世基督教活动，我们进行如下分析推测：

　　第一，女性教徒的宗教归属、即隶属于某个特定宗教群体的比例要高于男性，不管是统治集团上层的女性还是寻常人家的女性，一旦信仰某种宗教就会赋予自己生命的意义，而且女性不会轻易放弃自己的宗教观念，随意变换到另一宗教中去。

　　第二，基督教女信徒定期去教堂的比例要高于男性教徒，穆斯林和正统派犹太教中，男性比女性更经常去清真寺或犹太会堂，这主要是由于穆斯林和犹太教的教义更侧重于规定男性参加集体礼拜的义务。景教仪式有一套自己的理念与符号，女性教徒重视仪式胜于重视理念，她们为了避免受人议论，尽力顺从宗教仪式的规矩。

　　第三，在公开或私下的祈祷中，女性每日祈祷的人数也要远远高于男性。女性内心的忏悔与再忏悔心理比男性更强烈，因而频繁地祈祷与祈福。

---

[1] 孙培良《伊朗通史·萨珊朝伊朗》，第140—143页。

在社会动荡的危机中，女性往往经受着更多的磨难与悲苦，她们更迫切地期盼家庭的稳定与团聚，她们的宗教热忱度更高，宗教成为自己的信仰支柱，对宗教的坚贞不渝使她们更为敏感。

胡人女性不仅有着比男性更浓郁的离家乡愁，也有独在异乡为异客的漂泊感。身份等级、种族差异、婚姻匹配、语言隔膜、生存困境与精神感伤，成为"无根一代"的特定符号。胡人女性有着身世之痛、断根之哀。许多胡人女性被作为奴婢进行买卖，从吐鲁番出土汉文写本女奴买卖契约记录可见。《唐贞观廿二年（648）庭州人米巡职辞为公请给公验事》记载，粟特人米巡职欲将胡婢沙匐带到西州交易。《唐开元廿年（732）薛十五娘买婢市券》《唐开元拾玖年（731）唐荣买婢市券》和粟特文买婢契约都有当时胡人女性被买卖的记录[1]，她们有着介入异域生活后种种拘束，越是母亲地位低的家庭中成长的女孩信仰宗教概率越高。

胡人男性的经商游动，女性的守家等待，造成了生活习惯的不同，可能也造成了宗教虔诚度的差异。4世纪初的敦煌粟特文古信札记录粟特女性米薇、莎恩母女被丈夫那奈德遗弃在敦煌三年，急切向家乡撒马尔罕的家人求救，显示男人经商离家后，女性无依无靠的窘迫和绝望[2]，最后只好投奔当地寺庙请求僧侣施舍求生。虽然我们不知道这对母女的信仰是什么，但是此时任何宗教对她们的救济和安慰都是重要的。

在粟特地区，佛教、祆教、摩尼教、景教等几个宗教信仰穿插分布，没有一种宗教可以独占天下，或是主宰所有人的精神世界，何况民族习惯和文化价值观又有着很大差别，虽然史书没有记载女信徒的人数、来源、种族，但是作为一种宗教史上存在的现象，无疑是值得进一步探讨的。

洛阳发现的景教经幢是为安氏太夫人竖立的，为一个信仰景教的女性立石刻经，将《宣元至本经》作为宣传的经典模本，特别是将母爱作为主题，这是景教女信徒增多的表现。洛阳景教高僧大德参加迁葬仪式也体现了景教教团内部对女性的高度重视。[3]

---

[1] 林梅村《粟特文买婢契与丝绸之路上的女奴贸易》，见《西域文明：考古、民族、语言和宗教新论》，东方出版社，1995年，第68页。

[2] [英]辛姆斯·威廉姆斯《粟特文古信札新刊本的进展》，载《粟特人在中国——历史、考古、语言的新探索》(《法国汉学》第10辑)，中华书局，2005年，第72—87页。

[3] 葛承雍《洛阳唐代景教经幢表现的母爱主题》，《世界宗教研究》2016年第3期。

有人推测，基督教教堂神职人员为了吸引更多的女性，可能有针对性地改变了装饰、音乐和崇拜方式。但是早期景教教堂和修道院中是否采取了这些措施，因无原始文献，我们还无法考实。

美国皮尤研究中心曾提出，从生物遗传学的角度分析，男性因有更高水平的睾酮素，坚韧性强，有泪不轻弹，所以"先天"与女性宗教信仰的虔诚有差别，但这一解释在学界备受争议。因为女性守在家里，承受着社会上和家庭里的各种压力，所以她们每日祈祷的时间较多，生物进化的"先天"因素显然比不过社会存在的"后天"因素。

我们不知道这种结论是否准确，男女之间的差异，除生理差异外，还有种族环境、阶级属性、社会等级、经济地位等诸多因素的影响，只是女性比男性拥有更多的宗教情绪感，需要个体化与人格化的考量。[1]

无论是中土的佛教、道教还是西来的祆教、摩尼教、景教都需要一种能保持稳定持久的宗教图像，来弘扬自己的信仰和仪式场面，在当时条件下壁画无疑是最佳的载体，也是最好的浅显易懂的宣传附属品。新疆吐鲁番景教寺院壁画生动地表现了女性教徒的虔诚，更重要的是，女性成为占据画面中心位置的主角。这是古代外来宗教的珍贵遗存，也是留给千年之后的稀有宗教艺术品。

---

[1] 贺璋瑢《关于女性宗教信仰建立的几点思考》，《华南师范大学学报（社会科学版）》2001年第3期。

SEARCHING FOR MANICHEAN MONASTERIES IN THE TWO CAPITALS OF TANG DYNASTY

9

唐两京摩尼教寺院探察

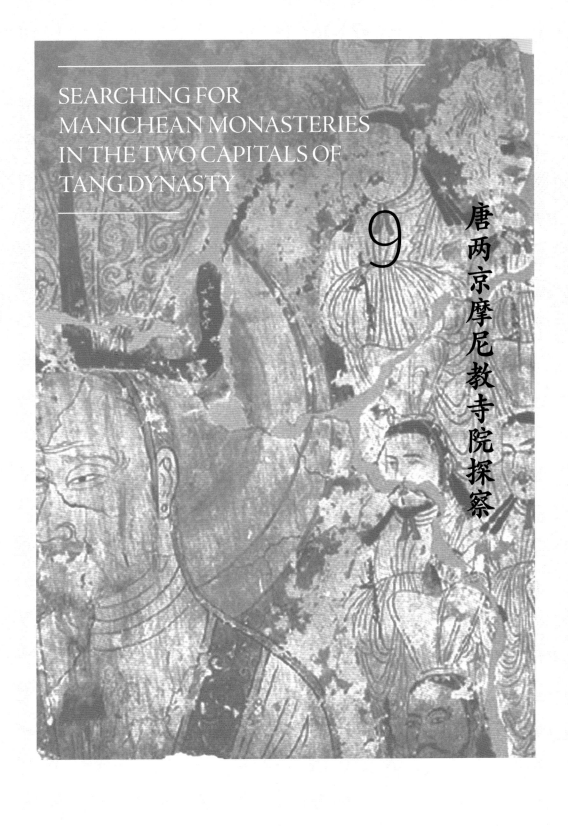

唐两京摩尼教寺院探察

唐代东西方交流空前频繁，起源于3世纪西亚的摩尼教作为一个世界性宗教，在中亚立足数百年后，进一步向东传播，逐渐渗透到中国民间。中外学者大都倾向于唐高宗、武则天时期摩尼教始入中国内地并公开合法传播。[1]但东传的摩尼教寺院究竟建立在京城何地，史料语焉不详，考古文物也无新发现可资证明，成为一个千古悬案。本文拟对唐两京的摩尼教寺院位置作一寻踪探察，以便学术界进行更为深入的讨论。

一

3世纪以后，摩尼教便开始在中亚地区传播，萨珊波斯帝国统治者对自己境内摩尼教徒的迫害，促使摩尼教徒采取更加快速的行动深入中亚地区各个民族中间。20世纪，在新疆吐鲁番考古发现了许多用古突厥文、中古波斯文、帕提亚文、粟特文、吐罗火文等写成的摩尼教残经，表明摩尼教的异常活跃和成功传播。[2]中亚地区众多小国的各种宗教信仰并存，松散宽容的社会环境使得摩尼教没有遇到强有力的排斥与威胁，特别是粟特民族信奉者的增多，有益于更广泛的传播，而粟特人作为丝绸之路上东西方通商活动的主要承担者，他们源源不断地把摩尼教信息带入中国内地。

---

[1] [法]伯希和、沙畹《摩尼教流行中国考》，见冯承钧译《西域南海史地考证译丛八编》，中华书局，1958年。陈垣《摩尼教入中国考》，见《陈垣学术论文集》第1集，中华书局，1980年。林悟殊《摩尼教入华年代质疑》，见《摩尼教及其东渐》，中华书局，1987年，第46页。

[2] [德]克里木凯特著，林悟殊译《古代摩尼教艺术》，淑馨出版社，1995年，第83—87页。

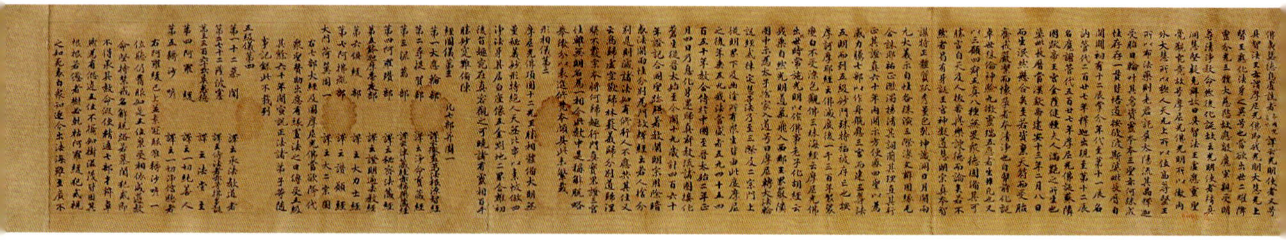

图1 敦煌发现的摩尼教文献

明代何乔远的《闽书》卷七《华表山》记载:"(摩尼教僧侣上首)慕阇当唐高宗朝行教中国。至武则天时,慕阇高弟密乌没斯拂多诞复入见,群僧妒谮,互相击难。则天悦其说,留使课经。"尽管这条史料记载较晚,但是其必有所本,不会胡编乱造。与此相印证的是,宋代释志磐撰《佛祖统纪》卷四〇记载:"(武后)延载元年……波斯国人拂多诞(原注西海大秦国人)持《二宗经》伪教来朝。"拂多诞是摩尼教教职五个品级中的第二品级僧侣,而《二宗经》是摩尼教论述光明与黑暗两大要素的经典,说明至迟在武则天延载元年(694),摩尼教已得到唐朝廷的承认和允许,可以在中原内地公开合法传播了。

依据学者们公认的史料和广为人们接受的传统说法,摩尼教在唐高宗时期入华,开始在民间传播,但慕阇没有受到皇帝接见,也就是说没有得到官方批准公开传教,但这并不能否定慕阇以佛化的面貌首先在长安建立摩尼教寺院。而唐高宗在位的34年中,尽管大多数时间在长安,晚年却死在洛阳,慕阇入华传教可能是先长安后洛阳。若以武则天延载元年拂多诞公开传教为开始标志,那么武则天掌权称帝也已四年了,她在洛阳"神都"执政,是年登洛阳则天门楼受尊号"越古金轮圣神皇帝"。拂多诞受武则天接见谈论摩尼教学说,只能在东京洛阳,被允许传教建立"法堂"也只可能是洛阳了,即第一个朝廷同意建立的摩尼教寺院极有可能是在洛阳。

值得注意的是,延载元年正是西域胡人云集洛阳的时期,"武三思帅四夷酋长请铸铜铁为天枢,立于端门之外,铭纪功德……诸胡聚钱百万亿,买铜铁不能足,赋民间农器以足之"[1]。洛阳出土《阿罗憾丘铭》明确记录波斯国大酋长阿罗憾"为则天大圣皇后,召诸蕃王建造天枢"[2],这就是著名的"大周万国颂德天枢",由阿

---

[1] 《资治通鉴》卷二〇五,则天后延载元年五月戊寅条,中华书局,1956年,第6496页。
[2] 拓本见端方《匋斋藏石记》卷二一,1909年,第9页,收录在周绍良编《唐代墓志汇编》上册,上海古籍出版社,1992年,第1116页。

罗憾游说协商"诸蕃王"出资捐助而建,"诸蕃王""万国"之类的词语均说明洛阳有不少外国人。武则天对一个自号"净光如来"的老尼宠信不疑,甚至相信一个自称五百岁的"老胡"招摇撞骗[1],天枢不仅由外国工匠毛婆罗造模,还在八棱铜柱上镌刻"四夷酋长名"。不少证据表明,洛阳当时外籍人口很多,这对波斯人拂多诞宣传摩尼教教义非常有利,起码可以从外来民族人员中选择突破口,使摩尼教迅速传播。

洛阳摩尼教寺院虽无遗痕可探察,但由于武则天布政惟新、紧追新潮,对外来的摩尼教"悦其说",糅合各种宗教的过程中,有意无意地接受了一些披着"佛教"外衣的摩尼教信仰,从而在当时洛阳建造的纪念性建筑上融入了某些摩尼教元素。例如,借建明堂宣扬教化却不循古制,在明堂顶上装饰铸铜大火珠,犹如摩尼宝珠象征永放光明,乾陵石雕功德柱(俗称华表)顶上也有类似的大火珠。又如,在明堂北建造崇佛性质的"功德堂",实际上类似摩尼教的"天堂",并夹杂着与摩尼教有密切关系的弥勒佛信仰色彩。再如,明堂内部"雕饰谲怪,侈而不法"[2],既不合"木不镂、土不文"的古制,又不合正宗佛教的特点。很有可能,武则天容纳的外来"僧""尼"中,有摩尼教传教师向她兜售过摩尼教的光明日月等思想,而她也恰好利用了摩尼教教徒为自己的政治活动服务,故在纪念性礼制建筑上吸纳了摩尼教的一些特色。

不过,笔者推测,洛阳的摩尼教"法堂"也应该在西域胡人生活聚落区内或外来移民居住圈子里,即洛阳定鼎门街之东第七街街东之从善坊。《唐两京城坊考》卷五记从善坊建筑有"来庭县廨":武则天"长寿中(692—694),以蕃胡慕义,请立天枢,武太后析洛阳、永昌二县,置来庭县廨于此坊,以领四方蕃客。后蕃客隶鸿胪寺,神龙元年(705)省"[3]。由此可知,来庭县虽然仅存在13年,但是专为外来蕃客所设,而拂多诞正是这时开始建法堂传摩尼教的,因此摩尼教法堂建立在从善坊是极有可能的。按唐前期制度:"天下僧尼,国朝已来,并隶鸿胪寺,至天宝二年,隶祠部。"[4]洛阳的摩尼寺院可能一直存在到唐后期。安史之乱后,回纥屯军洛阳携带四名摩尼僧侣返国;会昌年间,两京皆取缔摩尼教寺院,即是证据。

---

[1]《资治通鉴》卷二〇五,则天后延载元年七月癸未条,第6494页。
[2]《新唐书》卷一一二《王求礼传》,中华书局,1975年,第4172页。
[3] 又见于徐松辑《河南志》,中华书局,1994年,第20页。
[4]《唐会要》卷四九"僧尼所隶",中华书局,1955年,第860页。

二

摩尼教进入中亚地区后，为了便于传播，大量借用佛教的形式，采取"入乡随俗"的灵活手段，不仅处理好与当地佛教徒的关系，而且常常打着佛陀的旗号，把摩尼当成弥勒佛，宣扬摩尼教与佛教的划一融合。所以，摩尼教入华后，唐人往往以为摩尼教是佛教的一支宗派，双方雷同颇多，互相掺杂。现存的汉文摩尼教残经就使用了佛教术语和概念来宣传摩尼教教义，摩尼教的渗透和佛教的变味让一般的信徒不易分清。

史书明确记载，开元七年（719），中亚摩尼教传教师到达长安。《册府元龟》卷九七一记载："六月，大食国、吐火罗国、康国、南天竺国遣使朝贡。其吐火罗国支汗那王帝赊上表献解天文人大慕阇：'其人智慧幽深，问无不知。伏乞天恩，唤取慕阇亲问。臣等事意及诸教法，知其人有如此之艺能，望请令其供奉，并置一法堂，依本教供养。'"根据该史料，我们可知慕阇是由吐火罗支汗那王推荐来的摩尼传教师，天文知识渊博，有一技之长，慕阇是对摩尼教五个品级中最高级僧侣的称呼，并非其

图2　新疆和田10世纪寺院回鹘王子像经幡，德国柏林博物馆藏

真名。修养至深、地位较高的慕阇在长安建立依本教教义供养的"法堂",意味着京师从此有了官方允准的摩尼教寺院。

20世纪初在敦煌发现的《摩尼光佛教法仪略》,是开元十九年(731)驻长安摩尼教传教师拂多诞奉皇帝诏令而作的一部解释性文件[1],其中《寺宇仪》一章介绍:

图3 10世纪摩尼教壁画,德国亚洲艺术博物馆藏

> 经图堂一,斋讲堂一,礼忏堂一,教授堂一,病僧堂一。
> 右置五堂,法众共居,精修善业;不得别立私室厨库。每日斋食,俨然待施;若无施者,乞丐以充。唯使听人,勿畜奴婢及六畜等非法之具。

这段文字表明,当时的摩尼教寺院仅有"五堂"的建筑布局,规模比较小,不仅比不过佛寺、道观的重院百殿,而且本身没有"私室厨库",平时活动以斋食施舍救济穷人,传教师和信徒共居寺院内,为数不会太多。但即便如此,还是引起了佛道人士的不满。唐玄宗为了了解摩尼教的真实面目,令在长安的拂多诞到集贤院写出摩尼教的具体情况,书面奏闻朝廷。拂多诞称教主摩尼为摩尼光佛,巧妙地依托佛教替自己辩护。如果这位拂多诞是延载元年入洛阳再到长安的摩尼教传教师,这时已过去37年了,他本人也应是六七十岁的人了。可是,当时的摩尼教仍处在"边缘"地位,扎根甚浅,无法与中国佛、道等主流宗教抗衡。摩尼教寺院在长安佛寺林立中规模很小就是佐证。

---

[1]《摩尼光佛教法仪略》残卷释文,见林悟殊《摩尼教及其东渐》,第230页附录。

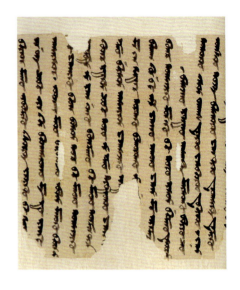

图4 粟特文摩尼教徒书信，1981年吐鲁番柏孜克里克出土

更严峻的是，拂多诞的解释并未赢得唐玄宗的理解和庇护，第二年即开元二十年七月敕："末摩尼法，本是邪见，妄称佛教，诳惑黎元，宜严加禁断。以其西胡等既是乡法，当身自行，不须科罪者。"[1]朝廷经过一年的调查辨别，最后还是禁止摩尼教在汉人中传播信奉，只能在外来的"西胡"（西域胡人）圈子内保留。这就决定了摩尼教第一次在京师长安的活动被限制，中亚摩尼教教团企图进一步在中国内地发展的梦想以失败而告终。

摩尼教在长安的寺院遗痕至今还未被发现，清末学者蒋斧在1909年撰写的《摩尼教流行中国考略》一文中，不仅推测摩尼教在隋代传入长安，而且认为长安怀远坊东南隅大云经寺便是摩尼寺院。[2]宋代宋敏求编撰《长安志》卷一〇记载："（怀远坊东南隅大云经寺）本名光明寺，隋开皇四年，文帝为沙门法经所立。时有延兴寺僧昙延，因隋文帝赐以蜡烛，自然发焰，隋文帝奇之，将改所住寺为光明寺，昙延更请立寺，以广其教，时此寺未制名，因以名焉。武太后初，此寺沙门宣政进《大云经》，经中有女主之符，因改为大云经寺。遂令天下每州置一大云经寺。"这条证据因记载不明确，所以后来学者对此推断颇有分歧，但人们注意力集中在隋文帝时摩尼教是否进入中国的时间问题上，而忽视了对怀远坊光明寺本身的考察。

笔者认为，《长安志》卷一〇的编撰确有错讹，对怀远坊光明寺寺名改变若无甄别，不免有粗疏之嫌。一是开皇四年隋文帝为沙门法经建立寺院是否名为光明寺无考证。二是据《续高僧传》卷八《昙延传》的说法，昙延本住栖岩寺（在今山西中条山），隋文帝"敕太乐令齐树提造中朝山（即中条山）佛曲，见传供养。（昙）延安其寺宇，结众成业，敕赍蜡烛，未及将爇，而自然发焰，延奇之，以事闻帝，

---

[1]《通典》卷四〇《职官二二》，中华书局，1988年，第1103页。
[2] 蒋斧文见《敦煌石室遗书》，又见《敦煌拾琐》。

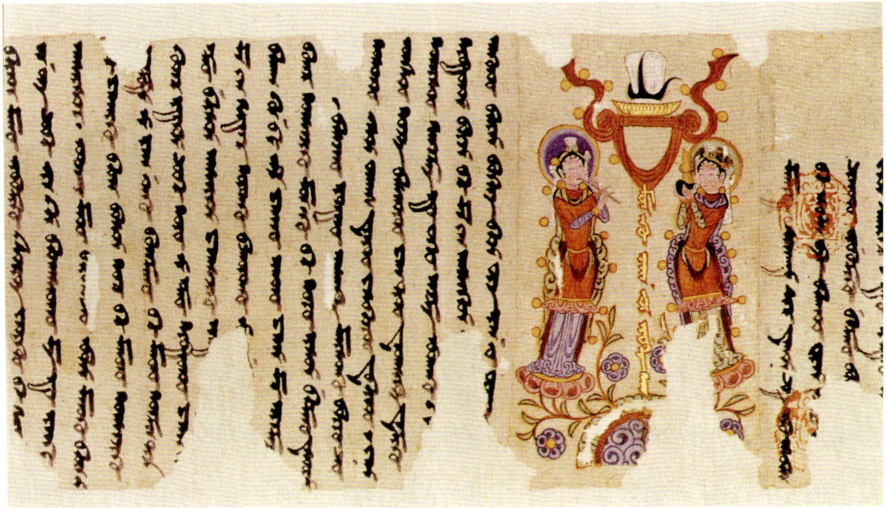

图 5 粟特文摩尼教徒书信，1981年吐鲁番柏孜克里克出土

因改住寺可为光明也。延曰：'宏化须广，未可自专以额。'重奏别立一所，帝然之，今光明寺是也"。这是指栖岩寺要改名为光明寺，昙延上奏另建光明寺之事，地点均不在京师。三是开皇四年隋文帝将本为梁太尉吴王萧岑宅改建的延众寺更名延兴寺，敕令于广恩坊（后避炀帝讳改名长寿坊）给地。延兴寺在唐中宗神龙年间又改为永泰寺。所以延兴寺根本不在怀远坊。由此可见，《长安志》卷一〇对光明寺的记载错讹混乱，并没有讲清楚光明寺的来龙去脉。徐松《两京城坊考》又移录《长安志》说，自然有失疏误，从而造成歧义。

那么，长安怀远坊光明寺究竟建于何时呢？据出土于西安市长安县王庄乡天子峪口百塔寺村的《大行法师塔志》记载："(大行法师)永徽元年卒于光明寺，起塔于终南山。"[1]《金石续编》卷五《光明寺慧了塔铭》曰："法师讳慧了，俗姓宋氏……显庆元年八月五日寝疾，迁神于光明寺禅房。"证明光明寺在唐高宗永徽、显庆年间已存在。更巧的是，1965 年在天子峪国清寺（唐至相寺旧址）附近残塔发现的贞观以后白瓷骨灰钵中的小银盒内装有六枚波斯萨珊朝库思老二世（590—628 年在位）银币和一枚萨珊朝布纶女皇（630—631 年在位）银币[2]，或许这就是摩尼教传教师死后的遗物，与学者们推断摩尼教于高宗时传入中国不谋而

---

[1] 徐松撰，李健超增订《增订唐两京城坊考》，三秦出版社，1996 年，第 213 页。
[2] 朱捷元、秦波《陕西长安和耀县发现的波斯萨珊朝银币》，《考古》1974 年第 2 期。另见《长安瑰宝》第 1 辑，世界图书出版公司，2002 年，第 104 页。

合,互为印证。

《长安志》卷一〇说武则天时,光明寺沙门宣政进《大云经》,经中有女主之符,因此改名为大云经寺。这条记载符合当时的历史状况,载初元年"有沙门十人伪撰《大云经》,表上之,盛言神皇受命之事。制颁于天下,令诸州各置大云寺,总度僧千人"[1]。沙门十人中可能就有长安光明寺的宣政,而《大云经》中佛陀对"净光天女"身份和预言的某些叙说与摩尼教教义暗合。

《长安志》说怀远坊光明寺"此寺当中宝阁崇百尺,时人谓之七宝台"。"七宝台"是《大云经》中"女王"最后成佛清净妙香之城,也是摩尼教借用佛教宣传大放光明之地。《下部赞》中就有举行摩尼教徒宗教仪式诗:"妙风飘荡皆可悦,和畅周回遍十方。轻拂宝楼及宝阁,宝铃宝铎恒震响。"《长安志》还说"寺内有浮图,东西相值",据唐人张彦远《历代名画记》卷八叙"历代能画人品"中有杨契丹、郑法士、田僧亮三位名画家同于京师光明寺画小塔,郑图东壁、北壁,田图西壁、南壁,杨画外边四面,"是称三绝"[2]。此外,还有巧工韩伯通塑作的佛像,以及冯提伽画的瘦马。

唐人段成式《寺塔记》卷上"长乐坊安国寺"条记载:"(安国寺)当阳弥勒像,法空自光明寺移来。未建都时,此像在村兰若中,往往放光,因号光明寺。寺在怀远坊。"这段史料中,"未建都时"疑有脱漏错讹,但说怀远坊光明寺有弥勒像放光,这又与摩尼教颇有雷同之处,不少学者认为弥勒的教义和摩尼的教义有着一定的联系,这种联系很可能是两教在中亚糅合掺杂的结果,"弥勒教义在中国的传播,亦就意味着摩尼教的成分进入了中国"[3]。

据以上论述,我们似有理由推测,唐长安怀远坊因与胡人聚集的"西市"相邻,坊内有高宗、武后时粟特人安元寿的住宅,位于外来移民的聚落区内,其光明寺并不是仅因皇帝赐蜡烛自发焰或弥勒像放光而随口起名,唐代各地寺额都有严格的管理制度,京师尤甚,"光明"二字直接或间接地反映了摩尼教教义的核心和摩尼教徒心目中的重要地位及最终目标。正像敦煌汉文摩尼教残经《下部赞》赞美诗中有"恒于四处光明宫,游行住止常自在""又启日月光明宫,三世诸佛安置处"

---

[1]《旧唐书》卷六《则天皇后纪》,中华书局,1975年,第121页。
[2] 此条史料考证见辛德勇《隋唐两京丛考》,光明寺与"三绝塔",三秦出版社,1991年,第61页。
[3] 林悟殊《摩尼教入华年代质疑》,见《摩尼教及其东渐》,中华书局,1987年,第57—58页。

图6　9世纪摩尼教女性选民绢画，新疆高昌故城遗址出土

◀ 图7 吐鲁番柏孜克里克石窟回鹘高昌王供养像

▶ 图8 吐鲁番柏孜克里克石窟回鹘高昌王后供养像

之吟唱。光明寺摩尼教传教师入住的时间大约在唐高宗永徽时期,但"佛国混同,讵有东西之异",混淆于佛化的寺名下。唐玄宗开元七年允准设置的"法堂"应与"光明寺"存在着某种挂靠关系。虽然开元二十年敕令禁止摩尼教在汉人中传播,但却准其在外来西域胡人中继续传播下去。

三

755年安史之乱爆发后,唐廷迫于生存危机,求援于回纥汗国,回纥助唐平乱立功取得绢马贸易等经济特权。但回纥为游牧民族,不善经商,只能依靠擅长通商贸易的粟特"九姓胡"来操持大规模的官方贸易。信奉摩尼教的粟特人不仅在经济、政治等方面对回纥上层起着重大作用,而且在宗教信仰上也对回纥产生很大影响。尽管回纥以前就接触过摩尼教的宣传,但真正愿意皈依摩尼教却是在唐两京地区。

唐长安从安史叛军手中收复后,许多粟特商胡随着回纥军队入居京师,他们与回纥贵族分享商业贸易利润,这就是《资治通鉴》卷二二六及卷二二五所载:"代宗之世,九姓胡常冒回纥之名,杂居京师,殖货纵暴,与回纥共为公私之患。""先是回纥留京师者常千人,商胡伪服而杂居者又倍之,县官日给饔饩,殖货产，开第舍，市肆美利皆归之。"[1] 拥有经济实力的粟特胡人不仅参与回纥汗廷政治活动，而且大力推动摩尼教在回纥人中的传播。宝应元年（762），牟羽可汗（又称登里可汗）将洛阳摩尼教传教师睿息等四人带回汗国，到处阐扬，放弃了传统的多神教，经过几番较量，摩尼教终于站稳了脚跟，并被尊奉为国教。

从大历三年（768）开始，摩尼教凭借回纥的力量再次进入中原内地，《佛祖统纪》卷四一说这年"敕回纥奉末尼者建大云光明寺"。李肇《国史补》卷下载："回鹘常与摩尼议政，故京师为之立寺。"虽然史书上没有记载摩尼教在长安所建寺院的地点，但显然已不是与西市相邻的怀远坊光明寺，而是另选新址建摩尼教寺院，这就是唐长安开明坊的光明寺。

《长安志》卷七记开明坊坊内建筑有"光明寺"，这里位于朱雀门街街东从北向南的第七坊，恰好在唐长安城的中轴线和万年、长安两县的分界线上，属于万年县管辖。光明寺新建于号称"天街"的南北干道边，地理位置更为重要，凸显了摩尼教的显赫气派。据实测，开明坊东西宽562米，南北长520米，是长安城内面积最小的坊之一。[2] 由于开明坊"自兴善寺以南四坊，东西尽郭，率无第宅。虽时有居者，烟火不接，耕垦种植，阡陌相连"[3]，所以地处较远，接近城南明德门，不是繁华居住区，有利于摩尼寺院的兴建。当然，也有可能是唐廷有意疏远，以免与佛寺道观相冲突，或避免回纥人滋事生端，因为回纥人自大历年间以来经常"擅出鸿胪寺，白昼杀人"，"有司执之，系万年狱，其酋长赤心驰入县狱，斫伤狱吏，劫囚而去"[4]。长安地方官员竟躲避不敢冒犯或惩戒施暴的回纥人。唐廷对光明寺的选址，确实下了一番功夫。

随着粟特商胡贸易路线的不断延长，大历六年（771），他们又以回纥名义要求唐廷允许在荆州、越州、扬州、洪州等地各置一所大云光明寺。元和二年（807），回纥使者获朝廷批准在河南府、太原府又建立了三所摩尼寺。尽管这些地处交通要冲的城市未必有回纥人居住生活，但以回纥名义而活跃的粟特商胡却非常之多，商人中有信仰摩尼教的教徒，甚至有的就是兼职摩尼教传教师。目前在上述州府

---

[1]《资治通鉴》卷二二五，大历十四年七月庚辰条，第7265页。
[2] 开明坊坊址位于今西安城南西八里村与红专西路之间，面积约29万平方米。
[3] 宋敏求撰，辛德勇、郎洁点校《长安志》卷七，三秦出版社，2013年，第206页；徐松《唐两京城坊考》卷二，中华书局，1985年，第39页。
[4]《资治通鉴》卷二二五，大历九年九月、十年九月条，第7228、7232页。

旧址还未发现摩尼教寺院的遗痕,依笔者分析,寺院规模应该不大,大概局限于商胡或粟特移民圈子中。

唐德宗建中元年(780),回纥内部冲突导致流血政变,夺得汗位的顿莫贺取代了登里可汗,并杀掉辅佐的两千多粟特胡人,闻讯的粟特人既不敢再依附回纥贵族,又不得逃归"诸胡"小国,只好纷纷投奔中原内地谋求生存,故摩尼教徒又增多起来。回纥的摩尼教经过顿莫贺排挤打击一度中衰,但回纥排斥粟特人造成商业贸易收入减少,财源短缺,不得不继续尊奉摩尼教以恢复粟特人的地位。唐宪宗元和年间,摩尼教在回纥占有了绝对崇高的国教位置,回纥无论来长安朝献或离朝去国,都有摩尼教传教师作为官方代表陪伴相随,史书记载:

> 元和初(806),再朝献,始以摩尼至。其法日晏食,饮水茹荤,屏湩酪,可汗常与共国者也。摩尼至京师,岁往来西市,商贾颇与囊橐为奸。[1]

> (元和八年,813)十二月二日,宴归国回鹘摩尼八人,令至中书见宰臣。先是,回鹘请和亲,宪宗使有司计之,礼费约五百万贯,方内有诛讨,未任其亲,以摩尼为回鹘信奉,故使宰臣言其不可。[2]

> (长庆元年,821)五月,回鹘宰相、都督、公主、摩尼等五百七十三人入朝迎公主,于鸿胪寺安置。[3]

这些记载表明摩尼教传教师有着外交使节的官方性质,摩尼教被赋予了国教的统治权位。在这种情况下,唐廷为加强与回纥的结盟关系,对摩尼教自然也格外重视,开明坊光明寺必然要修葺扩建。正如李德裕记载回纥贵族"其在京师也,瑶祠云构,甲第棋布,栋宇轮奂,衣冠缟素","蝎蠹上国,百有余年"。[4]"瑶祠云构"即指长安摩尼寺建筑壮丽巍峨,宛似瑶池仙府;"衣冠缟素"则指摩尼教僧侣白帽白袍。可以想见,开明坊光明寺要比怀远坊光明寺华美高大多了。很有可能就像《下部赞》中所赞美的"具足善法五净戒,五种智惠五重院","上下寒热二毒轮,

---

[1]《新唐书》卷二一七《回鹘传》上,第6126页。
[2]《旧唐书》卷一九五《回纥传》,第5210—5211页。
[3]《旧唐书》卷一九五《回纥传》,第5211页。
[4] 李德裕《李卫公会昌一品集》卷二,中华书局,1985年,第8页。

二七两般十二殿"。

唐武宗会昌三年（843），位在"三夷教"之首的摩尼教在被礼遇七十多年（768—842）后因回纥西迁败退而面临死局。据《僧史略》卷下"大秦末尼"条："敕天下摩尼寺并废入官。京城女摩尼七十二人死。及在此国回纥诸摩尼等，配流诸道，死者大半。"[1]日本和尚圆仁在长安亲睹"（会昌三年）四月中旬，敕下，令煞天下摩尼师，剃发，令着袈裟，作沙门形而煞之。摩尼师即回鹘所崇重也"[2]。七十二名女摩尼究竟是自杀还是被杀，虽然不明，但此残酷镇压极有可能就发生在开明坊光明寺。故陈垣先生叹曰："此为摩尼入中国百五十二年来第一次大难。"[3]会昌三年朝廷还敕令："摩尼寺庄宅钱物，并委功德使及御史台、京兆府差官检点。在京外宅修功德回纥，并勒冠带，摩尼寺委中书门下条疏奏闻。"[4]"诏回鹘营功德使在二京者，悉冠带之。有司收摩尼书若象烧于道，产货入之官。"[5]摩尼寺院自然也是拆毁无存，随着千年岁月流逝，再无遗痕[6]。

综合上述，笔者认为，唐长安城中有两所摩尼教的"光明寺"，如果说怀远坊光明寺在高宗时初建而武则天时改名大云寺，那么开明坊光明寺则是相隔了近百年后新建的，当时摩尼教僧侣自称为"光明宫"。我们探察推论武则天时曾可能在洛阳从善坊建有摩尼教"法堂"，高宗时曾在长安怀远坊改建有佛化的摩尼教"光明寺"，玄宗时摩尼教"法堂"可能挂靠于此，唐代宗时又在开明坊新建有另一所摩尼教"光明寺"，宪宗元和时继续修葺扩建，直至武宗会昌时被取缔毁灭。如果这个推测分析不至于太离谱，也算是抛砖引玉、求教诸贤，期望有新的考古文物资料来发现证实。

---

[1] 另见《佛祖统纪》卷四二，稍异其词曰："会昌三年，敕天下末尼寺并令废罢。京城女末尼七十二人皆死。在回纥者流之诸道，死者大半。"

[2] 《入唐求法巡礼行记校注》卷三，花山文艺出版社，1992年，第416页。

[3] 《陈垣史学论著选》，上海人民出版社，1981年，第150页。

[4] 《唐会要》卷四九"摩尼寺"，第864页。

[5] 《新唐书》卷二一七《回鹘传》下，第6133页。

[6] 关于河北正定县隆兴寺北宋时期摩尼殿和泉州草庵摩尼雕像以及吐鲁番高昌回鹘摩尼寺等，容另文讨论。

A POTTERY PHALLUS WAS UNEARTHED IN FRONT OF THE KIZIL THOUSAND-BUDDHA GROTTO IN KUQA, XINJIANG

10

试论克孜尔石窟出土陶祖为摩尼教艺术品

试论克孜尔石窟出土陶祖为摩尼教艺术品

摩尼教作为一个3世纪后流行于东西方的世界性宗教，其神学中有关性观念的描述，在世界古代几大宗教中别具一格、独树一帜。但以往人们都是在摩尼教文献中寻章摘句，很难见到形象化的具体实物。地不爱宝，遗物显露，承蒙新疆维吾尔自治区文物考古研究所副所长于志勇研究员的推荐，惠允使用图片，使我们能够"以图证史""用物释经"，找寻到了新的意料不到的文物研究资料。

1999年10月20日，在新疆库车克孜尔石窟谷西区窟群前500米沼泽地基建中，发掘出土了一件唐代陶制艺术品——男根。新疆维吾尔自治区博物馆和龟兹石窟研究所研究者初步判断其年代为唐朝早期，定名为"陶祖"，并介绍："泥制红陶，圆塑，陶祖长21.5、宽6—9、厚4—5厘米。陶祖被一个龙头衔在口中。龙头表面的眼睛、耳朵、鼻孔、胡须及牙齿的纹理清晰，两侧各有一对獠牙。龙头背面有刻划阴线三角纹饰。这是一件制作精美、形态逼真、栩栩如生的男性生殖器。"[1] 在该所400余件文物藏品中，这件又被称为"头顶有桃心纹的龙口獠牙形男性生殖器"[2]，作为完整的陶制艺术品，无疑是较为珍贵的。经过对比琢磨，笔者认为它不是一般"陶祖"类的性崇拜物，也不是什么"龙口獠牙形状"的"龙"造型，很可能是摩尼教性观念中独特的暗魔形象。

---

[1] 赵莉《克孜尔石窟谷西区新发现的陶器》，《新疆文物》2003年第1期。作者认为"陶祖表面被日晒泛黄，但底部仍呈红色，就此推测，陶祖原先是被长期摆放在一个固定位置上的"。结合同时发掘的陶罐、陶器碎片、石器等出土环境，陶祖被遗弃扔入地下的可能性很大。保管者希望将此文物公布于世，借此引起国内外考古、艺术、宗教学等学者的关注，共同研究这件珍贵的文物。

[2] 杨淑红《龟兹石窟新出文物精品集萃》，《新疆文物》（新疆龟兹石窟研究所专刊）2005年第2期。其公布的陶祖测量数据、出土时间、地点位置等均与赵莉文章有出入，似乎有误。

图1 克孜尔石窟出土陶祖正面

图2 克孜尔石窟出土陶祖背面

图3 克孜尔石窟出土陶祖侧面

一

　　暗魔是光明王国对立面黑暗王国的最高统治者，他是让恶魔与人类先祖乱伦与滥交的黑暗魔王。

　　据摩尼教文献典籍描绘，最初暗魔侵犯明界，明尊（西文称明父）唤出"初人"（汉译摩尼经称先意）对付暗魔，但"初人"失败，其五子并被暗魔吞食。为救出被暗魔吞食的"光明分子"，明尊派遣第三使（明使）去对付暗魔，明使显现美妙裸露的男身和女身，让暗魔诸子和一切雌雄诸魔都对他产生了强烈的性欲。于是，诸雄魔把身上吸收的"光明分子"随同精液尽行射泄出来，原先混杂在诸魔体内的罪孽也随之流出。明使遂把这些射泄物加以甄别，有恶的部分（罪孽）掉到湿处或海里变成恐怖怪物，由降魔胜将它们刺死。分不开的部分就扔到干处或陆地上，变成树木和各种植物。原已怀孕的雌魔见此情景，气得纷纷流产，胎儿掉到地上就变成和五类暗魔相应的五种动物。所以，地上动植物里都包裹着"光明分子"，而且植物比动物要多。暗魔生怕诸魔吞下的"光明分子"被排掉，就怂恿一对恶魔吞食雌魔流产的胎儿，尽量回收"光明分子"，并不断交配，按照明使的形象生下一对肉身，这就是人类的祖先——亚当和夏娃。亚当和夏娃的肉体虽然是黑暗物质构成的，但里边却收藏了许多"光明分子"，这些"光明分子"组成了他们的灵魂。因此，摩尼认为，人类身体便是一个小世界，是宇宙、光明和黑暗的缩影。[1]

从摩尼教上述说法中，我们可以看到雄魔色欲旺盛到不经性交而泄精等细节，而且"光明分子"一度成为雄魔精液的一部分和"罪孽"混杂在一起。这种对于人类祖先诞生和创世的记述，特别是对性欲、性交的描绘和性器官的强调，超出了一般人的想象，也是其他宗教极为鲜见的。正因为担心人类体内嵌入了贪婪、淫欲、色情、性交、不道德等淫荡的"罪孽"而发作泛滥，所以原教旨摩尼教对于人的肉体欲望，深恶痛绝，积极宣传禁欲主义。

在摩尼教灵魂说教的创世神话中，暗魔一度战胜光明神，吞食"光明分子"而创造出人类。由于摩尼教根本教义就是光明最终战胜黑暗，要使一切"光明分子"脱离黑暗羁缚而回归明界，所以人类本身即是暗魔用罪恶的肉体禁锢灵魂的产物，那么性爱、生育等繁衍人类生命的一切行为也就成为罪孽的结果，甚至是有助于暗魔的罪恶之举，如果人们不能强行抑止天生的性欲，就会成为无可挽救的邪恶者。

波斯人摩尼于3世纪中叶创立摩尼教时，他的戒律中就有所谓的"五令""三印""十戒"，均涉及人的性欲问题。

"五令"适用于出家的摩尼僧侣，指的是对僧侣的五条戒律：真实、不害、贞洁、净口和安贫。其中"贞洁"即禁止性爱，要不断地囚禁"光明分子"，不让它泄掉。

"三印"则指的是：口印、手印和胸印。口印是"禁止亵渎言语、吃肉和饮酒"。手印是"禁止僧侣从事耕田、收获和杀害任何动植物的事情"。胸印是指禁止性交之事，因为性爱被认为是模仿恶魔通奸，会导致物质和人类的生殖不息，也是善恶两种力量对人类灵魂的争夺。

---

[1] 林悟殊《摩尼教及其东渐》，中华书局，1987年，第17页。他在《摩尼的二宗三际论及其起源初探》中指出汉文《摩尼教残经一》"造立人身，禁囚明性，放大世界；如是毒恶贪欲肉身，虽复微小，一一皆放天地世界"，说的就是人类是暗魔子孙的创世之事。据现代学者整理研究，摩尼教各种文本对创世神话的说教大同小异，但汉文摩尼教经典涉及性欲则比较隐晦。9世纪的叙利亚文、10世纪的阿拉伯文以及科普特文、中古波斯文、帕提亚文等摩尼教典籍中，对性行为往往是赤裸裸地描述。这也说明摩尼教进入中国后为适应汉地习俗，不得不有所改变。

"十戒"包括：不拜偶像、不妄语、不贪欲、不杀生、不奸淫、不偷盗、不欺诈、不行巫术、不二见（怀疑宗教）、不怠惰。

摩尼教"三印""十戒"的戒律，其对象不仅限于僧侣阶层，俗信徒也都必须遵守。从摩尼教善恶二元论来说，不允许结婚，是因为结婚就要产生新的生命，意味着使"光明分子"再度受囚禁，有碍于灵魂的得救。严禁性爱，就是要断绝子嗣，才能使世界光明。然而，如果信徒或者一般俗人也完全遵守这些戒律，则无疑会导致人类全体饿死及子嗣灭绝。即便是将摩尼教奉为"国教"的回纥人，也不可能完全贯彻做到，因为回纥是游牧民族，要他们完全吃素食不可能实现生存。同时，原始摩尼教严厉的禁欲主义，恐难以赢得中亚大多数胡人的皈依和长期信奉。

可是，东方摩尼教在中亚到汉地传播时变化较大，经常巴结讨好国君、后妃、王公、贵妇等社会上层人士，以求得王权的庇护和支持，甚至成为回纥可汗的俗务政客，与原来宣传的"仇世""厌世"基本教义越来越远。吐鲁番出土的粟特摩尼教徒在私人通信中，对王公贵人和公主不仅十分谦恭与亲热地祝福、问候[1]，而且一份摩尼教徒的突厥语残卷还高度称颂王公美女的婚姻是最美满的[2]，完全有违摩尼教戒绝性爱的纯洁和视人身肉体为罪孽的根本教义。因此，处在现实矛盾中的摩尼教僧侣，一方面要不断地忏悔邪恶肉欲犯下的罪恶，一方面又屡屡违犯戒律去追求肉身的享受。摩尼教还禁止选民性爱，把这视为模仿恶魔的行为。但是女性在东方摩尼教中并不受到歧视，我们知道"会昌法难"驱逐外来宗教时，京城长安有72名女摩尼坚持到最后而被杀害；在高昌出土的壁画、绢画残片中可看到女神、女选民、女供养人的漂亮图像[3]，应该说摩尼教传入中亚以后"随乡入俗"，不再像西方早期原教旨那样排斥女性，将罪恶根源归咎于女性角色，而是从严格"禁欲"蜕化到尽量"寡欲"，或许还容忍乃至怂恿有"色欲"，极端的性观念有了符合当地民众的灵活性与适应性，否则不会出现那么多端庄丰腴的女性图像。

---

[1] 9—10世纪粟特文摩尼教徒信件，见《吐鲁番新出摩尼教文献研究》，文物出版社，2000年，第123页。
[2] 转引自芮传明《东方摩尼教的实践及其演变》，载《粟特人在中国——历史、考古、语言的新探索》（《法国汉学》第10辑），中华书局，2005年，第471页。
[3] 马小鹤、张忠达《光明使者——图说摩尼教》，上海社会科学院出版社，2003年。女摩尼和女供养人的清晰图像可参看[德]克里木凯特著，林悟殊译《古代摩尼教艺术》所附彩页，淑馨出版社，1995年。

二

摩尼教有着令人惊叹的艺术传统，善于利用各种形象来表达自己的教义。摩尼教僧侣在讲述神的拯救活动和人类命运时，喜欢在经文或礼赞诗中配上富于独特形象的象征图画，以便任何听众都能理解其含义。这种形象性的语言无疑会使信徒产生深刻的印象，有利于灵魂的拯救和赎罪。特别是要把光明灵魂从肉体世界中解救出来，保持清净，雕塑有"暗魔"形象的男性命根无疑是需要的，比喻光明诸神的对立面暗魔要吞食"光明分子"，而且在超肉体的视觉上可使信徒联想起宗教的世界。因此，根据克孜尔石窟前出土的男性生殖器造型特征，笔者概括定名为"男根魔貌"。

摩尼教僧侣为了形象化地图解摩尼教的教义，直观地对写实的男根加以非写实的艺术装饰，描绘出暗魔装扮成老人【或许是恶魔阿赫里曼（Ahriman）】的形象，圆眼膨眉，仰鼻直孔，依靠人物卷曲蓬乱的颚须、口髭、颊须以及眉毛的变形，加深了暗魔的线条轮廓，侧旁的耳朵甚至更像直竖的兽耳。这种对暗魔胡须、眉毛、额头皱纹的抽象处理，符合摩尼教《下部赞》咏唱的"一切诸魔及恶鬼，丑恶面貌及形躯，无始时来今及后，若言说有无是处"[1]。其古怪离奇的雕刻风格和视觉效果，为佛教艺术所少见，应归属于美索不达米亚-叙利亚地区的帕提亚艺术传统，与希腊-罗马的文化艺术也有着根本的不同，似乎靠近犹太艺术与风俗。这正是摩尼教本身绘画的特色，是摩尼教一种通俗化和形象化的传播手段。

我们观察到，作为一件造型艺术的陶质雕塑品，其制作得相当细致入微。整个男性生殖器采用陶红来表现外观浅润肉肤色，没有使用摩尼教细密画通常采用的那种鲜艳色彩，可能暗示着在肉欲诱惑中的罪恶。尤其是阴茎背后细微处有成串方珠凝聚环侍，是否就是象征着"光明分子"呢？整个男根长度达21.6厘米，合唐尺为七寸，显然是壮大阳物的造型，与一般的摩尼教艺术品微型化倾向不同，大概意味着暗魔的厉害，表现的是雄性勃起张力下的魔鬼威力。至于暗魔秃顶上是"桃心"还是羽毛象征，不能确定。摩尼诸神形象所必备的大都是冠帽造型，

---

[1]《下部赞》（S.2659）释文，本文所用版本为林悟殊《摩尼教及其东渐》258页附录释文。张广达指出，唐代摩尼教译经师在汉语摩尼教写卷上"加上"的东西太多，这是"意译"扩充表述的缺陷。见《唐代汉译摩尼教残卷——心王、相、三常、四处、种子等语词试释》，《东方学报》第77册，2005年。

并有等级差别，但作为对立面的恶魔秃顶形象，从侧面看就是头枕男根睾丸，无疑另有刻画的含义。

在摩尼教诸多经典中，以不同称号描述过诸魔之母"阿缁"（Az，意为"贪欲"），她不但是集一切邪恶于一身，而且是暗魔的创造者，一切罪孽从她而出，是色欲、贪婪等恶品行的化身。中古波斯语文字曾详细描写阿缁与明界诸神为敌，创造人类祖先的情况，大概意思是说：

> 阿缁把天上落下的一切诸魔的后裔作为外衣，给雄性阿斯雷什塔及雌性阿斯雷什塔二者穿上；他们状若狮子、淫荡、狂怒，罪孽深重、令人恐惧。阿缁教唆他们纵欲和交媾，使他们变得淫荡和交合，躯体相连，混杂在一起，从而使之生出魔鬼后代，阿缁因此可以吞食这些后代，用于制造出一男一女。阿缁吞食这些后代所生成的混合体，作为她的外衣穿上，她利用本身的淫荡，将此类混合物制成一个男身，具备骨、筋、肉、脉、皮。[1]

从摩尼教经典文献描述来看，这件性观念艺术品非常符合摩尼教教义的要求，即这个"男身"所具有的骨、筋、肉、脉、皮，既与"男根"肉身是吻合的，又与怨、嗔、淫、忿、痴等烦恼共成一身，生理肉欲与不净诸毒是对应物，都是贪魔所造。[2]摩尼教僧侣将经文宣扬转变成了"男根魔貌"的实物形象："当造肉身由巧匠，即是虚妄恶魔王。成就如斯窟宅已，网捕明性自潜藏。"[3]"一切魔王之暗母，一切恶业之根源。又是猛毒夜叉心，复是贪魔意中念。"

依笔者之见，"男根魔貌"宗教艺术品的出现绝非偶然、孤立的现象。据摩尼教之二宗三际论，人类的躯体就是由黑暗物质构成的，躯体所囚禁的灵魂则是受到黑暗污染的"光明分子"。人们现已清楚摩尼教是属于灵知派的宗教，它就是要把人类灵魂从黑暗的束缚与污染中解脱出来，《叹明界文》诗云："不行淫欲无秽妊，岂得说言有痴爱？败坏男女雄雌体，生死无常淫欲果，极乐世界都无此，处所清净

---

[1] 中古波斯语文献转引自芮传明《摩尼教性观念源流考》之译文，文字有节略，《社会科学》2006年第2期。
[2] 《摩尼教残经》（北字8470），见林悟殊《摩尼教及其东渐》219页附录释文。
[3] 《下部赞》释文，文字见林悟殊《摩尼教及其东渐》附录释文，以下所引七言诗句皆出自该释文，不再赘注。

无灾祸。"《残经》五记载:"善拔秽心,不令贪心,使己明性,常得自在。能于女人作虚假想,不为诸色之所留难,如鸟高飞,不殉罗网。"脱离性爱淫欲才能最后回归光明王国。受神的昭示,这个"男根魔貌"的性艺术品就是暗魔困扰人类的表现,所以陶塑造型保持着原宗教教义中的个性特征。

那么,这个"男根魔貌"的艺术品究竟是宗教的宣传品,还是顶礼膜拜的崇拜物?是波斯的舶来品,还是本土化的产物?是神所厌恶的恶物,还是特别信仰的标记?笔者对比印度教中男根造型和长安唐三彩男根实物,窃以为,"男根魔貌"与中亚化或汉化都没有直接关系,既非梵,也非汉,而是原教旨摩尼教经典中符合教义的形象化艺术品,有可能是职业传教师慕阇或者拂多诞在举行清洁仪式或神秘活动时使用,告诉选民或俗信徒们(听者),恶神所造的肉身是恶魔附在其中的"贪淫饥火",是囚禁明性的地狱、坟墓、洞窟、锁链和牢狱,威吓尘缘未了的人们要远离女色、消性节欲,"不染无明及淫欲,远离痴爱男女形","一切魔男及魔女,皆从肉身生缘现","肉身破坏魔即出,罪业殃及清净性",并作为一种在日常生活中抵御情欲诱发的修炼品格,"令我肉身恒康预,令我佛性无缭污"。这种性恐惧说教,估计当时教内人士熟知,教外俗人也有耳闻。《摩尼教残经》第64行就有"其彼饥魔,即是猛火,炼五分身,令使清净"。当然,摩尼教僧侣完全照本宣科念经,不会吸引听众,不如变通用性艺术品推介教义,形象艺术与圣典教义相得益彰,产生光明圣灵派遣拯救灵魂的效果,更能说法布道招揽信徒。所以,"男根魔貌"艺术品应是摩尼教的宗教宣传品,而不一定是用于宗教仪式固定摆放的膜拜圣物。

三

针对克孜尔石窟绘画艺术深受印度风格的影响,当地研究者曾推测男根陶艺术品是6—7世纪以后印度湿婆天(梵名 Śiva)信仰之象征,湿婆以男性生殖器为其象征,因为印度教认为毁灭即有再生之意,创造与毁灭之神湿婆是宇宙创造的本源,他的象征即为一硕大的圆石柱——"林伽",通常放置于女性生殖器的象征"约尼"之上,此类造像在印度极为普遍。据《林伽往世书》所述,印度教的另外两位神梵天与毗湿奴,争论谁是万物的创始者,两神之间隆起一勃起的硕大"林伽"。欲探究竟,毗湿奴化为野猪深入底下寻找根部,梵天化为鸿雁飞至天宇寻其

图4 印度林伽偶像与崇拜

图5 印度林伽偶像与崇拜

顶端,结果都无功而返。最终二神都臣服湿婆天为至高无上的创世者,故表示生殖能力之男性生殖器被认为是湿婆天信仰的象征。

但是,湿婆天的魔鬼造型常常形似青面獠牙的三眼妖怪,面目可憎,身躯挂着缀有铃铛的布带。而从克孜尔石窟所反映的自在天(湿婆天)内容壁画数量较少来看,湿婆天信仰并未在这一地区盛行。龟兹研究所的研究者也认为采集发现的这件男性陶制生殖器,是否与湿婆天信仰有关,还需做进一步的探讨研究。[1]

我们知道,摩尼教在产生地波斯被取缔后,中亚地区就成为其在东方传教的中心,其与当地流行的佛教混杂,吸收了大量佛教成分,以方便摩尼教的传播。摩尼自诩是琐罗亚斯德、佛陀、耶稣基督的后继者,教祖本人不反对佛教,东渐中亚的摩尼门徒更不会排斥佛教。布教传统的策略之一就是冒充佛教,特别是佛教与摩尼教在解脱性爱情欲方面都有相通之处,尽管图解不一,然而却殊途同归[2]。20世纪以来,在中国新疆地区发现的摩尼教艺术遗物中,有一部分带有浓厚的佛教色彩,如摩尼光佛、光明佛等,反映摩尼教佛化的渐进过程。9世纪起,中亚与西域新颖别致、精雕细刻的艺术陶器层出不穷,各种丰富的加工工艺为宗教陶质制品增添了艺术生机[3],完全有可能被入境随俗的摩尼教所采用。

龟兹是西域文明之门户,多元文化的汇聚地,唐

---

[1] 何芳、殷弘承《克孜尔石窟壁画护法神中的多头、多臂形象》,《新疆文物》2005年第2期。

[2] 杨薇《性与觉悟:敦煌465窟的双身供养》,载《佛教物质文化:寺院财富与世俗供养国际学术研讨会论文集》,上海书画出版社,2003年,第426—435页。

[3] [苏联]普加琴科娃、列穆佩著,陈继周、李琪译《中亚古代艺术》"陶器"篇,新疆美术摄影出版社,1994年,第97页。

朝在此曾设有掌管四镇佛教的都统，弘扬汉化佛窟。840年以后，漠北回鹘汗国瓦解，分三支西迁，占据了龟兹、高昌等地，现存库车、吐鲁番、吉木萨尔的以回鹘人为施主的地面寺院或洞窟寺院大都是这一历史背景的产物，许多回鹘供养人像旁边还有汉文、回鹘文、龟兹文等几种文字的供养人题记[1]，华丽的服饰则表明他们是回鹘贵族。龟兹在回鹘统治时期，具有其他传统信仰的西域人曾可能一度转化成为摩尼教徒，信仰摩尼教的粟特移民也在龟兹居住或经商[2]，摩尼教团以此为驻锡地[3]，为配合全方位的布道传教需要，举行日常宗教仪式，行善修道，出现摩尼教性观念艺术品作为教义的直接参照物也自然顺理成章。

在库车地区，大多数回鹘时期洞窟集中开凿于库木吐喇石窟等处，回鹘人中自762年以后就开始盛行摩尼教，他们完全有可能将自己信仰的摩尼教艺术品在外迁时随身携带到这一地区。在克孜尔千佛洞附近发现的摩尼教物证，正说明摩尼教与佛教的密切接触和并存局面，有的洞窟脱落三层墙皮，表明或许就有改造覆盖后的二重石窟。德国宗教学者克里木凯特教授就曾指出龟兹附近克孜尔千佛洞饿鬼窟（Preta Cave）佛陀涅槃图中，临死的至尊头顶上画着一个奇异的十字架"如意宝"（cintāmani），这就是受到摩尼教的影响，摩尼教本身也晓得用如意宝作象征，这可能和以救世主姿态出现的摩尼有关。[4] 印度河上游拉达克壁画中甚至把摩尼教主要标志光明十字架与一尊佛混在一起。所以，克里木凯特说："摩尼教艺术有佛教的题材，例如莲花便作为摩尼教众神的宝座，这些并不足为奇。其对于众供养人形象的描绘，更看不到与佛教的形式有甚差异。"[5] 他还写过《摩尼教艺术中的印度教神》等论文[6]，都说明在中亚，摩尼教艺术显然受到佛教的强烈影响，包括中亚摩尼教文献也受到佛教思想的改造，混入了《释迦四门观》《阿难问

---

[1] 新疆龟兹石窟研究所《库木吐喇石窟题记、题刻和榜题的调查与初步整理》，《新疆文物》2005年第2期。
[2] 荣新江《西域粟特移民聚落补考》，《西域研究》2005年第2期。
[3] 与吐鲁番出土大量摩尼教文献相比，库车发现的摩尼教文献则非常罕见。但吐鲁番出土中古波斯语《摩尼教赞美诗集》（M1）题记中，列有回鹘可汗控制之下龟兹、高昌、北庭、疏勒、焉耆等地统治者和摩尼教信徒的名字，说明9世纪的龟兹也是摩尼教东方教区下辖地之一。W. B. Henning, "Argi and the 'Tokharians'", *Bulletin of the School of Oriental and African Studies*, IX. 3, 1938, pp.565–571.
[4] 十字架如意宝原图见 *Altbuddhistische Kultstätten in Chinesisch-Turkestan*, Berlin, 1912。介绍见［德］克里木凯特著，林悟殊译《古代摩尼教艺术》，淑馨出版社，1995年，第60页。
[5] ［德］克里木凯特著，林悟殊译《古代摩尼教艺术》，第40页。
[6] Hans-J. Klimkeit, "Hindu Deities in Manichaean Art", *Zentralasiatisch Studien*, 14/2(1980), pp.179–199.

图6 新疆高昌8—9世纪摩尼教经书残片,柏林亚洲艺术博物馆藏

答法》等变形的佛教类书。同样,佛教也渗入摩尼教的影响,回鹘佛典中使用摩尼教名称,将"梵天"称作"挨次鲁阿"(Āzrua),"帝释天"称作"和尔模次他"(Khormuzta),恶魔称作"萨母努"(Šamnu)等。[1] 因此,文化交流是多向的,尤其丝绸之路上的古城镇兼容并蓄,往往多种宗教混同共存于一城一窟。摩尼教本身是以综合为特征的宗教。回鹘先信奉摩尼后改宗佛陀,使得龟兹愈发成为"万神殿",其石窟周边能出现摩尼教"男根魔貌"的艺术品也就不奇怪了。不过,笔者认为这件性陶制艺术品不是6—7世纪的产物,9—10世纪的可能性最大。

摩尼教是一个有着"二宗三际论"经典的宗教,也是一个有着特殊艺术创造反映其精神世界的宗教。由于摩尼教通过异端化的性欲憎恶来否定现实,宣扬人类本身是暗魔的罪恶产物,视人类生命为肉体罪孽的结果,故曾与波斯国教琐罗亚斯德教进行过激烈斗争,曾对北非、欧洲的基督教造成严重的威胁,又与伊斯兰教分庭抗礼,进入中国汉地后,也遭到佛教的妒谮排挤。因此,摩尼教原教旨派如果赤裸裸地宣传其创世教义中的性观念,强求人人抑止性欲,自然会被唐朝上层阶级认为是"诳惑黎元"的邪说,肯定不会得到中国统治者的青睐。开元十九年(731),唐玄宗曾诏辩摩尼教,摩尼僧侣将其教义、戒律等进行介绍上报朝廷,但次年便

---

[1] [日]羽田亨著,耿世民译《西域文化史》,新疆人民出版社,1981年,第88页。

被皇帝以"末摩尼本是邪见，妄称佛教，诳惑黎元"为由而"严加禁断"。朝廷能意识到"邪见"的异端本质，肯定是审读过摩尼的"丑秽"说教才抵触其传教，其中很可能就包含着暗界雌雄诸魔纵欲罪孽说。当然，唐廷允许摩尼教在西域胡（粟特）人中自行流传。西域更是远隔千里，不受制约，摩尼教职业僧侣巧妙坚持着自己的信仰，龟兹的"男根魔貌"艺术品也才有迹可寻，流传后代。

笔者孤陋寡闻，不知中亚、伊朗、叙利亚等地考古部门或博物馆是否藏有类似"男根魔貌"的艺术品[1]，或是其他拯治诱发性爱的艺术品对应物。仅从目前龟兹石窟群前出土的这件文物来看，很有可能是摩尼教艺术遗存的珍品，其宗教特征十分明确，不失为一个传播过程的默证，表现了从原教旨摩尼教带来的浓重的禁欲巫气，为了解古代摩尼教徒的精神生活提供了可贵的形象资料。

---

[1] 据《参考消息》，2007年3月19日《阿富汗千余件流失文物回国》一文介绍，从瑞士回归阿富汗的1423件文物中，最珍贵的一件文物是一个玻璃做的男性生殖器，每年3月插入阿富汗北部城市艾哈努姆城基石上的一个洞中。这是已知唯一存留至今的曾经被2300年前亚历山大大帝触摸过的物品。

ON THE SPREAD OF MANICHEAN ART IN QIUCI

11 龟兹摩尼教艺术传播补正

龟兹摩尼教艺术传播补正

一

回鹘统治龟兹地区时期,由于蕃(突厥)、汉(中原)、胡(粟特)、藏(吐蕃)等各族杂居互处,龟兹土地上各民族的文化交流是十分频繁的。具有其他传统宗教信仰的西域人可能一度转化成为摩尼教徒,信仰摩尼教的各族民众在龟兹居住、生活或经商,使得摩尼教教团以此为驻锡地开始传播教义。为配合全方位的布道传教需要,教团不断举行日常的宗教仪式。因此,笔者根据摩尼教神学教义中对暗魔(贪魔)概貌的描述,认为库车克孜尔石窟群前河滩地唐代遗址出土的一件陶

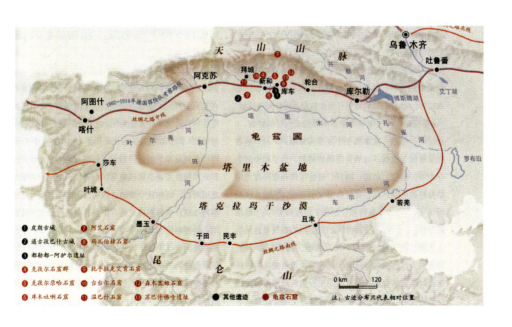

图1 龟兹古国示意图

祖,是摩尼教的"男根魔貌"教义艺术品,表现了从原教旨摩尼教带来的浓重的禁欲巫气,目的就是让教徒与听众更易于理解其教义,以画释经,洁身自好;以图塑形,净化修道,从而使摩尼教性观念教义有着直接的参照物,也为后人了解古代摩尼教徒的精神生活提供了可贵的形象资料。[1]

如果仅从这一件出土陶祖文物来看,很有可能是摩尼教艺术珍品遗存的一个孤证。因为克孜尔和库车地区目前很难找到摩尼教遗存的文物,只有个别石窟残存壁画中有些摩尼教寺院的迹象[2]。曾有人一直怀疑龟兹是否有过摩尼教传播,更认为其艺术销声匿迹,所以长时间内成为了一个历史之谜。

随着中古波斯文史料不断被翻译和公布,我们终于可以明确知道龟兹确实存在和传播过摩尼教。最重要的是德国缪勒(F. W. K. Müller)转录的《摩尼教赞美诗集》残存部分内容,博伊斯(Mary Boyce)、克里木凯特(H.-J. Klimkeit)等先后做过英译转写,王媛媛、吉田丰、荣新江、段晴等学者又将其转写为汉文[3],不仅将摩尼教在西域的传播研究推进了一大步,而且明确了龟兹确实存在和流行过摩尼教。

著名的《摩尼教赞美诗集》是一件中古波斯语、帕提亚语跋文双页文书的第一页,1904年出自吐鲁番的发掘品,当时尚无人知晓和辨析其语言,后由安德利斯(F. C. Andreas)考订为粟特语。20世纪30年代以后,安德利斯和恒宁相继发表了摩尼教文书研究的论述,其中对残片文字的解读和传教史的考证做出了极大的贡献。恒宁从破译的出土文书中得出结论认为,到9世纪初,漠北回鹘保义可汗(808—821年在位)时期,摩尼教团已经遍布于北庭、高昌、龟兹(包括疏勒和拨换)、焉耆、于术(距焉耆城约30公里)等地。

《摩尼教赞美诗集》主要用中古波斯语书写,抄写人于762年或763年开始抄写,但没有能够完成,它一直被存放于焉耆的一座摩尼寺内,很多年没有抄完,直

---

[1] 参见拙作《试论克孜尔石窟出土陶祖为摩尼教艺术品》,《考古》2008年第3期,论文原题为《摩尼教性观念的艺术品物证》,匿名评审时被改为现题目发表,特此说明。

[2] [德]阿尔伯特·冯·勒柯克、恩斯特·瓦尔德施密特著,巫新华、管平译《新疆佛教艺术》(上)第2卷《摩尼教袖珍画》,新疆教育出版社,2006年,第103页。

[3] 2008年6月21日在中山大学举行的"中西交通与文明网络"学术研讨会上,王媛媛博士将其2006年北京大学博士论文《从波斯到中国:摩尼教在中亚和中国的传播(公元3—11世纪)》赐赠笔者,特此致谢。2009年她的博士后研究报告《摩尼教艺术及其华化考述》中对笔者论文分析持有质疑,但未对陶祖艺术造型与定性做出任何研究。

到9世纪初才全部抄写完成。大概这时摩尼教再次走向炽热,宗教精神领袖们要将这本赞美诗集给自己的子弟、新教徒和新学生们进行重新传播,"以致他们的灵魂得到荡涤,并从中学到教义、智慧、教规和美德"[1]。

这份祈福类文书在开篇就赞美颂扬摩尼教徒的健康幸福,随后人名表中列有漠北回鹘可汗家族和塔里木盆地北缘各城镇统治者以及一般的摩尼教徒,有许多官名转写自回鹘语、粟特语和汉语,他们不仅都是"虔诚的听者",而且也都是"兄弟姐妹",对摩尼教有着无比忠诚的信仰。按照《羽翼·摩尼》(Flugel, Mani)的记载,要想加入摩尼教,首先必须自我检验所具备的条件,抑制了种种贪欲和性欲。但严厉的"十戒""三印"一般听众不可能照搬实施,戒规有所宽容和谅解,从而吸引更多的选民和听众。西域地区的摩尼教徒可能大多执行着双重道德的规定。

《摩尼教赞美诗集》关于龟兹的一段录文摘抄如下:

> 此外,还有龟兹节度使伊蠱啜,听者达干,佉沙设,听者首领李副都司,拨换叶护,刘郎,呼末啜,夷数越寺,薄列与珂罗阙,罗啜,摩诃衍,继芬,地舍拨,拂夷瑟越寺车鼻施,曹侍郎,西蒙,胡耽(或俱耽),怒莫,诃瓒,如缓诺,薄如缓,电拂剌沙陀,于贺施芬,薄芬,薄毗。

从民族成分看,这些人中既有粟特人名、突厥人名,也有中原汉人名、印度式人名。从社会阶层看,既有掌权者、地方官员、将军等,也有使者、供养者以及选民们。尽管龟兹可能不像高昌回鹘可汗家族那样有可汗、王子、公主、可敦等上流社会人物,但也可看出众多摩尼教徒范围极广,听者规模盛大,似乎涵盖了龟兹的不同民族与各个阶层。尤其是这些人中有不少属于"首领"和"精英"阶层,从突厥官号和人名字义分析,例如"佉沙设"意为"佉沙(疏勒)的君主","继芬"意为"国王的光辉","电拂剌"意为"宗教的启示",似乎有着较高的文化水平。

德国学者宗德曼(W. Sundermann)整理摩尼教文献过程时,发现吐鲁番出

---

[1] 王媛媛《中古波斯文〈摩尼教赞美诗集〉跋文译注》,载《西域文史》第2辑,科学出版社,2007年,第129页。

图2 10世纪高昌摩尼教绘幡,顶部绘有光明童女、耶稣坐像,下方是摩尼教选民像

土的另一件残片文书中,记录了几个回鹘人将棉花做抵押存放在高昌摩尼寺里,文中特别提到"慕阇去了龟兹"一句。这位摩尼教慕阇(导师)应该是从高昌出发前往龟兹的,不管这位慕阇是为了传教还是为了世俗事务前往龟兹,都可证明龟兹地区有摩尼教徒活动和摩尼教的存在。慕阇的出现,显示了龟兹在摩尼教界的重要地位。

同时,结合这件珍贵的文书看,我们知道龟兹摩尼教徒与各地摩尼教教团有着经常往来,他们之间保持着某种互通声息、相互支持的关系,并不是孤立封闭的圈子,从高昌、北庭、焉耆到龟兹已经形成了一个传播网络。从吐鲁番地区发现的摩尼教艺术遗物,如石窟壁画、文书插图、丝绢绘画等,都说明摩尼教在传播其教义的时候,非常注重利用艺术手段讲解布道,诠释理念直观易懂,其中利用雕塑手法也是不可缺少的一种方式,龟兹有摩尼教慕阇讲经,象征其教义的绘画或艺术品却几乎未见,值得探讨。

笔者认为,摩尼教在弥散性传播中有着回鹘上层支持的官方背景,有着借回鹘占据塔里木盆地各地的民族背景,也有着以胡商为贸易基础的商业背景,所以能跨越胡夷之分、蕃汉之别的门槛,吸引各族各阶层人士皈依摩尼教。回鹘可汗在劝民行善的同时,也采用一些强迫臣民改宗的手段,软硬兼施相结合保证了"国教"的传播。通过史料来看,龟兹有摩尼教存在,应该是没有歧义的。

二

龟兹既然有摩尼教徒活动,为什么几乎不见留有活动的痕迹呢?

首先是内因。摩尼教在世界各地布教时,强调只有使用当地居民的语言,才能使当地人信奉。但由于摩尼教过于追求与当地固有宗教信仰的融合，不仅在华化过程中"变异"，在龟兹传播过程中也会"地方化"。因此经历几百年后，摩尼教的原始特色与各地的大众信仰融成一片，常常失去了明显的界限，摩尼教主要特征和许多成分在不知不觉中被当地宗教信仰同化了，扑朔迷离的历史景象使得摩尼教在龟兹传播的面目模糊不清。

其次是外因。龟兹石窟摩尼教艺术被后来的佛教石窟艺术掩盖了。正如柏孜克里克石窟第38窟主室有西州回鹘皈依佛教前摩尼教徒所绘壁画，正壁中间有生命树、光明王国和穿白色衣服的摩尼教众僧等，后被改建为佛教壁画洞窟。[1]吐鲁番出土回鹘文书（M112）中就有摩尼寺壁画被拆除改建装饰为佛寺的记载，清除异教艺术是对立宗教通常的手法。克孜尔石窟当然也有可能会有摩尼教绘画艺术，后被佛教壁画所覆盖或破坏。

复杂多元的历史因素使得摩尼教在龟兹传播的证据尚未得见，但也不是全无参照之物，或无比照之相。依据高昌特有的窟室建筑，即唐代柏孜克里克千佛洞石窟前方，崖壁之外又添加有木质和土坯垒砌的建筑殿堂，并在窟室上覆有半圆形顶盖，回鹘高昌时期流行使用土坯在崖前券砌洞窟[2]，并有慕阇居住的正式场所，因此笔者推测克孜尔千佛洞前方平地上也与柏孜克里克千佛洞前方一样，都建有半圆形盖顶的窟室建筑，用于摩尼教宣传自己的宗教信仰。何况回鹘高昌王国的王室出资扩建摩尼教寺院，就在柏孜克里克千佛洞石窟前，佛教与摩尼教似乎互不相扰。如果说柏孜克里克显教和密教图像同窟，那么摩尼教洞窟与佛教洞窟也完全可以同窟。

敦煌石窟前亦曾有过木构殿堂建筑，柏孜克里克石窟遗址前也出土过斗拱等建筑木构件，都说明洞窟前面原来有过木构建筑物，可惜的是历经千年都已塌毁不见了。吐鲁番出土唐贞元八年（792）回鹘语木杵文书上就明确写有"建造起洞窟式的寺庙"[3]，如果这个比照推测合理无误，就能解释为什么龟兹克孜尔千佛洞前方广场上唐代建筑遗址里会发掘出9世纪摩尼教"男根魔貌"性观念艺术品实物，其性质与高昌是相同的。

---

[1]《柏孜克里克石窟》，《中国新疆壁画艺术》第6卷，新疆美术摄影出版社，2009年，第88—89页。
[2]《高昌石窟壁画艺术》，《中国新疆壁画艺术》第6卷，新疆美术摄影出版社，2009年，第15页。
[3] 最新译文见李树辉《吐鲁番出土IB4672号回鹘文木杵文书研究》，载《吐鲁番学研究》2009年第1期。

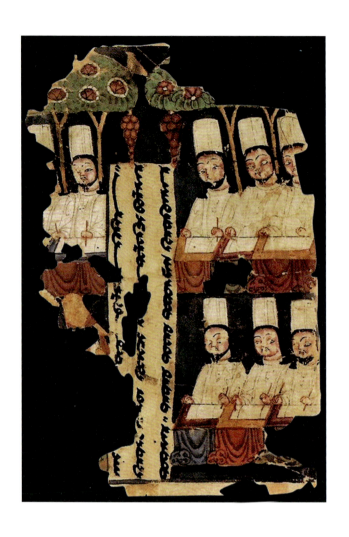

图3 高昌遗址发现摩尼教抄本残页

吐鲁番吐峪沟石窟寺的考古发现，也证明佛教石窟绝不是一种孤立的建筑存在，而是有石窟必有窟前建筑。石窟只是当时所建寺院的一个组成部分，后来寺院建筑被毁只剩下石窟，被人们长期误以为只是石窟寺。考古发掘无疑为我们了解复原古代寺院形制布局提供了全新的资料，而大量壁画残片也反映出高昌石窟中有着多元文化的影响。

长期以来，摩尼教与佛教的寺院一直难以区别。丹麦学者阿斯姆森（J. S. Asmussen）《摩尼教忏悔文研究》一书指出：摩尼教寺院可能是模仿佛教寺院而兴起的。在西方，实际上没有严格意义上的摩尼教寺院。如果摩尼教寺院只存在于中亚地区，而中亚的佛教寺院已经有几个世纪的历史，那么说摩尼教仿效佛教寺院而创立了自己的寺院，就是顺理成章的。德国学者宗德曼认为，摩尼教与佛教相遇，佛教对摩尼教的影响可能更大，他指出在3世纪，基督教的寺院雏形还没有超过一些修道士离群索居的水平，不可能是摩尼教寺院仿效的对象。汉文《摩尼光佛教法仪略》中描绘的摩尼教寺院显然更接近佛教寺院。[1] 这些见解，都颇有见地。

我们还注意到，在摩尼教传播过程中，其一大特色就是采用佛教讲经方式。例如吐鲁番出土的摩尼教文书《摩尼大颂》，可能撰成于10世纪初期，全诗用突厥语书写，借用了大量的佛教术语与佛教概念，尽管它在全诗一百二十颂中隐含了清楚的摩尼教教义，但是由于它具有浓重的"佛教化"色彩，从表象上往往被人们误以为是佛教，不仅频繁地将摩尼教神灵称为"佛"，还将摩尼教主神之一夷数称为

---

[1] 马小鹤《粟特文二部教团与汉文四部之众》，见《摩尼教与古代西域史研究》，中国人民大学出版社，2008年，第224页。

"如佛般的日神",甚至把摩尼教的光明乐土"明界"称为"佛土"。[1]因此,摩尼教经典形式上浓厚的佛教色彩常常误导信众,将其视同为佛教经典,特别是新皈依的新信徒,更不易辨别和领会佛经背后所隐藏的摩尼教教义,产生的负面影响是摩尼教"原始教义"逐步异化,直至被歪曲走向消失。

众所周知,佛教起源很早,曾盛行于中亚,在中国内地更是其他外来宗教不能比拟的。回鹘人在自己活动的境内早已了解佛教,《九姓回鹘可汗碑》汉文"往者无识,谓鬼为佛"[2]一句暗示回鹘人早就熟悉佛教,在中原地区接触佛教则更多。但回鹘政权建立统一的"国教"时选择了摩尼教,其原因并不是来自洛阳的四名摩尼教传教师布道"才高海岳,辩若悬河",而是回鹘境内已经存在数量众多的摩尼教徒。即使回鹘西迁到西域后,受佛教影响逐步改变信仰,也是佛教、摩尼教混杂多元。例如库木吐喇石窟群第76窟附近的崖壁上保留着汉文题刻的"王骨咄禄啜"五字,王为天王简称,骨咄禄为其名,啜是官号。另在高昌遗址出土的一幅摩尼教细密画残片的题记中也出现了其人的名号。二者均撰写于骨咄禄据有天山地区后至其称汗之前。骨咄禄是回鹘汗国举足轻重的人物,也是摩尼教信奉者,曾对摩尼教大加庇护。据李树辉先生考证,入主高昌的回鹘统治集团中的诸多成员都已是虔诚的佛教徒,而其最高首领颉于迦斯·骨咄禄仍是

▲ 图4 高昌摩尼教经书碎片,8世纪中期至11世纪早期,柏林博物馆藏

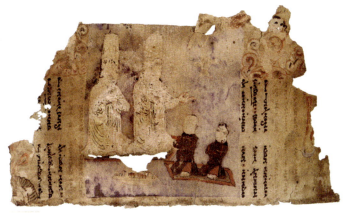

▼ 图5 高昌摩尼教经书碎片,889—1015年,柏林印狄斯克博物馆藏

---

[1] 芮传明《突厥语〈摩尼大颂〉考释——兼谈东方摩尼教的传播特色》,《传统中国研究集刊》第6辑,上海人民出版社,2009年,第189—202页。

[2] 林梅村、陈凌、王海城《九姓回鹘可汗碑研究》第三节"汉碑校录",载《欧亚学刊》第1辑,中华书局,1999年,第160—162页。

图6 摩尼教经典残页，新疆吐鲁番高昌故城出土

摩尼教信徒。[1]因此，摩尼教彰显自己的教义一直是在佛教光环的笼罩之下。

20世纪初，在吐鲁番发现的突厥文《牟羽可汗入教记》古残卷中，透露了这样的信息："当此神圣的四僧从桃花石（指中国）来的时候，他们抱着四愿（中缺）……但为了人民，为了学理，却遭遇到大的危险，大的压迫。听众和胡商常常处在为人杀害的境遇……"[2]这证明"听众和胡商"是皈依摩尼教的群众基础，尽管粟特人"胡商"控制着回鹘的经济命脉，也促使了回鹘人信奉摩尼教，但他们遭到上层达干阶层和其他宗教的攻击，甚至面临着被"压制并杀死"的生命危险，所以他们为了自保不得不在佛教光环下普及自己的摩尼教信仰。

我们注意到，敦煌发现的唐代摩尼教汉文写本《下部赞》，显然是专为一般平民信徒（即"听者"）编译的，也即面向一般百姓宣讲的。正如《九姓回鹘可汗碑》汉文部分记载："于时，都督、刺史、内外宰相……曰：今悔前非，崇事正教。奉旨宜示，此法微妙，难可受持。再三恳恻：往者无识，谓鬼为佛；今已悟真，不可复事。特望……曰，既有志诚，往即持受。应有刻画魔形，悉令焚爇，祈神拜鬼，并皆摒斥……持受明教。""自后，慕阇徒众，东西循环，往来教化。"[3]有人将"刻画魔形"解释为萨满教巫师刻绘的图符，也有人解释为摩尼教艺术中绘画的贪魔，无论是否正确，都说明利用艺术手段辅助传教的基本方式的存在。

如果说寺院石窟壁画是供人游览的画廊，佛祖慈悲庄严与鬼神狰狞逼人对善

---

[1] 最新译文见李树辉《吐鲁番出土IB4672号回鹘文木杵文书研究》，载《吐鲁番学研究》2009年第1期，第49页。

[2] 冯家昇等编著《维吾尔族史料简编》上册，民族出版社，1981年，第35页。

[3] 林梅村、陈凌、王海城《九姓回鹘可汗碑研究》第三节"汉碑校录"，载《欧亚学刊》第1辑，中华书局，1999年，第160—162页。

男信女产生广泛的宣传作用，那么艺术的逼真感使平民之辈、贵人王公之流，见之焚香礼拜，对纵情声色产生惧罪忏悔与改正之心。从敦煌、高昌到龟兹的石窟壁画无不具有这类震慑人心的力量。摩尼教传播教义借鉴佛教及其他宗教的艺术也具有同样功能，完全有可能模仿印度教中湿婆（Shiva）男根之神"林伽"艺术宣教的做法[1]，或是参考佛教雕塑艺术中对魔鬼形象的塑造，来为自己宣传教义服务。只不过印度教是性力至上与禁欲苦行共同宣扬，摩尼教则是厌弃憎恨邪恶的贪魔，龟兹克孜尔石窟前出土的摩尼教"男根魔貌"性观念艺术品，集合了骨、筋、脉、肉、皮等贪魔的丑恶特征[2]，或是给听者布道说教时摆放的警示宣传品，也或许是摩尼教徒医治病人时使用"焚爇"的咒语对象。

三

外来宗教传播往往不会是一次性就完成的，佛教、景教等都是通过初传以致再传、三传而进入中国的。摩尼教在传播过程中也遇到种种阻力，言语不同，风俗奇异，种姓各别，但最大的阻力就是流布已广的佛教。摩尼教尽管在佛教圈子包围下，但善于利用佛教的宽容，坚持自己"以明破暗"的教义。

实际上，摩尼教在龟兹的传播，面临的最强劲对手还有吐蕃的藏传佛教。吐蕃势力的兴起与攻占西域引发的宗教连锁反应，恐怕是传统佛教和摩尼教都面临的难题。

唐中宗景龙三年（709），唐朝以雍王李守礼的女儿为金城公主远嫁吐蕃"和亲"，当时"帝念主幼，赐锦缯别数万，杂伎诸工悉从，给龟兹乐"[3]。吐蕃与龟兹的文化接触，由此得见。在吐蕃对外扩张中，龟兹作为安西都护府所在地屡次被觊觎，《九姓回鹘可汗碑》说"吐蕃大军攻围龟兹，天可汗领兵救援，吐蕃夷灭，奔入于术，四面合围，一时扑灭"。8世纪末和9世纪初，龟兹两度被吐蕃占领，吐蕃人曾在克孜尔尕哈改建过一次寺院，现存的克孜尔尕哈第27窟到32窟，克孜尔

---

[1] "林伽"男根表面雕刻出湿婆人形浮雕像，有时为全身立像，有时是一面或多面头像，并有方形基座。见王镛《移植与变异——东西方艺术交流》"湿婆诸相"，中国人民大学出版社，2005年，第50页。
[2] 对摩尼教"贪魔"形象的概貌和"贪魔"明显特征的考释，见芮传明《贪魔考释》，载《东方摩尼教研究》，上海人民出版社，2009年，第157—159页。
[3] 《新唐书》卷二一六《吐蕃传》上，中华书局，1975年，第6081页。

第97、175窟以及森木赛姆石窟第26、41窟等均具有吐蕃风格。杨铭先生专门就吐蕃文化对克孜尔石窟的影响有过分析，指出壁画中存在"赭巴"服装和虎头皮帽等吐蕃传统服饰样式。[1]另有学者也探讨过龟兹石窟中与吐蕃"释毡裘、袭纨绮"相吻合的供养人以及武士图像。[2]

如果从吐蕃与西域民族宗教交流的角度看，吐蕃占领西域地区持续百年之久，使得藏、汉、印和中亚佛教之间的交流十分密切。不仅以敦煌为中心的中国西北地区在藏传佛教后弘期的历史上曾扮演过重要角色，敦煌出现了藏传密教的文献和艺术品，而且于阗作为西域佛教文化中心也曾于9世纪中叶得到吐蕃的帮助，一些于阗佛教僧侣前往吐蕃寻求庇护。藏传密教在高昌回鹘王国内部占据一定地位，像喜金刚、胜乐以及大黑天、金刚亥母等典型的属于藏传密教无上瑜伽部的修法亦在回鹘流传，一些回鹘人很可能修习以喜金刚为主要内容的所谓"秘密大喜乐法"。藏传佛教寺庙中亦有彰显性观念雕塑品的做法，例如西藏林芝寺庙门前专门竖立有此类造型的艺术品。

回鹘与吐蕃在军事上争夺西域经历了很长时间。贞元六年（790），吐蕃在北庭败于回鹘后，在天山南麓地区与葛逻禄、黠戛斯结盟企图反扑。龟兹直到791年才完全控制在回鹘汗国之下，回鹘进入西域后期望建立"霸主"强权与吐蕃对抗。在宗教文化上，回鹘统治者和贵族阶层为了对抗藏传密法，实现"诸边境界恒安静，性相平等地无异"，急需一种宗教协助他们维持良好的统治秩序。利用摩尼教来进行禁欲布道，无疑是提高文化素质的一种教育。向听众布道时，需要"贪魔""暗魔"性艺术品作为展示，既要让当地摩尼信徒听得懂，又要让信徒们看得懂，敬拜仪式时讲经话语、宣教文字、展示实物、唱诗伴奏等四者合一方能取得良好的效果，特别对女听者、女摩尼们更要区别对待，因为摩尼教竭力宣称"生殖是战胜黑暗统治最重要的方法"。克孜尔石窟前建筑遗址可能就是摩尼教宣教的地方，这也是能发现"男根魔貌"文物的原因之一。

了解摩尼教的人都知道，摩尼教根本教义之一就是"自我净化""拯救灵魂"。

---

[1] 杨铭《试论唐代吐蕃与西北各族的文化交流》，《中国边疆史地研究》2010年第1期。杨铭先生提示笔者注意，吐蕃攻打龟兹，虽然史书记载不清，但吐蕃曾攻下于阗，与回鹘人在北庭有激烈争夺，于阗、若羌等地都出土过藏文文书，龟兹目前没有发现吐蕃文书出土，可是吐蕃肯定在龟兹等绿洲城邦有过驻军，采用了羁縻（殖民）方式统治。

[2] 姚士宏《关于新疆龟兹石窟的吐蕃窟问题》，《文物》1999年第9期。

摩尼教创世神话讲述神灵一种"露现本相"的奇特能力，即裸体会引发诸魔的性欲，大明尊第三次"召唤"出的三明使曾在半空中"露现出本相，男身和女身，为一切雌、雄暗魔所见。暗魔见到三明使的美丽相貌后，全都性欲大盛，雄魔垂涎于女身，雌魔贪恋于男身，于是全都喷泄出它们此前吞自五明子的光明分子"[1]。根据摩尼教神学内涵和"刻画魔形"记载，笔者判断克孜尔石窟前出土唐代后期即回鹘统治时期的陶祖，就是摩尼教宣讲教义时的参照物，目的是令听者对暗魔"改变状貌"和"露现本相"有直观的形象认识。

对于摩尼教的"性"观念和奇特的性现象描述，芮传明先生已有精确的论述。[2] 其中，神灵异常"贞洁"和暗魔色欲"罪孽"成为鲜明对照，汉语摩尼教文书《下部赞》"叹明界文"中慕阇宣讲颂文就有"在彼一切诸圣等，不染无明及淫欲，远离痴爱男女形，岂有轮回相催促"，"释意逍遥无障碍，亦不愿求淫欲事"，"贪淫饥火及先殃，无有一时不相煮"，"一切诸圣无生灭，无常杀鬼不侵害，不行淫欲无秽妊，岂得说言有痴爱？败坏男女雄雌体，生死无常淫欲果，极乐世界都无此，处所清净

▲ 图7　8世纪中期至11世纪的摩尼教文书，柏林博物馆藏

▼ 图8　高昌摩尼教课本残页，8—11世纪早期，柏林博物馆藏

---

[1] 转引自成书于8世纪的叙利亚语文献 Mani's Teachings Concerning the Beginning of the World。
[2] 芮传明《东方摩尼教研究》，上海人民出版社，2009年，第167—191页。

图9 出自西域的摩尼教古抄本"MIK Ⅲ 4974"插图,应源于《大二宗图》,描绘的是两名穿戴白冠白袍的选民和两名平信徒,他们面前摆放一盘瓜果,是摩尼教徒最钟意的食物

无灾祸。"[1] 这些警示肉身性欲和仇视暗魔淫欲的颂句,无疑都是"男根魔貌"性观念的注解,教导摩尼教徒在日常生活中应该加以实践。德国学者勒柯克早在七十多年前就指出:"由于摩尼教带有严格的禁欲主义特征,所以它的教徒不仅严禁各种方式的性生活,而且还禁止享用肉食和酒类,禁止占有任何世俗物品。简而言之,所有可能与魔鬼世界有牵连的事务,都遭到最严厉的禁止。"[2]

从龟兹多元文化交会的背景来看,笔者怀疑在8世纪后期回鹘人统治龟兹地区时,龟兹佛教和摩尼教曾经联合抵制过藏传佛教。因为粟特人不仅有信仰摩尼教者,亦有大量人尊崇佛教,他们都力图摆脱吐蕃产生的影响,摩尼教慕阇在克孜尔石窟前河滩地建设自己的寺院,借佛教力量为自己传播,而佛教也借摩尼教抵御藏传佛教,吐蕃的残暴统治又被当地人视为噩梦,所以抗拒"淫秽惑民"的侵蚀,是双方共同的出发点。

龟兹地区作为东西方文化交流的枢纽,这里出土的一些文物确实出人意料。贾应逸先生和霍旭初先生都曾提示笔者要注意佛教和摩尼教及其他宗教的融合关系,笔者深以为然。20世纪出土的罕见的摩尼教文书显示了龟兹地区确曾有摩尼教徒活动的身影,而结合克孜尔石窟前唐代建筑遗址内出土"男根魔貌"艺术品,

---

[1] 伦敦藏敦煌写本《下部赞》校订文,见林悟殊《摩尼教及其东渐》,中华书局,1987年,第234—265页。最新校注见芮传明《东方摩尼教研究》附录摩尼教汉语典籍校注。

[2] [德]阿尔伯特·冯·勒柯克《摩尼教的传播导论》,1923年,见《新疆佛教艺术》(上)第2卷《摩尼教袖珍画》,新疆教育出版社,2006年,第100页。

互为依托，互为补正，愈发证明龟兹在回鹘统治时期曾有过摩尼教的传播，并得到了回鹘上层社会与"精英"群体的支持。

新疆各地的宗教艺术文化，常因地缘、历史、民族等因素，在一种宗教身上会看到其他宗教的影响，希腊-犍陀罗、波斯-粟特、印度-中亚等文化曾长期在新疆各地传播，并与当地文化融合。匈奴、突厥、吐蕃、回鹘等民族轮番在这块土地上行使过统治权，唐人更在此地建立过都护府，回鹘人形象多显现出蒙古人种的特征[1]，各种文化交会融合，仅凭一幅壁画、一件雕塑品就确定其文化属性确实不易，因此笔者坚持自己的判断，不求最终答案，只求给大家一些启发。

---

[1] 刘宁《回鹘人种考》，载《边疆考古研究》第5辑，科学出版社，2007年，第271页。

INTRODUCTION OF ZOROASTRIANISM INTO CHANG'AN AND ITS TRACES IN SHAANXI

12 祆教东传长安及其在陕西的遗痕

祆教东传长安及其在陕西的遗痕

2000年5月，西安北郊炕底寨村北周同州萨保安伽墓被发掘后[1]，承蒙允许，笔者带着三名研究生进入10余米深的墓室中观察，在火熏的方底砖券拱顶墓室内，看到刻画三驼座圣火坛崇拜的门楣和内容丰富的三块十二幅石榻屏风浮雕画，金采夺目，靓饰盛装，祆教萨保的平生活动栩栩如生，不禁令人惊叹不已。墓道门口置放的《大周大都督同州萨保安君墓志铭》，使我们不得不相信，中亚粟特人祆教东传长安的情况完全超乎传统的认识，有若干个特点，值得注目：

图1 西安安伽墓内围屏石榻

[1] 安伽墓发掘消息报道见《罕见北周贴金浅浮雕围屏石榻面世》，《中国文物报》2000年8月13日第1版。

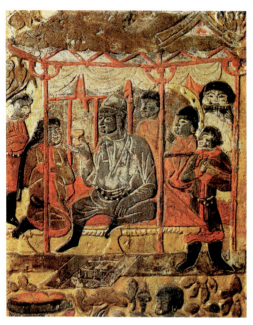  

◀ 图2 西安安伽墓出土石屏风之奏乐宴饮图（局部）

图3 西安安伽墓出土石屏风之乐舞宴饮狩猎图

▶ 图4 西安安伽墓出土石屏风之宾主相会博弈图

第一，安伽为"姑臧昌松人"。姑臧地处河西走廊要冲，十六国及北魏时期均为凉州治所（今甘肃武威），这里既是粟特人在中国经营东西贸易的大本营，又是东往西归粟特移民的聚落区。姑臧的安姓是典型的粟特聚落首领，也是当地从北魏到隋唐的大族，他们历代世袭萨宝（萨保），信奉祆教，统辖诸胡种落，左右凉州政局，享有显赫地位。[1]

第二，安伽的父亲安突建，曾任冠军将军、眉州（今四川眉山诸县）刺史，大概是北魏时期作为姑臧胡人首领迁到内地任职的。安伽的母亲杜氏被封"昌松县君"，可能是长安大姓杜氏之女，杜氏家族门第显赫，亦证明粟特胡人娶汉女为妻，是胡汉通婚的典型。安伽已属地道的"土生胡"。

第三，安伽早年历史虽不明了，但他"不同流俗，不杂嚣尘，绩宣朝野，见推里闾，遂除同州萨保"，似乎是经过坊里闾巷众人"推举"而被官方任命的同州萨保，这可能是粟特胡人的传统。按《隋书》卷二八《百官志》下记载："雍州萨保，为视从七品……诸州胡二百户已上萨保，为视正九品。"隋朝官制基本延续北周传统，故可知同州（今陕西大荔县）必须有二百户以上的信奉祆教胡人，安伽才

---

[1] 吴玉贵《凉州粟特胡人安氏家族研究》，《唐研究》第3卷，北京大学出版社，1997年，第295—338页。荣新江《北朝隋唐粟特人之迁徙及其聚落》，《国学研究》第6卷，北京大学出版社，1999年，第19—23页。

可去任萨保一职，以领胡户移民。

第四，安伽由于"政抚闲合，远迩祗恩，德盛位隆，于义斯在"，所以担任同州萨保后，又任同州大都督。刺史是地方行政长官，都督则是军事区划首领。同州因是抵抗北齐的前沿重镇，所以北周在平齐以前（577）于此地设都督，

图5 安伽墓出土围屏（局部）

横跨黄河两岸总管军事。安伽所任大都督官职要高于萨保，是管理地方军事的重要官员。

第五，安伽病死于北周大象元年（579）五月，时年六十二岁。此年正是北周君臣由穿胡服改穿汉魏衣冠，即胡汉风俗变化的一年。上距北周平齐仅两年，而安伽死后第二年（580），杨坚就夺取了北周政权。安伽生年据上推为北魏熙平二年（517），其后二年正是灵太后"废诸淫祀，而胡天神不在其列"的时候，这证明北魏孝明帝时期，安氏家庭已离开姑臧东迁内地任武职了。

图 6 墓门门额上的火坛与祭司形象

  大凡有粟特人聚落的州县,在聚落中都有祆祠或祆舍,即胡人奉祀祆教神祇的地方。20 世纪以来,中外学术界经过几代学者的钩稽,对源于波斯经中亚传入中国的祆教(又称火祆教、拜火教)有了不少的探讨,成绩斐然,有目共睹。[1]而北周同州大都督、萨保安伽墓的发现,对祆教东传长安提供了十分珍贵的新资料,也给本文的探讨提供了史料依据与学术启发。

一 祆教东传长安

  古代波斯如同其他民族一样崇奉自然现象,认为日月星辰、狂风暴雨、水火土木都有天神在操纵,特别对火焰、光明具有狂热的尊崇,并逐渐形成了以光明为善神、以黑暗为恶神的宇宙观。大约在公元前 6 世纪,波斯人琐罗亚斯德

---

[1] 林悟殊《波斯拜火教与古代中国》,新文丰出版公司,1995 年。龚方震、晏可佳《祆教史》,上海社会科学院出版社,1998 年。陈垣《火祆教入中国考》,《陈垣学术论文集》第 1 集,中华书局,1980 年,第 303—328 页。荣新江《祆教初传中国年代考》,载《国学研究》第 3 卷,北京大学出版社,1995 年,第 335—353 页。

图7 安伽墓门额线描图

（Zoroastre）根据民间拜火习俗创立了琐罗亚斯德教（Zoroastrianism）。[1]

根据琐罗亚斯德教经典《阿维斯塔》（Avesta）的说法，该教宣扬善恶二元论，认为火、光明创造生命是善，黑暗、恶浊制造灾祸死亡是恶，光明与黑暗作为善与恶之源，是宇宙世界两种力量的斗争，人们应该弃恶从善。主宰善的最高神是阿胡拉·马兹达（Ahura Mazdā）。故该教名之为二元神教（Dualism），也称其为马兹达教（Mazdeism）。

琐罗亚斯德教教导信徒要爱护水、火、土和空气的洁净，要膜拜火光，以火为光明的表征，以火象征神。婆罗钵文（Pahlavi）译注的《小阿维斯塔经》中的祈祷文就表现了火神的职能："愿火使正义的、光明的、荣耀的至善世界持久存在，我将是至善世界的分享者。""愿阿胡拉·马兹达之火在此宅内点燃，光焰普照，日趋明亮。""愿火给予我们充分的安慰，充分的生计，充分的生命，这样我们的工作就会加快，知识更会扩大，智慧至善至巨。"[2]火的种类虽然很多，但最重要的是

---

[1] 林悟殊先生根据古波斯文献，指出其教主名字应读为查拉图斯特拉（Zarathustra），由于古希腊人讹音而沿袭为琐罗亚斯德。已故史学家陈垣音译为"苏鲁阿士德"，南宋姚宽的《西溪丛语》则写作"苏鲁支"，见《波斯拜火教与古代中国》，新文丰出版公司，1995年，第1页。

[2] Dhabhar, Zand-i Khûrtâk Avistak, Bombay, 1963, pp.71-73.

图8 祆教纳骨瓮，乌兹别克斯坦国家历史博物馆藏

图9 祆教纳骨瓮，乌兹别克斯坦国家历史博物馆藏

图10 6—7世纪祆教埋墓的结构，乌兹别克斯坦历史博物馆陈列

图11 祆教纳骨瓮，乌兹别克斯坦国家历史博物馆藏

图12 祆教纳骨瓮，乌兹别克斯坦艺术研究院考古研究所藏

胜利之火（Atash Vahram），它给人们以正义的力量和勇气去战胜邪恶。此外还有三大圣火，一是祭祀之火（Atro Froba），给大祭司以智慧和力量，使其能战胜魔鬼；二是战士之火（Atro Gusasp），给战士以坚强的毅力；三是农业之火（Atro Burzin），使农民更具活力，收获丰富。正因为琐罗亚斯德教以拜火为最突出的特征，所以又被教外人称为拜火教或火教（Fireworship），这也是最通俗的叫法。

琐罗亚斯德教徒崇拜火的仪式，在公元前5世纪时还是较为简朴的，不设立祭坛与神殿。波斯阿契美尼德王朝（约前550—前330）居鲁士（Cyrus）大王统治时期，将琐罗亚斯德教定为国教，从此琐罗亚斯德教在波斯帝国境内开始流行。而大流士（Darius）一世统治时（前522—前486），更把该教作为治国的重要工具，将火神信仰提高到新的高度。在马其顿亚历山大征服波斯并实行希腊化统治时期（前330—前141），该教受到打击而湮灭。帕提亚王朝（前141—242）末期，它又死灰复燃，重新振兴，不仅有祭坛和火庙崇拜，而且有僧侣专门看管火坛，保持着圣火永燃不灭，象征着王朝和民族生生不息的生命力。

波斯萨珊王朝（226—642）时期，琐罗亚斯德教发展到鼎盛阶段，重新被奉为国教，各地圣火林立，各代君主也纷纷建立自己的圣火，以期得到世间更多的荣华富贵。琐罗亚斯德教被通过行政力量向境内外推行，从而在中亚地区广为传播。

古代中亚是个多种宗教信仰并存的地区，当地居民随着时代的不同信奉过不同的宗教，但年代最久远的可能还是琐罗亚斯德教。众所周知，粟特人属于伊朗人种的中亚古族，他们原本生活在中亚阿姆河和锡尔河之间的泽拉夫善河流域（其主要范围在今乌兹别克斯坦），长期受到周边强大外族势力的控制，公元前6世纪至前4世纪就臣属于波斯的阿契美尼德王朝，很多粟特人成为波斯的官员或士兵，与波斯人一道信奉琐罗亚斯德教。尽管以后粟特人成为一个无所不到的独具特色的商业民族，但他们的信仰一直以琐罗亚斯德教为主。

由于粟特人的传播，琐罗亚斯德教早就扩张成为中亚地区的主流宗教，佛教、摩尼教、景教等以后也流入中亚，但并不能取代其传统的地位。王小甫教授就指出：

> 尽管留存至今有关摩尼教的资料远较祆教为多，但从文献记载来看，伊斯兰化以前的中亚各国，仍以信仰祆教为主，如慧超《往五天竺国传》："安、曹、史、石骡、米、康，此六国总事火祆。"《酉阳杂俎》卷

10:"俱德建国乌浒河中,滩派（流）中有火祆祠。"[1]

苏联考古学家在中亚进行过几十年的考古,先后发现过许多琐罗亚斯德教的文物,他们认为"当时粟特人的宗教主要是琐罗亚斯德教"[2]。林悟殊教授则从琐罗亚斯德教葬俗在中亚的遗痕,详细论证了中亚流行的此教为主流宗教。[3]中亚大夏首府巴克特里亚（Bactria）是琐罗亚斯德教的活动中心,已发现了拜火的神庙、火台。阿富汗巴格兰（Baglan）也发现了拜火的石祭坛与火祠。这些都是贵霜帝国（前1世纪至2世纪末叶）的遗物。此后粟特人信仰琐罗亚斯德教的证据被更多地发现,楚河流域、撒马尔罕东部的片治肯特等地均有文物遗迹[4]。

琐罗亚斯德教东传到与中亚毗邻的高昌、焉耆、疏勒、于阗等西域

▲ 图13 西安安伽墓门额左侧祭司

▼ 图14 西安安伽墓门额右侧祭司

诸绿洲国家后,当地拜火祭祀活动蔚然成风。《旧唐书》卷一九八云波斯国"俗事天地日月水火诸神,西域诸胡事火祆者,皆诣波斯受法焉。"《新唐书》卷二二一下也云："西域诸胡受其法,以祠祆。"王素先生在《高昌火祆教论稿》中指出高昌郡

---

[1] 王小甫《"弓月"名义考》注48,见《唐·吐蕃·大食政治关系史》,北京大学出版社,1992年,第239页。

[2] Б.Г.加富罗夫著,肖之兴译《中亚塔吉克史》,中国社会科学出版社,1985年,第39页。

[3] 林悟殊《中亚琐罗亚斯德教葬俗及其在中亚的遗痕》,见《波斯拜火教与古代中国》,新文丰出版公司,1995年,第85—97页。

[4] 龚方震、晏可佳《祆教史》,第150—160页。

时期（327—460）的"胡天"为火祆教祭祀场所。[1] 姜伯勤先生《论高昌胡天与敦煌祆寺》也说高昌之天神，即主要由粟特等胡人供奉的祆神。[2] 这些都表明拜火教在西域的流行。至于西域胡人所流行的火祆教是否仍保持波斯琐罗亚斯德教完整的宗教体系，或是在东传过程中染上中亚色彩进行了改造，这需要进一步探讨，因为祆教信仰因时因地而有诸多变异，但祆神毕竟源自波斯琐罗亚斯德教，沿袭了拜火的崇拜。遗憾的是，琐罗亚斯德教不像景教、摩尼教那样不遗余力地把本教经典翻译成多种文字向各民族推介，其教徒往往局限在胡人移民中，而且一般只注重拜火的外表形式，对该教的宗教思想完整体系不甚了解。

如果说拜火教在西域流行了近千年，那么究竟什么时间初传中国就成了学术界一件讨论的大事。20世纪初，已有一些学者留意到拜火教的传播，但系统研究的第一篇论文是陈垣先生于1923年发表的《火祆教入中国考》[3]。他根据《魏书》所记高昌国和焉耆国"俗事天神"等，认为"火祆之名闻中国，自北魏南梁始，其始谓之天神，晋宋以前无闻也"。陈垣关于火祆教传入中国自北魏始的推论，长期得到许多学者的公认。唐长孺先生据《晋书·石季龙载记》认为石赵"伏于胡天"就是西域的祆神[4]，把祆教入华年代从6世纪初提前到4世纪末叶。近年来对祆教传入中国问题的讨论愈发热烈[5]，其中林悟殊先生根据西汉张骞通西域后丝路上僧人、商人和使节不断往来的事实，断言5世纪中叶，波斯的火祆教徒已确确实实到达了中国，比陈垣先生所说的要早半个世纪[6]。荣新江教授从解读敦煌、吐鲁番等地发现的粟特文古信札入手，确定4世纪初源于波斯的琐罗亚斯德教就由粟特人带到中国，即祆教的入华年代最晚是在西晋末叶，并从粟特商团成员的活动范畴推

---

[1] 王素《高昌火祆教论稿》，《历史研究》1986年第3期。又见《也论高昌"俗事天神"》，《历史研究》1988年第3期。

[2] 姜伯勤《论高昌胡天与敦煌祆寺》，《世界宗教研究》1993年第1期。

[3] 陈垣《火祆教入中国考》，原刊《国学季刊》第1卷第1号（1923），后收入《陈垣学术论文集》第1集，中华书局，1980年。

[4] 唐长孺《魏晋杂胡考》，载《魏晋南北朝史论丛》，生活·读书·新知三联书店，1955年，第416—417页。

[5] 见柳存仁《唐代以前拜火教摩尼教在中国之遗痕》，《世界宗教研究》1981年第3期。饶宗颐《穆护歌考》，《饶宗颐史学论文集》，上海古籍出版社，1993年，第404页。王素《魏晋南北朝火祆教钩沉》，《中华文史论丛》1985年第2辑。陈国灿《魏晋至隋唐河西[胡]人的聚居与火祆教》，《西北民族研究》1988年第1期。

[6] 林悟殊《火祆教始通中国的再认识》，《世界宗教研究》1987年第4期。

知此时祆教已传入晋朝的中心地区——长安和洛阳一带。[1] 假如上述事实和结论不误的话，我们可以看到西域流行的火祆教很早就传入中国，只不过是仅在胡人移民的聚居地内部崇奉，汉人对他们的宗教活动知之甚少或未曾察觉，加之语言的隔阂、信仰的差别以及祆教徒在中国的目的是经商而不是传教等原因，汉文有关祆教的史料记载较晚。

随着南北朝时期中亚商人和西域移民络绎东来，拜火教信徒在中国内地聚居区也不断扩大，聚居的胡人数量增多和逐渐汉化，专职的僧侣和一些宗教仪式也为内地汉人所了解。东魏、北齐和西魏、北周的君主都亲自出马，信奉胡天，参与国家祀典。《隋书》卷七《礼仪志》记载："（北齐）后主末年（576），祭非其鬼，至于躬自鼓舞，以事胡天。邺中遂多淫祀，兹风至今不绝。后周（557—581）欲招来西域，又有拜胡天制，皇帝亲焉。其仪并从夷俗，淫僻不可纪也。"北齐后主高纬（565—576年在位）亲自击鼓跳舞奉祀胡天，以致邺城盛行火祆教；而北周亦有拜胡天制，皇帝亲自按"夷俗"仪式祀拜，以争取西域胡人的支持，无疑都是受到当时大量西域崇拜祆神移民的影响。1922年河南安阳出土一对北齐石阙，雕刻祆教圣火图像，每侧旁立戴口罩者手执香炉献祭。[2] 而陕西却一直没有出土文物来佐证北周官方信奉祆教的史实，此次西安北周安伽墓志和石床浮雕画的发现，第一次用确凿文字和生动图画填补了这项空白，也清晰直观地说明了祆教东传长安的情况。

二 唐长安的火祆教

7—8世纪的唐长安是一个多种宗教汇聚的国际都市，这一时期也是琐罗亚斯德教在中国传播的黄金时代。长安流行的火祆教主要是受到当时波斯人和西域移民的影响，因为长安胡人聚居区不断扩大，崇拜祆神和皈依祆教的人必然比之前要多。

唐朝前期，正是阿拉伯人兴起、伊斯兰教勃兴并向东大举征服的时期。自汉

---

[1] 荣新江《祆教初传中国年代考》，载《国学研究》第3卷，北京大学出版社，1995年，第342—343页。
[2] 该火祆教石刻遗物现藏德国柏林东亚文化博物馆，石刻图版最初刊于勒柯克（A.von Le Coq）的《中亚美术文化史图册》（*Bilderatlas zur Kunst und Kulturgeschichte Mittel-Asiens*, Berlin, 1925），第46页。又见史卡里亚《北齐石阙上的中亚人士》，刊《亚洲剪影》（*Artibus Asiae*），XXI，1，第6图。详参施安昌《北魏冯邕妻元氏墓志纹饰考》，《故宫博物院院刊》1997年第2期。

朝以来与中国关系密切的波斯萨珊王朝，此时屡次被强悍的阿拉伯人打败。633年，穆斯林夺取了波斯军事重镇希拉城（al-Hira）。637年，波斯军队在卡底希亚（al-Qadisiyah）全军覆没，随后首都泰西封（Ctesiphon）被攻陷。642年，波斯军队在尼哈温（Nihavend）又被阿拉伯人打败，萨珊波斯末代君主伊嗣俟（Yazdagird）东逃吐火罗途中被杀，其子卑路斯（Pērōz）求援于唐，逃亡中国，分别于咸亨年间（670—674）和景龙二年（708）两次入京师，后客死长安。卑路斯在长安曾向唐廷奏请建立琐罗亚斯德教的"波斯寺"，得到准许。卑路斯之子泥涅师（Narses）也病死长安，当时流寓长安的波斯王室成员、贵族子弟、专职僧侣以及随从部下有数千人。尤其是不愿改宗伊斯兰教的波斯琐罗亚斯德高级僧侣"穆护"（magu）[1]，他们直接来自波斯本土，与有些变化的中亚化祆教僧侣有所不同，多具原教旨的正宗色彩，从而使长安开始存在正宗的琐罗亚斯德教。

现代研究者常常将波斯的琐罗亚斯德教和中亚化的琐罗亚斯德教混淆，中亚化的琐罗亚斯德教产生了对神像祈祷等现象，"祆"即指来自中亚地区的传入中国的拜火教。

"祆"字的创造，陈垣先生考证道："曰天神，曰火神，曰胡天神，皆唐以前之称。祆字起于隋末唐初，北魏南梁时无有。"《魏书·康国传》虽有祆字，然而是采自唐初编修的《隋书》补充的。"祆盖唐初之新造字也"[2]。这说明源于波斯经中亚传播的琐罗亚斯德教进入中国三四百年后，在唐初时已经有了相当的影响，以至于唐人专门为其造"祆"字[3]，取火祆名，以区别中国人所祭祀的原有天神，而胡天、火神、天神等均是祆教所崇拜的阿胡拉·马兹达大神，由此也可见火祆教当时在唐人心目中的重要地位。

唐长安城中最早建置的祆祠据《通典》卷四〇《职官典》注云："武德四年

---

[1] 林悟殊《唐季"大秦穆护祆"考（下）》，《文史》1999年第4辑。
[2] 陈垣《火祆教入中国考》。
[3] "祆"字读音，唐上元元年（674）以后孙强新增补顾野王《玉篇》中为"祆，阿怜切，胡神也"。北宋雍熙三年（986），徐铉《说文新附》："祆，胡神也，从示天声，火千切。"辽统和五年（987），希麟《续一切经音义》卷九云"祆，呼烟反，胡神官名。方言云，本胡地多事于天，谓天为祆，因以作字"。陈垣先生《火祆教入中国考》说："今粤中天字，亦有呼烟切，如吾乡新会及西江一带各县是也。"彭树智先生《唐代长安与祆教文化的交往》（《人文杂志》1999年第1期）认为："祆"是唐京城长安的方言发音，因为《集韵·先韵》和《六书统》中都云"关中谓天为祆"，即用关中方言造出发音为xiān的"祆"字。

(621),置祆祠及官,常有群胡奉事,取火咒诅。"这座祠建于布政坊西南隅[1],并在此祆祠设有萨宝府。另外,还有醴泉坊西北隅祆祠[2]、普宁坊西北隅祆祠[3]、靖恭坊街南之西祆祠[4]。

除这四所祆祠外,崇化坊还设立有祆寺,宋姚宽《西溪丛语》卷上记载:"贞观五年(631),有传法穆护何禄将祆教诣阙闻奏。敕令长安崇化坊立祆寺,号大秦寺,又名波斯寺。"此外,醴泉坊十字街南之东有另一波斯胡寺,是仪凤二年(677)由波斯王子卑路斯奏请后建立的,景龙中(708)中书令宗楚客在此建筑住宅,将这座祆祠搬迁到布政坊之西南祆祠的西边,即醴泉坊的两座祆祠变成了布政坊的两座祆祠。"一坊两祆祠"的相邻格局,不仅证明波斯人和西域移民崇拜火祆者很多,而且也说明波斯琐罗亚斯德教和中亚化的琐罗亚斯德教可能不相同,分别祭祀自己的圣火。也有可能分为卑路斯等王族成员的火祠与一般移民社区的火祠。

从长安六座祆祠的分布[5],可以看出多集中在西市这个国际贸易区周围,如布政坊、醴泉坊、崇化坊等以及丝绸之路起点开远门附近的普宁坊,而位于东市靖恭坊的祆祠旁,居住着波斯人李益初、李志皇、李素一家三代人[6],他们虽然不一定信奉祆教[7],但可看出波斯移民在长安活动的踪迹。长安建立的火祆寺祠,不会是在同一个时期骤立起来的,必定是有先有后,而且规模大小不一,其祆祠的增多反映着进入长安的火祆教僧侣也相应增加,火祆教的信徒也增多,祆教是他们凝聚力量的一个重要纽带,他们需要供奉圣火的宗教活动场所来尊崇和表现自己的信仰。

长安是目前所知唐代祆祠和祆教信徒最多的城市,唐朝官方对火祆教传播的宽容不仅是因为长安"胡人"众多,而且是为了"招徕西域"实施"以夷制夷"的羁縻策略,所以唐政府沿袭北朝制度设有专门管理祆教徒各类事务的"萨宝"官

---

[1] 韦述《两京新记》卷三:"(布政坊)西南隅,胡祆祠。"注文称"武德四年所立",三秦出版社,2006年,第34页。
[2] 宋敏求《长安志》卷一〇作"(醴泉坊)西门之南,祆祠",三秦出版社,2013年,第337页。
[3] 韦述《两京新记》卷三,第56页。
[4] 宋敏求《长安志》卷九,第309页。
[5] 林悟殊《唐代长安火祆大秦寺考辨》,《西北史地》1987年第1期,后收入《波斯拜火教与古代中国》,第139—150页。
[6] 陈国英《西安东郊三座唐墓清理记》,《考古与文物》1980年第2期。
[7] 荣新江《一个入仕唐朝的波斯景教家族》,《伊朗学在中国论文集》,北京大学出版社,1998年,第82—89页。

 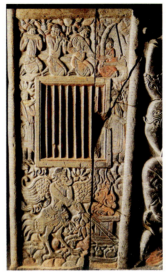

◀ 图15 汉文和中古波斯婆罗钵文双语苏谅妻马氏墓志，1955年西安出土

▶ 图16 北周史君墓石椁祆教祭司图，2003年西安北郊出土

职。《通典》卷四〇《职官典》萨宝条记载武德四年在长安布政坊设萨宝府管理："视流内，视正五品，萨宝；视从七品，萨宝府祆正……视流外，勋品，萨宝府祓祝；四品，萨宝府率；五品，萨宝府史。"这种职官编制包括了萨宝、祆正（大祭司）、祓祝（各祆祠祠主）、府率（武官）、府史（书记官）等五个官阶，是一个源于中亚粟特人职官和中原开府建署制度结合的管理机构。[1]关于"萨宝"语源和职能问题，近年来国内外学者的讨论大大深化[2]，也使我们知道萨宝不仅负责祆教等宗教事务，还兼管理西域胡人和民事司法，具有政教双重职能。《旧唐书·职官志》解释萨宝府时说，"流内九品三十阶之内，又有视流内起居，五品至从九品"。开元初"精简机构"时，仅保留了萨宝、祓祝、府史等数职，取消了视流内外九品之官，这说明当时确有大量西域移民的事务继续需要萨宝府去处理，同时也是唐王朝怀柔政策的一部分。由于萨宝是政教兼理的身份，实际上是留居长安粟特人或波斯人的"大首领"，所以在胡人中有很高的威望，属于外来侨民的上层人物。

---

[1] 姜伯勤《萨宝府制度源流论略》，载《华学》第3辑，紫禁城出版社，1998年，第290—380页。

[2] 姜伯勤《萨宝府制度源流论略》，又见 Antonino Forte, "The Sabao Question"（《萨宝问题》），*The Silk Roads—Nara International Symposium '97*, Nara, Japan, 1997。荒川正晴《北朝隋唐萨宝的性格》，《东洋史苑》第50—51合并号，1998年2月。Albert E. Dien, "The Sa-Pao Problem Re-Examined"（《萨宝问题再考》），*Journal of the American Oriental Society*, Volume 82, 1962。罗丰《萨宝：一个唐朝唯一外来官职的再考察》，载《唐研究》第4卷，北京大学出版社，1998年，第215—249页。

在长安居留生活的外来火祆教徒，有商人、僧侣、使团成员、避难者、军人等，由于入华的背景不同，其身份必然差别很大，但信仰火祆教的传统往往传承几代人，西安相继出土的胡人墓志铭充分说明了这一特点。

永徽五年（654）《唐骑都尉安万通墓砖志》云："君姓安名□，字万通，雍州长安人也。其祖本生西域安息国。（略）大魏初王，君高祖但奉使入朝，帝恭其□□□□□□家三品，位至摩诃萨宝，子孙频让冠带……""大唐初建，君授□先□蒙受五品……"[1] 安万通于永徽五年六十九岁时死于长安，距安但于北魏太祖时入华已历经五世，作为大萨宝的后代任官职达一百多年。

天宝三载（745）《唐故米国大首领米公墓志铭并序》云："公讳萨宝，米国人也。生于西垂，心怀故土……""□□天宝元年二月十一日□长安县崇化里，春秋六十有五，终于私第……"[2] 这方墓志没有追述其祖先，也无本人事迹，但"萨宝"应是官职而非人名，为一种尊称；按火祆教世袭萨宝职位传统，他的亲属亦应接替下去，萨宝的后裔们绝不会轻易放弃祖先的传统信仰。

咸通十五年（874）《唐苏谅妻马氏墓志》汉文云："左神策军散兵马使苏谅妻马氏，己巳生，年廿六，于咸通十五年，甲午岁，二月辛卯建廿八日丁巳申时身亡故记。"婆罗钵文汉译为："此乃已故王族，出身苏谅［家族］之左神策骑兵之长的女儿马昔师（Māsīš），于已故伊嗣俟（Yazdkart）二四〇年……死去。［愿］其［住］地与阿胡拉·马兹达及天使们同在极美好的天堂里。祝福。"[3] 这方汉文和中古波斯婆罗钵文合璧的双语墓志，不仅说明入华波斯祆教徒于贞元三年（787）后曾隶属于长安左右神策军，还说明波斯王族后人一直信仰祆教大神阿胡拉·马兹达。苏谅妻马氏死时距萨珊波斯亡国已240年，距唐会昌五年（845）毁灭祆祠也近30年，但仍坚持使用波斯文字和祆历，可见在长安的祆教信徒坚持其信仰矢志不改。这方墓志的婆罗钵文是走行体（Cursive），颇难镌刻，说明长安必有熟悉这

---

[1] 贺梓城《唐王朝与边疆民族和邻国的友好关系》，《文博》1984年创刊号。武伯纶《读唐墓志随笔》，载《古城集》，三秦出版社，1987年，第260页。这两篇文章引述了安万通墓志，字句稍有不同。此墓志1956年于西安西郊枣园村出土。

[2] 向达《唐代长安与西域文明》，生活·读书·新知三联书店，1957年，第92页。

[3] 关于马氏墓志的翻译与讨论，见夏鼐《唐苏谅妻马氏墓志跋》，《考古》1964年第9期；伊藤义教《西安出土汉婆合璧婆文语言学的试释》，《考古学报》1964年第2期。刘迎胜《唐苏谅妻马氏汉、巴列维文墓志再研究》，《考古学报》1990年第3期。林梅村《唐长安城所出汉文—婆罗钵文双语墓志跋》，载《西域文明》，东方出版社，1995年，第252—259页。

类宗教套语的胡人与这类文字的能工巧匠。

长期以居留形式住在长安的西域胡人，以火祆教信仰维系着自己家族、民族的命运纽带，确实是一种宗教文化奇迹。尽管现存碑文史料不足以做出西域火祆教徒数量的分析，但唐代移居长安的祆教徒肯定要大大超过历代王朝的人数。域外来华定居的祆教徒除波斯人和粟特人外，可能还有突厥人等，由于火祆教有不传教、不译经的特点，所以许多论者认为汉人不信奉火祆教。林悟殊教授力排众议，认为笔译祆教经典并非传教的唯一方式，从官方记载和敦煌发现的汉文祆咒文来看，汉人中曾有过祆教传播，《新唐书》卷四六《百官志·祠部》云："两京及碛西诸州火祆，岁再祀，而禁民祈祭"。如果长安、洛阳祆教僧侣不向汉人传教，不让唐人参加他们的宗教活动，政府亦就不必"禁民祈祭"了。[1]这也反证了当时唐人确有崇奉祆神者。

在唐代的"三夷教"中，祆教传入中国的时间最早，与景教、摩尼教相比，只有祆教僧侣被列入政府职官编制，但这并非表明朝廷对其青睐，而是由于西域移民中火祆教徒数量要比其他二教多。祆教因其自身传统制约，没有汉译经典，又不奉承统治者。当唐朝对三夷教宽容甚至利用其为控制西域胡人服务时，祆教僧侣还能建寺发展，成为联络团结移民的中心，但安史之乱后官方对外来民族的恐惧、仇视，终于使其在劫难逃。会昌五年唐武宗大举灭佛，包括祆教僧侣在内的外来宗教人士亦遭遇厄运："勒大秦穆护、祆三千余人还俗，不杂中华之风。"[2]在唐朝流行了二百多年的火祆教，在官方严厉取缔下，走向衰亡。

三 祆教在陕西的遗痕

源自波斯琐罗亚斯德教的火祆教，经过唐后期宗教迫害后，再难恢复其鼎盛时期的状况，长安的祆祠不仅荡然无存，连祆教僧侣"穆护"也被驱逐出京城，再不见官方史书记载。

但唐代入华的西域移民及其后裔"土生胡"中，仍有可能信仰、崇拜西

---

[1] 林悟殊《唐人奉火祆教考辨》，见《波斯拜火教与古代中国》，新文丰出版公司，1995年，第151—162页。
[2] 《唐会要》卷四七"毁佛寺制"，上海古籍出版社，1991年，第985页。

图 17 敦煌 10 世纪粟特神祇白画，法国国家图书馆藏

域传来的祆神，虽然这些人不再保持火祆教教义、戒律、祠庙组织等完整的宗教体系，可是他们完全有可能在民间用崇拜祆神、天神、火神的外表形态来表达自己的祈求。也就是说，唐朝官方虽然可以拆毁火祆祠寺，却未必能毁灭民众心理的信仰。如前面所举的咸通十五年苏谅妻马氏汉文、婆罗钵文双语墓志，就是会昌五年迫害祆教之后近三十年祆教信仰继续在长安存在的证据。其实，"勒大秦穆护、祆三千余人还俗"是指祆教的僧侣还俗，一般祆教信徒并不存在还俗问题，《旧唐书》卷一八《武宗本纪》载中书门下奏文："其大秦穆护等祠，释教既已厘革，邪法不可独存。其人并勒还俗，递归本贯充税户。如外国人，送还本处收管。"都是说祆祠里的祠主、祆正、祆祝等被驱逐，不包括教徒。教徒的宗教信仰不是一道禁令所能彻底消灭的。

唐宣宗大中元年（847），朝廷下敕弛禁，恢复佛教寺院活动，但外来的"三夷教"在长安却再没有复兴，此后祆教转移到长安以外的各地流行，宋人张邦基《墨庄漫录》卷四记载：

> 东京城北有祆庙。祆神本出西域，盖胡神也，与大秦穆护同入中国，俗以火神祠之。京师人畏其威灵，甚重之。其庙祝姓史，名世爽，自云家世为祝累代矣。藏先世补受之牒，凡三：有曰怀恩者，其牒唐咸通三年宣武节度使令狐绹给，令狐者，丞相绹也。有曰温者，周显德三年端明殿学士权知开封府王所给，王乃朴也。有曰贵者，其牒亦周显德五年枢密使权知开封府王所给，亦朴也。自唐以来，祆神已祀于汴矣，而其祝乃能世继其职，逾二百年，斯亦异矣。

从这段史料记载来看，开封城北祆庙祆祝（即祠主）史世爽，作为神职人员已由地方节度使任命"补受之牒"，而且宣武节度使令狐绹给牒时间为咸通三年（862），距开禁的大中元年仅十五年，说明祆祠在"会昌之难"后恢复了职能。后周显德三年（956）、五年（958）史温、史贵又分别被"给牒"任命为祆祝，证明祆教在开封仍很有影响。陈垣先生考证史世爽之先，当为胡人，[1]即中亚昭武九姓中的史国人。

宋代仍是祆神崇拜颇为流行的时代，东京汴梁、镇江以及一些州县都有祆庙，不仅民间著作有记载，官方文献《宋史》《宋会要辑稿》中也有确凿证据。但绝对不能简单地把宋代祆祠、祆庙的存在视为唐代火祆教的残存，更不能笼统地把宋代祆神崇拜比附为琐罗亚斯德教，正如林悟殊教授指出的："宋代的祆庙、祆祠已与中国的泰山、城隍等传统祠庙，一起被纳入官方轨道，按官方规定的标准享受祭祀，这说明祆神已进入了中国的万神殿，且位居上座。"[2]因为宋代无论是皇家举行祭礼还是求神祈雨，都要祭祆拜天，其活动与祭祀其他民间诸神无异。这是一个不可忽视的重大历史变迁，从波斯琐罗亚斯德教的圣火崇拜到中亚拜火教的改良，从高昌"俗事天神"到长安的祆神崇拜，再到宋代作为民间祭祀的风俗，这是一个完整的外国宗教体系进入中国转变为民间风俗信仰的过程，可说是数典忘祖、大失本意了。

外国祆神崇拜变成中国民间信仰，其转化过程实际上从唐代就已经开始了，唐代史料有关西域胡人祆神崇拜仪式活动的记录甚详，说明唐人对其十分熟悉，也

---

[1] 陈垣《火祆教入中国考》，见《陈垣学术论文集》第1集，中华书局，1980年。
[2] 林悟殊《波斯琐罗亚斯德教与中国古代的祆神崇拜》，载《欧亚学刊》第1辑，中华书局，1999年，第202—222页。

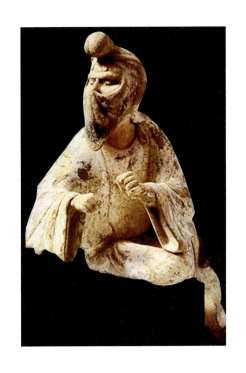

图18 意大利都灵东方艺术博物馆藏唐俑,推测是戴口罩的祆教穆护,正坐在骆驼上去做拜火仪式

说明当时已渗透进民间社会。常被学者们所引证的如《朝野佥载》卷三:

> 河南府立德坊及南市西坊皆有胡祆神庙。每岁商胡祈福,烹猪羊,琵琶鼓笛,酣歌醉舞。酹神之后,募一胡为祆主,看者施钱并与之。其祆主取一横刀,利同霜雪,吹毛不过,以刀刺腹,刃出于背,仍乱搅肠肚流血。食顷,喷水咒之,平复如故。此盖西域之幻法也。
>
> 凉州祆神祠,至祈祷日祆主以铁钉从额上钉之,直洞腋下,即出门,身轻若飞,须臾数百里。至西祆神前舞一曲即却,至旧祆所乃拔钉,无所损。卧十余日,平复如故。莫知其所以然也。

写于光启元年(885)的敦煌文书《沙、伊等州地志》(S.367),述及敦煌北面伊州伊吾县祆庙的宗教仪式活动,可与《朝野佥载》相印证:

> 火祆庙中有素书,形象无数。有祆主翟盘陀者,高昌未破之前,盘陀因入朝至京,即下祆神。因以利刀刺腹,左右通过,出腹外截弃其余,以发系其本,手执刀两头,高下绞转,说国家所举百事皆顺天心,神灵助无不征验。神没之后,僵仆而倒,气息奄。七日即平复如旧。有司奏闻,制授游击将军。

从上引的史料看,火祆教徒们经常举行祈祭祆神的仪式,往往伴随祈福、酒宴、歌舞、幻术等庙会式的狂欢活动,其宗教意义已远远小于流行的民俗意义,这样才能引起唐人的注目,尤其是西域胡人祭祆时神秘莫测的幻术(魔术),令汉人异常感兴趣,从而在史书上记录下来。在唐代胡俗流传、胡风盛行的潮流下,西域

图19 甘肃天水出土彩绘石屏床

胡人崇拜祆神时表演的绝技，使教外的汉人看来仿佛是祆神赐予灵验的神力，顿生敬畏之心，在不知不觉的耳濡目染中受到影响。实际上，火祆教徒在融入中国社会的"华化"中，他们的一些信仰习俗与娱乐活动也渐渐为汉人所认同，例如敦煌文书所记录的赛祆民俗，就是由当地胡人与汉人共同参与[1]；长安著名的书法家颜真卿之子颜硕，竟以祆教僧侣"穆护"的称呼作为自己的小名[2]；唐崔令钦《教坊记》记载开元时长安教坊以祆教赛神曲穆护歌作为曲名[3]；祆教驱魔法术的术语"儿郎伟"（nirang），献给祆神的舞曲"末奚波地"（Mhystk）等都深入中国民间社会[4]。诸如此类的例证，随着出土文物增多和史料的深入发掘，必将会越来越多，火祆教的一些传统风俗也会逐渐被找到遗痕。

唐宋以后西域的祆神崇拜，已汇入中国民间诸神的行列，与泰山崇拜、城隍崇拜等并无本质上的差别，已失去了原来的宗教意义而成为一种纯属民俗范畴的信仰，不可能再与琐罗亚斯德教等量齐观。从这一基本认识出发，我们认为陕西

---

[1] 谭蝉雪《敦煌祈赛风俗》，《敦煌研究》1993年第4期。
[2] 王谠撰，周勋初校证《唐语林校证》卷六《补遗》，中华书局，2008年，第524页。
[3] 饶宗颐《穆护歌考》，载《饶宗颐史学论著选》，上海古籍出版社，1993年。
[4] 龚方震、晏可佳《祆教史》，上海社会科学院出版社，1998年，第246、254页。

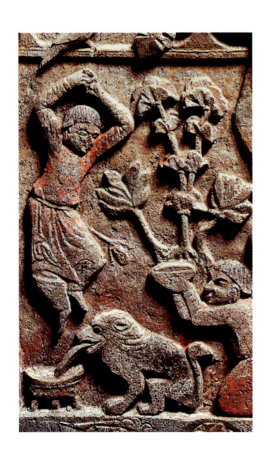

图20 法国吉美博物馆展出石床榻图像中的胡腾舞图

作为火祆教曾经传播最昌盛、最集中的地区,应该有一些祆神崇拜的外表形式遗传下来,起码在陕西一些地方风俗中有所遗留和表现。笔者亲历目睹的有以下几个方面:

其一,燎百病。每年正月里傍晚,家家都在门前或院中点燃柴火,村庄里到处火光冲天;在火焰最旺时,拿来床上被褥在火上虚燎,嘴里念念有词:"燎、燎、燎百病,百病消散身安宁。"年轻人还边念边从熊熊大火上跳过,认为可以避瘟去病。这种岁时风俗与祆教的家火崇拜"取火咒诅"非常相似。

其二,垒火塔。每年春节和元宵节前后三天,在村镇广场或十字街头用粗木或大块煤炭垒成宝塔状,高出房檐,层层点燃后,在火势最强时,人们围绕火塔敲锣击鼓,唱颂赞歌,祈求人畜兴旺,五谷丰收;彻夜不停,以为吉兆。有些地方还抬火炉或端盆取火回家,表示献火不熄,家里的荣华富贵不能中断。这种公众拜火习俗应与祆教圣火崇拜有一定的联系。

其三,傩咒文。陕西一些农村的村民,每遇夜间噩梦,即书写"夜梦不祥,写在纸上,贴上东墙,太阳一照,化为吉祥"。这种驱恶求吉的风俗,在敦煌文书 P.2569《傩安城火祆咒文》中载有:"駈傩圣法,自古有之。今夜扫除,荡尽不吉……"[1]

其四,火神庙。元代祆庙已不见记载,但元代俗文学作品中有不少提到祆祠

---

[1] 该件文书见黄征《敦煌愿文〈儿郎伟〉辑考》,《九州学刊》1993年第5卷第4期。

庙者，王实甫《西厢记》第二本中"不邓邓点着祆庙火"[1]。元曲中涉及祆庙的唱词都与火有关，林悟殊教授认为这是往昔祆神崇拜留下的烙印，作为典故在文学中的采用。[2]这也说明祆庙在明清时已转为火神庙，或是与中国古代相传的火神庙混淆融合了。火神庙很有可能是火祆庙的变种残迹，陕西各地有不少明清时期的火神庙，逢年过节燃烧"火判神"（用泥砖砌成的火神，全身冒火焰）。清西安府城内即有两所火神庙。

其五，白茬祆。陕北和关中许多地区流行穿一种白色羊皮袄，不加布里或外罩，此形象在西安出土的胡人唐俑中屡被发现。陕北还流行白羊肚头巾，可起帽子的作用。许多中青年男子很重视扎腰带，将其视为成年仪表的象征。而祆教徒们把戴白帽、穿白袍（或围白头巾、穿白袄）作为行善洁净的标志，特别是扎腰带被认为是祆教徒成年后的"圣带"。陕西这种传统服饰风俗，很有可能是唐宋以来祆教徒留下的遗痕。

此外，陕西关中有些地方方言至今仍把"天"读作"祆"，与火有关的方言也很多，如"怯火"（害怕）、"搅火"（打岔）、"恼火"（难受）、"热火"（亲切）、"社火"（民间娱乐表演）、"笼火"（生火）等。

当然，上述陕西传统风俗是否就是火祆教崇拜的残存遗痕，就现有资料看尚不明确，有待进一步的发掘考证。我们只是说，陕西是西域胡人和火祆教徒移民的聚集地，也是祆祠数量最多和拜火教传播比较集中的地区，不会不给后代留下深刻的印象与文化烙印。尽管史料漏载和佚失缺考者很多，但随着出土文物的不断增多，祆教在陕西的流传情况一定会更加清晰，也会使研究者站在新的学术高度上重新认识火祆教在中国历史上的地位及其对中国传统风俗的影响。

---

[1] 日本学者神田喜一郎《祆教杂考》中多有引证，收入《神田喜一郎全集》第1卷，京都，1986年，第72—87页。

[2] 林悟殊《波斯琐罗亚斯德教与中国古代的祆神崇拜》一文，对元代俗文学作品中祆神崇拜的烙印做了精辟的分析，给笔者很多启发。

祆教圣火艺术的新发现
——隋代安备墓文物初探

出自波斯的琐罗亚斯德教（Zoroastrianism）全盛时被萨珊王朝奉为国教，传入中亚后变异成为具有粟特特色的祆教，东渐传至中国，祆教则又俗称拜火教。其文物近年来不断在中国境内出现，令人感到北朝隋唐时期的祆教传播在中原大地上，绝非偶然。继太原虞弘墓，西安安伽墓、史君墓、康业墓等出土材料公布之后，履痕隐现，地灵出宝，最近又有新的披露，这就是隋代安备墓出土的祆教圣火艺术文物的现世。

安备墓文物据称2007年出土于河南，为私人修建楼房时挖地基发现，现被西安大唐西市博物馆征集购回。[1] 感谢胡戟教授、王彬研究员、韩生副研究员等提供墓志拓片和图片资料，使得我们得以再次与祆教艺术相遇。

一 对安备墓志的解读

墓志用字为楷书带有魏体笔意，由右至左竖写共18行，全篇319字，现用简体字转录，全文试加标点如下[2]：

> 故开府长兼行参军安君墓志铭 /
> 君名备，字五相，阳城县龙口乡曹刘里人。其先 /

---

[1] 由于私人收藏者试探询价和悬价奇高，故将墓葬出土文物分散展示。笔者据石榻榫卯孔眼观察，以及石刻棱上有"北面一"组装顺序文字，判断应该还有床榻围屏等其他配件。
[2] 安备墓志第5行和第6行最下面叠刻有"陵易"二字，但与志文前后不通，疑似修改补刻的。

图1 安备墓志

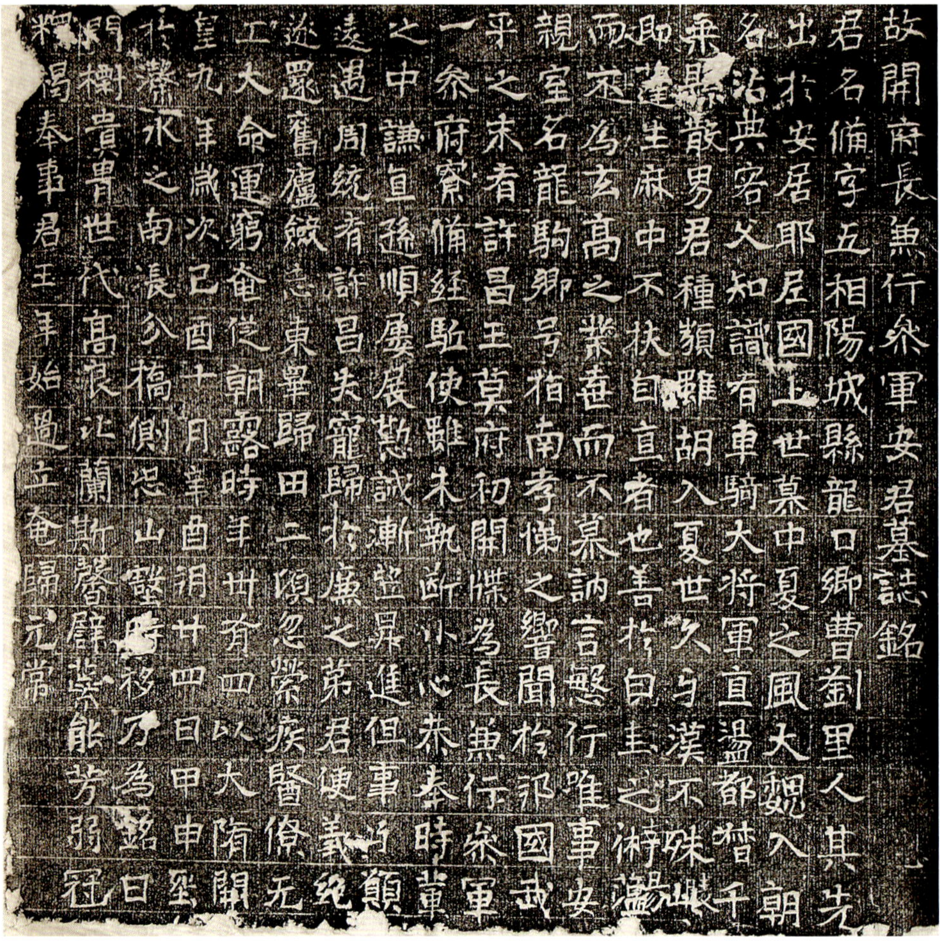

出于安居耶尼国，上世慕中夏之风，大魏入朝，/
名沾典客。父知识，齐车骑大将军、直荡都督、千/
乘县散男。君种类虽胡，入夏世久，与汉不殊，此/
即蓬生麻中，不扶自直者也。善于白圭之术，蕴/
而不为；玄高之业，弃而不慕；讷言敏行，唯事安/
亲；室名龙驹，乡号指南；孝悌之响，闻于邦国。武/
平之末，齐许昌王莫府初开，朕为长，兼行参军，/
一参府察，备经驱使，虽未执断，小心恭奉，时辈/
之中，谦直逊顺，屡展勤诚，渐望升进，但事与愿/
远，遇周统齐，许昌失宠，归于廉之第，君便义绝/

遂还旧庐，敛志东畤，归田二顷。忽萦疾，医疗无/
工，大命运穷，奄从朝露，时年卅有四。以大隋开/
皇九年岁次己酉十月辛酉朔廿四日甲申葬/
于瀍水之南，张分桥侧。恐山壑时移，乃为铭曰：/
门标贵胄，世代高良，比兰斯馨，譬蕊能芳，弱冠/
释褐，奉事君王，年始过立，奄归元常。/

从墓志记载可知，安备先人来自"安居耶尼国"，即我们常说的中亚"安国"（今乌兹别克斯坦布哈拉），北魏时期进入中国，以国为姓，他们家住阳城县（今河南省洛阳市登封东南告城镇）[1]，距洛阳东南大约83公里，应是北魏孝文帝迁都洛阳以后东来的移民。安备祖父辈"名沾典客"，典客即鸿胪寺典客署，负责接待来觐见的蕃客酋长，北齐京邑、诸州萨宝也隶属于鸿胪寺典客署，隋唐时期继续于鸿胪寺设置典客署，属吏有典客、宾仆各十余人，他们是统领西胡入华胡户的属官。安备父亲安知识，从"知识"汉名来看应有较高文化，安知识官至"车骑大将军、直荡都督"，据《隋书》卷二七《百官志》，北齐车骑大将军为从一品，"将军加大者，在开国郡公下"；"直荡都督"官品为从四品上阶，在当时地方军政合一的体制下，地位较高，权力不小，因而安备家庭有着从事外交事务、宿卫禁军的官宦背景，如果不直接统领州县也可能是个"奉事君王"的虚职，但已成为融入当时官场中的一个重要人物了。

安备生活在中土，汉化可能也较深，但是毕竟生长在胡人家庭，北魏、北齐时期一度胡化甚至超过了汉化，因为鲜卑治国者有意推行抬高胡人、贬抑汉人的统治政策。墓志撰写者吹捧安备出身官宦显贵家庭，是"蓬生麻中，不扶自直者也"，反映了当时流行的世袭门第观念。

墓志说安备善于"白圭之术"和"玄高之业"。白圭是战国时代洛阳人，《史记·货殖列传》记载白圭以善于掌握经商时机而有谋术，曾提出贸易经商致富理论，闻名天下。玄（弦）高是春秋时期郑国长途贩运的行商，曾以献牛犒军智退秦

---

[1] 施和金《北齐地理志》（下册）卷四《河南地区》（下）"洛州"，治洛阳，有阳城郡、阳城县，地在今河南登封东南，中华书局，2008年，第413页。《中国历史大辞典·历史地理》，上海辞书出版社，1996年，第374页。《辞海·地理分册（历史地理）》，上海辞书出版社，1982年，第111页。现代洛阳北部直通山西晋城市的路线上也有阳城县，但年代偏后。

军,为有名的爱国商人。墓志撰写者用这两个出身于洛阳地域的商人的历史典故来形容安备,无疑是赞颂他精通经商之道,关键时候善抓商机,赢得周围人的称誉,颇有名气,因而安备的住所"室名龙驹",又"乡号指南"。由此可见,安备本人是一个典型的胡商,和许多入华粟特人一样从事商业活动。特别是他"讷言敏行,唯事安亲",对胡人聚居地的亲属照顾很多,联络了一批胡人及其后裔,在外来移民中有着影响,具备担任萨宝的潜质,或许他长途贸易往来于中西古道,故"孝悌之响,闻于邦国"。

北齐后主武平(570—576)末年,许昌王幕府初开,安备被"牒为长",并"兼行参军",踏入王府大门,但我们查觅史书似乎没有"许昌王"的具体史实。北齐晚期封王既繁杂又混乱,藏污纳垢,弊端丛生,《北齐书》卷八《幼主纪》说当时"开府千余,仪同无数",开府即设府建署,仪同是文散官名。叠床架屋的封王开府记载很多,"西域丑胡,龟兹杂伎,封王者接武,开府者比肩"[1]。北齐邺城、晋阳等宫中被宠信的"胡儿""宠胡""商胡""破胡"遍布。周灭齐后,周武帝将北齐三十多个大小王押归长安,"皆有封爵,其后不从戮者,散配西土,皆死边"[2]。这30多个王中或许就有"许昌王",只不过史书没留下他们的踪迹。安备在许昌王幕府任职尽管"谦直逊顺,屡展勤诚",但随着北齐被北周灭亡,他脱离王府,又回到旧庐故居,可能继续经商。遗憾的是,安备在隋代没有被官府网罗,也没有改换门庭,再次被起用,仅仅活了三十四岁,遇病而亡。

令人纳闷的是,墓志没有透露安备的宗教信仰,或许汉人撰写者有意回避,只说他是"弱冠释褐,奉事君王",《礼记·曲礼》载"二十曰弱冠","释褐"则指做官,说明安备二十岁就已授官入许昌王府效力了。北周隋代祆教在汉地的传播得到了官方认可,《隋书》卷七《礼仪志》记载:"后周欲招来西域,又有拜胡天制,皇帝亲焉。其仪并从夷俗,淫僻不可纪也。"官府还设有萨宝职掌祆祠。由于官方允许祆教存在,估计生活在胡人聚落里的安备也信仰祆教,退居阳城后继续经商仍是在祆教信仰圈子里,很可能早就皈依祆教,只是他年轻还没有资历升至祆教"萨保"职衔,就已去世。但我们可以明晰地知道安备墓葬石榻有着祆教圣火的崇

---

[1]《北齐书》卷五〇《恩幸传》,第685页。
[2]《北史》卷五二《齐宗室诸王下》,中华书局,1974年,第1893页。

图2 安备石棺床未清理前拜火坛原貌

拜[1]，表明他是一个入华粟特人后裔的祆教徒。

二 对祆教图像艺术的分析

从安备墓出土文物图像来看，祆教火坛祭祀似乎应在石棺床前壁下栏之显要位置，与隋虞弘墓石椁椁座前壁相似[2]，虽然画面繁复，但它有以下几个特点：

1. 祆教拜火坛祭祀场面，图像中央为一个圆形直筒形圣火坛，火坛的火焰呈团状翻滚上卷，尖稍外化为祥云式云朵。火坛底座呈覆盆式，中心粗条旋转式浮雕与华盖式圣树树干相似，实际上表示的是隋代流行的交龙柱图案[3]，向上撑起火坛底部，勾画有曲卷蓝条线。火坛一圈装饰有连珠纹和圆形团花以及椭圆形环圈纹饰，正中有长方形花瓣图案，二层火坛下垂华盖穗帘，整个火坛显得雍容华贵，庞大庄严。

---

[1] 林悟殊先生提示笔者注意，北朝杨隋时期西域粟特胡人墓葬中使用石榻棺床可能成为一种惯例习俗，即使墓主不信仰祆教，也可能使用有拜火坛图案的石榻。
[2] 《太原隋虞弘墓》，文物出版社，2005年，第123页，图171，图版70。但需注意，虞弘椁座前壁用浮雕凿刻出壶门线图，而安备墓石棺床下壁则是凿空的壶门龛。
[3] 美国纽约怀古堂展出隋代交龙柱莲花烛台，高21.5厘米，见《亚洲艺术》(*Arts of Asia*) 1997年第9—10期。

图3 安备墓石棺床前石狮

图4 安备墓石棺床前石狮

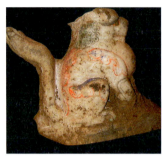

2. 火坛侧旁站立祭司两人，鹰钩鼻，圆深目，波浪形卷发蓬松，两腮留有浓须，无冠帽，脸戴防止污染的长形口罩，神情专注，直视火坛，两人分别手执长柄法杖伸向火坛覆莲形底座。两人均为人身鹰腿，脖子戴坠珠项圈，上半身似穿贴身紧衣素服，腰系羊毛宽飘带；下半身鹰身贴金，它不像安伽墓祆教祭司那样鹰身卷尾上翘，也不像虞弘墓祭司那样拖翅扬尾，而是很像是孔雀长尾垂地。鹰爪支撑有力，身后垂尾谐调。

3. 在两位祭司脚下分别置放一个波斯长颈金银执瓶，但带把壶的"胡瓶"没有插花。祆教徒在拜火神庙用这种瓶装牛奶或盛白豪麻汁（一种作为祭品供奉的神圣植物液汁以及石榴汁[1]。此种神饮可让一切神圣的复生者享用，可获永生。[2] 另外还各有一个笸箩状的金碗，也与胡瓶相配，但是不像安伽墓火坛两侧那样有供案可放生活用具或其他器物。

4. 火坛上方左右两边分别有一个女性飞天，容貌清秀，素面如玉，唇涂朱红，肌肤莹洁。她们发髻高耸，额头上扎长巾飘动飞扬，给人以飘带飞翔之感。左边飞天手托盛满山尖状花果盘子，右边飞天也曲臂拱手捧花果盘子。而衣裙飘飞的样态更使宗教意绪达到高潮，突出了"天衣飞扬，满壁风动"的主题效果，有些像迦陵鸟造型，大大增强了艺术感染力。

值得注意的是，这两个飞天身后皆有翅膀，与犍陀罗地区吸收希腊艺术中的小天使形象如出一辙，中亚哈达出土壁画中就有带翅小天人手托花环的图案[3]，显示祆教飞天艺术与古希腊雕刻的小天使艺术有着渊源关系。在虞弘墓、安伽墓中都可见伎乐飞天形象，但都没有长着翅膀的飞翼，而安备墓石刻上她们则是双翼高扬、随风振翅、飘然而至的形象。

---

[1] ［伊朗］贾利尔·杜斯特哈赫选编，元文琪译《阿维斯塔——琐罗亚斯德教圣书》，商务印书馆，2005年，第508页。

[2] 姜伯勤《中国祆教艺术史研究》，生活·读书·新知三联书店，2004年，第145页。

[3] 赵声良《飞天艺术：从印度到中国》，江苏美术出版社，2008年，第48页。

5. 石雕狮子像是棺床石榻下的六只腿，高20多厘米，由于它们不是石门外的门砧蹲狮，所以与安伽墓蹲狮石砧并不一样，与康业墓围屏石榻下狮子座支撑也不相同。汉白玉狮子的眼睛完全用贴金装饰，狮子身上的卷毛勾画红蓝两色纹线，尾巴卷曲上翘，顶住榻沿。每对狮子皆相向对望，造型栩栩如生，表明其等级不低，不是一般人

◀ 图5 伎乐形象

▼ 图6 手持三叉戟护卫形象

享用的坐床，与安国"王坐金驼座"、波斯王"着金花冠、坐金狮子座"[1]类似，这是中亚、西亚贵族普遍以床座显示身份的风俗习惯。

6. 石榻台座边棱装饰有贴金宝装覆莲纹，一系列连续排列的红色圆拱形壁龛，中间隔有莲花柱子，与虞弘墓石椁后壁壁龛绘图形式相似，壁龛上有分别弹拨琵琶、吹奏竖笛、手持觱篥、击拍腰鼓等盘腿交脚的四个伎乐人，他们坐在圆毯上，有的人物头戴金冠，有的人物脚穿长靴，但每个人身后皆披有飘带，应是一组乐舞演奏图。由于这组图像不是手抱乐器的象首、猪首等人物，所以不是八神王像，可能表现的是"赛祆"演奏活动的场景。

7. 在石榻右边最显著的是一个丰腴健美的舞蹈伎人，眉目清晰，头束高髻戴

---

〔1〕《隋书》卷八三《西域传》，中华书局，1973年，第1849、1856—1857页。

金冠，后有飘带，脖下为桃领开口服装，脖颈披挂宝珠璎珞覆盖前胸，上身蓝色飘带缠臂而下，右手持三叉戟杖直至上顶，左手戴有手镯反弓握拳，腰部系有打结下垂长带，下身穿红色裙帔帛裤，赤脚踩在双环形圆毯上。整个伎人体态飘逸自然，风采圆润，动感极强，造型婀娜。

这座石榻残存尺寸为长152.5厘米、高50.5厘米、厚13.5厘米，由此推测其全长应在3米左右，还应有8块浮雕石围屏装配于石榻之上。从目前所见文物来看，石榻边有嵌入石板内的铁环，估计原有帷帐杆等插套件连接，肯定还有其他反映外来民族活动浮雕场面的石构件可拼合。笔者从民企收藏的两幅石屏观察到，一幅应为《出行图》，另一幅为《行商图》，全是胡人活动场面。[1] 一般来说，汉白玉石料多出于河北曲阳等地，仅从现在展现的石刻图像，我们不难想象工匠采石的艰难和高超的浮雕技艺，他们在坚硬的石质材料上镌刻柔美的线条，以表现祆教祭祀的活动，目的就是让圣火永生不灭、映照墓室周边，让生命化作凝固的圣洁形式。

三　对祆教文化传入的认识

安备墓新出的文物再一次提示我们，昭武九姓胡人入华后并未轻易放弃自己原有的宗教信仰，尽管祆教汉译遗经文书在中土没有发现，但祆教艺术流传中原的遗存文物已是四处显现。我们见到的安阳石棺床双阙前侧祆教火坛与祭司浮雕[2]，山西太原隋代虞弘墓火坛石雕[3]，陕西西安北周安伽墓火坛与祭司石刻门楣[4]，西安北周史君墓石椁桥头火坛与祭司浮雕[5]，日本滋贺县美秀美术馆藏北朝

---

[1]《出行图》浮雕围屏，上有8个骑马胡人，中心有胡人手持华盖，华盖下骑马者为主角，眉目用黑线勾勒，胡人形象非常清楚。《商旅图》浮雕围屏则有7个胡人，最上方一个胡人牵驮物毛驴，另有两匹骆驼驮有圆形行囊、虎皮纹行囊、穹庐架子等物品，中心骑马着赤服胡人应为主角，马后站立胡人侍仆。这两幅围屏浮雕空余处全部贴有金箔，所以画面华丽金灿。
[2] 施安昌《安阳北齐粟特贵族墓石刻考》，《故宫博物院院刊》1999年第2期。
[3]《太原隋虞弘墓》第134—135页，图181、182。
[4]《西安北周安伽墓》，文物出版社，2003年，第16—17页，图版14、15。
[5]《从撒马尔干到长安——粟特人在中国的文化遗迹》，"石椁南侧祭司与火坛图"，北京图书馆出版社，2004年，第64—65页。

图7 北朝浮雕神兽纹石床，1995年香港佳士得拍卖图录

石棺床屏板火坛与祭司像[1]，等等，均证明祆教的流传远远超出我们以往的认识，粟特胡人一直扮演着将祆教传入中国的主流角色，迁徙到哪里就会把圣火转移到哪里。

《魏书》卷一三《皇后列传》记载灵太后"幸嵩高山，夫人、九嫔、公主以下从者数百人，升于顶中。废诸淫祀，而胡天神不在其列"。龚方震、晏可佳《祆教史》认为"此胡天神无疑是指祆神，这是公元519年之事"[2]。如果此观点无误，那么嵩山就在登封县境内，而安备为代表的粟特胡人生活在这个县内，其祆教信仰长久存在就不难理解了。

安备善于"白圭之术"和"玄高之业"，利用经商谋略和贩运致富，为安姓一族或其他粟特胡人移民服务，说明洛阳登封周围有胡人聚居地。安备又由商人政，跨进王府奉事于许昌王，《隋书》卷一四《音乐志》说北齐后主"唯赏胡戎乐……故曹妙达、安未弱、安马驹之徒，至有封王开府者"。《北齐书》卷五〇《恩倖传》云"胡小儿等，眼鼻深险，一无可用。非理爱好，排突朝贵，尤为人士之所疾恶"，"有何海及子洪珍皆为王，尤为亲要。洪珍侮弄权势，鬻狱卖官。又有史丑多之徒胡小儿等数十，咸能舞工歌，亦至仪同开府、封王"。北朝后期活跃在朝廷中的胡人有康虎儿、和士开（素和氏）、安土根、穆提婆、何猥萨等[3]，西域胡商后裔和士开"威权转盛"时"富商大贾朝夕填门"。北齐军队选拔精锐前队"又有西域胡，善射，弦无虚发，众军尤惮之"[4]。直到隋代，安遂迦、安伽陀等安氏人物继续活跃在社会活动中。这些安、曹、何、史、康、穆等姓氏的粟特胡人必然形成祆教信仰的圈子，因为他们在粟特本土就以信仰祆教为主，来华粟特人又有很大一部

---

[1]《南馆图录》，日本美秀美术馆编辑发行，1997年，第252页。
[2] 龚方震、晏可佳《祆教史》，上海社会科学院出版社，1998年，第228页。
[3] 姚薇元《北朝胡姓考》（修订本），中华书局，2007年，第412页。
[4]《资治通鉴》卷一七一，宣帝太建五年条，中华书局，1956年，第5319页。

图8 隋交龙柱莲花烛台，美国纽约怀古堂展出

分是祆教徒。

根据安备墓志，他生于北齐天保六年（555），几代居于中土，"君种类虽胡，入夏世久，与汉不殊"，至少与汉人很难分辨了，但他们的家庭仍然坚持着自己的祆教信仰，这和景教、摩尼教信仰者入华后一样，不面临重大选择或生存危机，不会随便改变信仰。当然，位于欧亚宗教文化交会地域的粟特胡人的信仰是多元化的，如安国信仰佛教、景教者也大有人在。通过考察，我们认为从北魏、北齐到隋这一历史时期，在入华的胡人居住圈子里，祆教传播还是很兴盛的。

安备死于隋开皇九年（589），其墓葬中的石榻无疑是一个有特权开府粟特贵族才能使用的等级。而石榻前壁下的拜火坛，表明至少是萨保身份方可使用的，可是安备墓志未载其担任过祆教萨保府的职务，也许他的父辈安知识或祖辈曾担任过萨保，也许他们仅仅只是按照胡人丧葬传统艺术使用了固定图案的石榻（传统图像粉本）。安备是否真的信仰祆教另当别论，只是他的墓葬石榻中有着圣火崇拜的浮雕，说明祆教在中土影响不小。按照林悟殊先生的研究，波斯祆教徒对圣火崇拜分为三类：家火崇拜、王火崇拜和火庙崇拜。安备墓火坛图像上有祭司祈祷管理，证明它是神殿供奉的圣火，具有极为崇高的地位。因此，"琐罗亚斯德教的传播史，就是圣火崇拜的扩张史"[1]。

应该注意的是，隋朝是祆教艺术的一个分界线，隋以前的祆教还保留着许多中亚多元文化的特征，隋以后则是逐步走向中国化，甚至"中国版"空前明朗化的时代。所以安备墓圣火图像表明，当时肯定有工匠熟悉并擅长祆教艺术的复制与雕刻，这类工匠大概也是西域粟特胡人，但他们将原有的祆教徒天葬形式改变为汉式陵墓中的石床葬，并在石刻中保留了"北齐样式"或"邺城模式"的祆教艺术创作。

---

[1] 林悟殊《波斯拜火教与古代中国》，新文丰出版公司，1995年，第55—58页。

图9 安备墓石棺床正面下部右段

不过，中亚粟特人的祆教与波斯琐罗亚斯德教已经相差很远，变异后的粟特祆教入华在中土流行值得重新研究[1]，特别是现在还无法确定祆教火坛艺术雕刻的粉本究竟来源于什么地方，波斯考古文物中并没有这些传入中国的祆教艺术底本，所以我们不一定非要从波斯古经文《阿维斯塔》中去找寻，而忽视中间的传播环节，忽视阿姆河内外文化遗迹的不同，否则反而会遮蔽祆教东传历史的真相。

祆教艺术的入华，不仅可以看到波斯的影响，还可以观察到其中折射的希腊-中亚的风格。仅就祆教祭祀的主题——火坛来看，就有不同种类，例如石刻三檐火坛、四棱柱正方形火坛、圆柱形挂耳环火坛、圆盆形火坛、木桶式直立火坛等[2]。从中亚到中土的火坛图像比比皆是，不胜枚举，但安备墓的火坛仍十分罕见，极为珍贵，不像中亚一些壁画中对火坛寥寥数笔的勾画，也不像一些粗砺石刻的简单雕划，而是构图繁复细腻，雕刻丰富精彩，交龙柱上精美的火坛，圣火熊熊，火焰冲上，是可与北周安伽墓覆莲三驼座圆盘造型火坛相媲美的作品。尤其是每幅画面多处贴有金箔，令人感到华贵艳丽，金采耀目，不愧是圣火艺术的新高峰。

---

[1] 林悟殊先生关于萨珊版、粟特版、中国版的祆教传播流行观点，见〔英〕玛丽·博伊斯著，张小贵、殷小平译《伊朗琐罗亚斯德教村落》序言，中华书局，2005年。

[2] 2008年第6期《文物》发表的《西安北周康业墓发掘简报》中，围屏线刻正面第5幅摹本有覆莲底座束腰形承撑侈口盆火坛造型，但无火焰，更像是香炉，还需进一步考证。

SOGDIAN ART IN THE STONE CARVING IMAGES RECENTLY EXCAVATED FROM THE TOMB OF ANBEI OF SUI DYNASTY

14

隋安备墓新出石刻图像的粟特艺术

隋安备墓新出石刻图像的粟特艺术

河南登封安备墓是北齐至隋时期粟特胡人入华后裔最重要的墓葬之一，安备墓志和部分石床榻残件被西安大唐西市博物馆收藏展出后，对安备的生平记载及其墓葬艺术图像有所揭示。特别是其石床榻上雕刻的交龙柱拜火坛图案突出表现了祆教圣火艺术，笔者曾撰文有过专门论述。[1]但只是初步研究了一个侧面，安备墓所表现的粟特聚落历史细节还有待更为深入的追索。本文拟从其新出的四幅石雕彩绘屏风画对其粟特艺术再作探讨。

一

北齐后期武平年间滥设王府，胡人开府封王者众多，大量的粟特胡商后裔借机纷纷踏上仕途官宦之路，安备本人事迹提供了粟特胡商进入许昌王幕府以及跻身政权上层的一条线索。北齐从宫廷皇室到地方王府都倚重胡商，《北史·恩幸传》载："武平时有胡小儿，俱是康阿驮、穆叔儿等富家子弟"。《北齐书·杨愔传》亦说"太保、平原王隆之与愔邻宅，愔尝见其门外有富胡数人，谓左右曰：我门前幸无此物"。安备墓志[2]，与传世文献的记载可相互印证，因此具有一定的可靠性。

安备父亲安知识，从"知识"的汉名来看，汉化已入门槛，安知识官至"车骑大将军、直荡都督"，车骑大将军在当时属于职位很高的二品官，直荡都督则是禁卫军中步马游荡队的将领，很可能是有武艺的胡人。北齐军队中西域胡精于弓箭

---

[1] 笔者在中央美术学院举办的"2009年中国古代墓葬美术国际研讨会"上曾宣读过《祆教圣火艺术的新发现——隋代安备墓文物初探》，发表于《美术研究》2009年第3期。
[2] 安备墓志现藏于西安大唐西市博物馆，2010年公开展出。其拓片收录于王绣主编《洛阳民间收藏精品集》，解放军外语音像出版社，2009年，第126页。

图1 安备墓石棺床榻座残件交龙柱祆教拜火坛（清洗后）

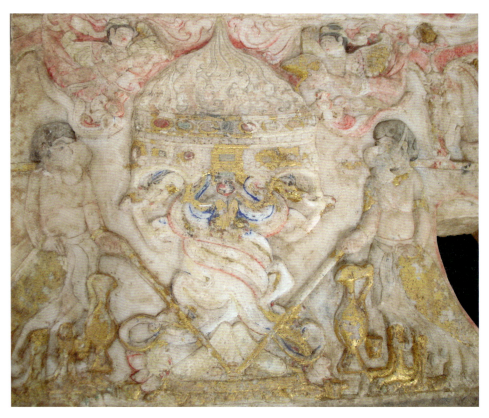

图2 安备墓出土石床正面浮雕祆教伎乐贴金纹饰

非常有名，显然与那些依靠乐舞、星占、方药而赢得统治者青睐的胡小儿伎艺者不一样。所以安备墓志中借用《荀子·劝学》"蓬生麻中，不扶自直"之句，说明他的高贵出身和炫耀心态[1]。

图3 安备墓出土石床正面浮雕祆教持三叉戟神祇

粟特胡人作为一个活跃在东西方交流之路上的流动群体，他们背井离乡移民中原，来回奔波异常辛苦，若遇到天灾人祸更是雪上加霜，但是胡商们却不畏艰险，魏晋以后他们徙居中原的中心地区，围绕都邑"市"形成聚落。由于地理空间和社会结构日益与中亚本土故乡相去甚远，其迁转流动性也大大降低，分布各地的粟特胡商长期形成聚落后，与当地联姻使他们体现出一些文化转变，逐渐混合于中原政治和文化之中。但粟特胡人后裔仍传承着东西贩运的特点，故他们成为北齐极力争取的社会资源，甚至成为政府寻觅奇珠异宝活动的代表。

根据安备墓志记载，其祖父辈"名沾典客"，典客即鸿胪寺典客署，负责接待来觐见的蕃客酋长，掌管京城及各地侨居外国人，北齐京邑、诸州萨宝也隶属于鸿胪寺典客署，《隋书·百官志》叙述北齐官制中典客署置"京邑萨甫二人，诸州萨甫一人"，北朝"萨甫"就是隋之萨保、唐之萨宝[2]，萨甫作为政教合一的粟特聚落首领，负责经商、军事以及祆教等事宜，虽然墓志没有说安备祖父辈是否担任萨甫，但从其典客署官员身份来看，很有可能就是萨甫。

所以，安备很有可能就是一个世袭的"萨甫"。因为只有以萨甫的身份才有资格享用石棺床雕绘贴金这样的高等级葬具，墓志虽然没有讲述他生前担任祆教职务，但他显然一直是登封本地的粟特聚落首领，只不过北齐灭亡后他作为废王旧属，未续官历，局促一方，沉沦乡间，不敢再张扬他的祆教首领身份，墓志撰写者有意避讳其萨甫身份。不过，他仍可贩卖西域商货，在胡汉聚居重镇经营家业、享受威福，也不用在官衙王府仰人鼻息，所以继续保持胡商首领的身份，继承先前的

---

[1] 安备墓志引用荀子之句，表明墓志撰写者是一个非常熟悉汉族传统经典的文士。湖南长沙窑出土中唐以后瓷罐上也写有此类句子，体现了隋唐社会的风尚。
[2] 向达《唐代长安与西域文明》，生活·读书·新知三联书店，1957年，第90页。

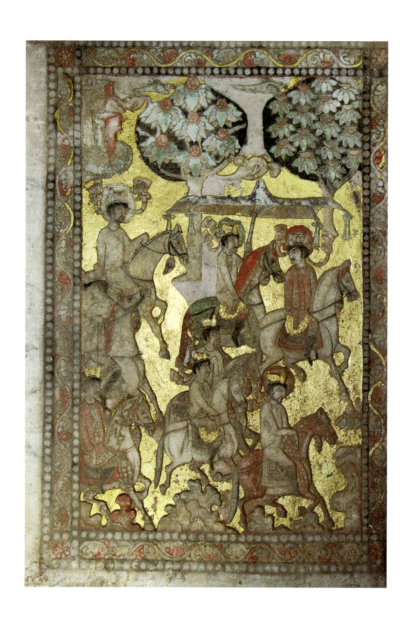

图 4　安备墓石屏出行图

家族世职,这也是石床榻雕绘画清楚地显示了粟特聚落首领出使、经商、宴舞等图像的原因。

退一步说,即使安备不是萨甫,他也使用了与虞弘墓、安伽墓、史君墓、康业墓等相同的石棺床祆教信仰和粟特艺术,恐怕难脱胡商和萨甫双重身份的嫌疑,至少他具有一定的社会地位,不仅墓志有意突出其祖先来自"安居耶尼国","门标贵胄,世代高良",而且石床榻正中央的祆教拜火坛直入眼帘,应该是一个安备声名显赫的图文并茂的注脚。

笔者曾指出安备可能是一个著名胡商,因为墓志连用战国时期白圭、春秋时期玄(弦)高两个著名商人典故来暗喻他的身份。尽管安备墓志说他不羡慕商贸逐利,似乎追求儒家之风,"孝悌之响,闻于邦国",但显然这是墓志撰写者为他掩盖身份。因为北齐时期宫廷内胡人奢靡豪华的生活风尚,以及胡商疯狂追求经济利益回报的行为,引起朝野人士的厌恶鄙视,进入隋代以后更激起中原人士的抨击,纷纷强烈谴责"胡儿阉官之辈",《北史·恩幸传》严厉斥责说"胡小儿等,眼鼻深险,一无可用",胡人形象一度跌入谷底。墓志撰写者不敢再夸奖胡商作为,为了替安备开脱,有意表彰他虽曾跻身开府做许昌王的僚属,可是"时辈之中,谦直逊顺,屡展勤诚,渐望升进",进而赞许他能敛志归田。

《旧唐书·西戎传》记载西域粟特胡人"善商贾,争分铢之利,男子年二十,即远之旁国,来适中夏,利之所在,无所不到"。北魏以来的洛阳城无疑是胡人前来中原的重要落脚点与居留地，随着胡人聚落的增多，胡人们渐渐向周边扩散，从而形成相对集中的胡人活动区域，从安备墓志记载来看，胡人之间有着频繁的联系，安备本身有过仕宦经历，他立足登封，四处联络、培植势力，或许就是依恃萨甫身份奔赴各地联络聚落中的胡人。

二

2006 年安备墓偶然发现后被当地住户私下哄抢分割，墓中石棺床精美石刻等流失各地，据笔者观察现有四块石刻图像已浮出水面，原准备等待全部石刻展示，荣新江先生提示笔者先行公布，

图 5　安备墓石屏商旅图

以供学界深入研究[1]。据对石榻装饰浮雕板测量，每块高约 77.5 厘米，宽 56 厘米，厚 11 厘米。若是八块，即正面四块，侧面每边两块，组合后恰好是长 2.24 米，宽 1.12 米，与我们在西安大唐西市博物馆测量的石榻长度、宽度均接近。

第一，出行图。

因为安备在北齐武平末年担任过许昌王幕府的幕僚参军，所以对官员出行应该非常熟悉。这幅图案画面上共有八个骑马胡人，为首的领头人浓眉深眼，骑在

---

[1]　三块石刻分别保存在两位私人收藏者手中，笔者均在收藏库房现场做了仔细观察。

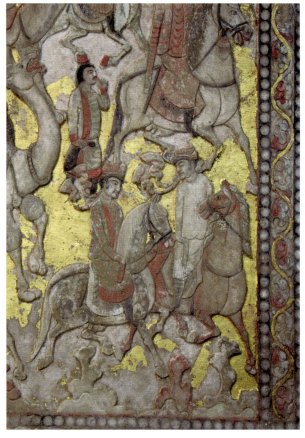

◀ 图 6 商旅图
（修复前局部）

▶ 图 7 商旅图
（修复后局部）

白色骏马上正在回头张望，他头戴裘毛红色冠帽，两边长飘带上翘，既与太原隋虞弘墓石椁上胡人萨宝帽饰几乎一致[1]，又与伊朗出土的 4 世纪波斯银盘上皇室冠冕非常相似[2]，而且萨保身着绛红色侧襟的长窄袖短袍，袍底镶有金边，显得非常华丽奢靡，显示出他的特殊身份。这种窄膀吊肩长袖下垂服装，很可能是当时粟特民族萨保的统一着装。因此，按情理这应该是一幅萨保出行图。

当然这幅图表现的也有可能是使者出行图，或是参加丧礼的吊使图，仔细观察，彩色图案上都是高鼻深目的骑马胡人，没有步行随从，甚至没有牵马人，这表明他们不是一般的商胡。特别是有人给首领举着白蓝相间的大型绿穗流苏华盖，相

---

[1]《太原隋虞弘墓》图版 30—50，文物出版社，2005 年。与虞弘石椁浮雕画相比，安备墓人物没有圆形头光，则是双方艺术造型的差别。

[2] 大英博物馆藏伊朗出土 4 世纪君王狩猎奔鹿镀金银盘，美国瓦尔特美术馆藏伊朗 6—7 世纪波斯皇室结婚场景银盘，均见小学馆《世界美术大全集》东洋编 16《西アジア》，2000 年，第 312、326 页。

当考究，与太原虞弘墓椁壁第九幅雕绘画华丽华盖类似[1]。如果说颜色和装饰是显示等级的标志物，依照官职大小而有别，那这绝不是一般商胡形象，不是府衙官员就是"萨甫"之类的人物。虽然北齐时期粟特胡商往往由于语言交流的优势，担任"舌人"（向导）为公卿贵族服务，但是这幅图上的人物被刻画得个个气宇轩昂，不仅人人身穿官吏服装，而且有四人头戴金色折角巾官帽，即使穿着各色连珠纹镶边长袍，也统一穿有长筒黑靴，仪容严肃，尊严若神，具有官员的鲜明特点。

我们从八匹骏马颔下都有仪式性的辔銮璎珞，也可知道这是高等级坐骑的系驾法，骏马身上高桥马鞍均垂着障泥，这类马具绝非一般胡商所有。

这幅画面上方还雕刻有两种不同花色果实的七叶树，以及两只象征吉祥好运的长尾鸟，与虞弘墓椁

---

[1] 法国巴黎吉美博物馆2004年展出美国私人收藏的北齐石床榻屏风画，第一幅出行图即有胡人站立手举大型华盖形象。见 Lit de Pierre, *Sommeil Barbare*. Musee Guimet, 2004, p.16. 日本美秀美术馆展出四幅北朝隋初棺床屏风画则均有高举的华盖，见《南馆图录》，1997年，第250—255页。

◀ 图8 4世纪君王狩猎奔鹿镀金银盘，伊朗出土，大英博物馆藏

图9 6—7世纪波斯皇室结婚场景镀金银盘，美国瓦尔特美术博物馆藏

图10 4世纪帝王狩猎狮子镀金银盘，伊朗出土

▼ 图11 7—8世纪帝王谒见纹银盘，俄罗斯南部出土，圣彼得堡博物馆藏

壁浮雕画中每株果实簇叶树都极为相似，这是典型的粟特艺术表现形式。

第二，商旅图。

汉籍屡记西域胡人"好货利""善市贾"，"胡商珍宝，滥得富贵"。胡人不远万里进入中原地区从事商业活动，围绕不同的"邑市"形成滞留繁衍的聚落，洛阳自东汉魏晋开始一直是丝绸之路东段延伸的商业中心枢纽，北齐至隋时期更是招徕四夷，慕利纳贡，但是在中原士族观念中，胡商归属于"多殖财货"的"市井小人"、"奸猾贪利"的"西域丑胡"之类，所以史书描写西域胡商献媚统治者，受宠得恩幸，不仅沾染奢侈习俗，随心挥霍恣欲，而且大肆兴建宫市聚敛钱财，北齐商胡后裔和士开把持朝政，导致"富商大贾朝夕填门"的局面[1]，更给汉臣君子留下负面印象，所以史书对于胡商经商贩运往往缺少细节性的描述。安备墓石雕绘画展示了胡商贩运路程上的一幕。

在这幅石雕画画面上，共有胡商七人，右上方胡商首领满脸黑色胡须，正骑在高头大马身上昂首前行，他头戴明显的波斯王冠，冠后有长长的飘带翘起，上身穿红色水纹侧襟长袍，窄袖长筒状自然下垂，左手捧有叵罗水波纹大碗，似乎边走边饮。在他身后马下还有一个胡人随从侍候，手拿倒空的酒囊，正跟着主人前行。

而另外四个骑马胡人也都戴波斯王冠，令人感到奇特和疑惑。尤其是一个穿有三叶花图案的长袍，另一个穿有四叶团花的长袍，形象姿态毫不逊色于大首领。如果说波斯萨珊式王冠是他们的标志性特征，那么整个画面上五人均戴这种王冠，这绝不是非常罕见的巧合。在从事贸易活动时，西域胡商为了寻求更多的利益空间，往往是结伙成群。敦煌悬泉汉简揭示早在西汉后期，西域各国贵人和商人组成的使团进入中原时，少的有几十人至几百人，多的竟达千人以上，成群结队，蔚为大观。[2]《周书》卷五〇《吐谷浑传》记载西魏废帝二年（553）西魏军队曾袭击自北齐返回吐谷浑的粟特商队，"获其仆射乞伏触扳、将军翟潘密、商胡二百四十人，驼骡六百头，杂彩丝绢以万计"。再联系到这幅图画中有这么多的首领式人物，估计这是一个由数位首领共同带领的庞大商队会合场面，从画面上右下方也可看

---

[1]《北齐书》卷五〇《和士开传》，中华书局，1972年，第689页。

[2] 拙作《汉帝国宏观历史下"胡风渐入"的微观变化》，载《汉帝国的制度与社会秩序国际学术会议论文集》，香港中文大学出版社，2010年。

出，两个穿白衣和穿花衣的首领还在骑马交谈，可能是商队间的见面议事。

为了表现商队的会合，分别有两只不同造型的携物骆驼，虽然都是张嘴嘶鸣前行，但一只身上驮有虎皮纹物品袋，并携带有毡帐支架；另一只则驮有圆形物品袋，上下叠压，大概是表明不同商队的特征。

画面上尽管我们看不到胡商风尘仆仆、风餐露宿的艰辛，但是七叶树旁的一个步行胡商正牵着一头载满货物的毛驴，蹒跚前行，胡商回头牵驴的形象仿佛告诉人们其辛苦的状况。

第三，对饮图。

图12　安备墓石床对饮图

在郁郁葱葱的七叶树花枝漫铺下，画面中央竖有五瓣形状的大型伞盖，伞盖上不仅有圆形镂花，还垂吊有流苏长结。在华丽的伞盖下，两个秃顶髡发、上身袒裸的胡商首领在床榻上对饮，他们均脖戴大连珠项链，左右手腕各戴有手镯，甚至脚踝上也套有镯子，下身围系红色披帛。右边的首领手抓"来通"牛角杯高高举起，杯腔下插一根流管直接放入口中〔1〕，他仰天半躺斜靠在长形皮制圆枕上，似乎已经酩酊大醉。左边的首领则盘腿坐在床榻，一手扶着右腿，一手捧精美萨珊式长杯，微微低头饮酒，似乎也醉意浓浓。在他身后榻上还放有一只圈足大酒碗，好像已饮完搁置在一边。

但是，这两个饮酒首领的容貌，明显与高鼻深目卷发的粟特胡人有很大不同，虽然髡发相连、满脸胡须，可究竟是鲜卑人、突厥人、嚈哒人、羯人还是胡人，不好贸然判定，不像其他胡人深目高鼻面貌一目了然，有待进一步考释。相比较而言，安伽墓石屏风上粟特人与突厥人会盟对饮图非常明确，姜伯勤先生指出，"与粟特人及祆教有关的屏风式石棺床画像石中，几乎均有墓主夫妇对饮图"〔2〕。

---

〔1〕 大英博物馆藏印度或巴基斯坦出土的5—6世纪酒宴场景镀金银盘上，也有人物手捧"来通"长管流酒入口的图案。见《世界美术大全集》东洋编15《中央アジア》，小学馆，1999年，第154页。
〔2〕 姜伯勤《中国祆教艺术史研究》，生活·读书·新知三联书店，2004年，第165页。

图 13　北齐石棺床装饰板，澳门雅文古美术馆展出

在床榻前面，站有一个穿红袍头缠折巾的侍从，正在等待主人吩咐。榻后还站有两个侍从仆人，随时听候召唤。饮酒院落里地上铺有毯子，上面搁置有波斯萨珊式酒瓶、叵罗和圆腹酒罐。而五位侍从正在忙碌，穿长袍者抱着皮制圆枕移动，穿短裙的背负酒罐搬运，另一方的两个侍从正准备接应，唯一穿长裙的女性则捧物回头向主人进献。值得注意的是，这些侍从下人有的头戴折角巾，有的头缠束缚巾，但面相都呈现直鼻深目的胡人状貌。

整个画面表现出一派主人饮酒、下人忙碌侍候的景象，反映了当时胡商富人饮酒作乐、奢侈豪华的生活风尚，由此也可见北齐至隋初粟特胡商推动中原统治阶层宴享奢靡的"胡风"。

第四，宴舞图。

这块石刻图像流失境外，现已被公布，出现在澳门雅文古美术馆购买广告上，介绍为：北齐陪葬石榻八块浮雕装饰镶嵌板之一，材质是彩绘贴金白色大理石[1]。

在画面上方中央通过剖面雕绘法，展现出茂密繁盛的七叶树下的宴舞场景。坡顶红柱帐房虽四面透空但结彩扎花，房中放置一张大榻，榻边内有六扇屏风。一位留短发、头后有髻而蓄须的年轻主人坐在榻边，身着红色右衽长袍，一腿盘曲，一腿下垂，他手持叵罗式酒碗，微闭双眼，似乎正陶醉在对美酒的品赏之中。雕画匠师有意夸大主人形象，其形体比其他人都硕大。榻前站立的瘦小侍从双手捧小酒碗，正与主人一同品酒。特别是榻上摆放有果实形食品的圆座金盘，表明主人饮酒需要佐餐食物。相邻的方形花边帐幔里摆放有大榻，榻上三名双腿跪坐胡人乐师正在演奏，他们头戴折巾帽，手拿乐器，两名手弹琵琶，一名正在吹笛，有可能类似于北齐宫廷中供御的"胡户"。

在画面右侧，一个额头束扎黑带、身穿红色袍服的胡人正在腾跳起舞，从其反躬身体、脚尖绷直来看，似乎是大步跃起急转飞腾，左足抬翘右足着地，两手左弯右伸，配合方帐幔里的乐队演奏，仿佛是腾跳挪闪的胡腾舞。而画面右下方，一人右手捧叵罗、左手提波斯长颈壶，而另外两人手抱酒坛，三人很像是正在为宴会准备上酒的随从奴仆。

此外，画面上有四个身着交领广袖长裙的女性并排站立，有的手捧圆扇，有

---

[1] One of Eight Panels with Relief Carvings of a Funerary Couch, Northern Qi Dynasty (550—577), *Orientations*, June, 2010.

的展开裙子，有的臂搭长衫，有的手执条排，大家都斜脖歪脑，好似交头接耳，正在等待主人的召唤。从女性面貌看，似乎都是汉族或鲜卑女子，不是典型的胡人女子。令人疑惑的是，与四位女性站在一起的一个男子形象者，却男扮女装，身穿裙服，手执薰炉，究竟是宫廷伶人还是其他胡人乐工，暂且存疑，但是胡汉共同参与乐舞以迎合主人则是显而易见。

《北史·恩幸传》记载"武平（570—575）时有胡小儿……其曹僧奴、僧奴子妙达，以能弹胡琵琶，甚被宠遇，俱开府封王"。《北齐书·广宁王孝珩传》说"后周武帝在云阳，宴齐君臣，自弹胡琵琶，命孝珩吹笛"。岑参《酒泉太守席上醉后作》："琵琶长笛曲相和，羌儿胡雏齐唱歌。"而这幅雕绘画面不仅是对这些史书记载胡人弹琴吹笛的"图像化"，而且应该是北齐末期整个社会"西胡化"的很好诠释[1]。

在北朝到隋代的社会变迁中，民族迁徙使得北齐、北周和统一后的隋朝民族构成异常复杂，一些粟特胡人入华后生活已经长达半个世纪以上，但在融入汉文化的过程中，仍努力保持着自己的信仰文化和生活习俗，信仰祆教的外来移民尤其重视艺术创造的力量。因此这四块石雕绘屏风画不仅是墓主人生前的追忆，也嵌入了粟特人竞择生存的历史叙事，表明他们在汉化圈子里伏脉隐线，坚持自己的文化信仰，他们可能表面上为汉化之齐民，实际上仍坚持胡人的传统，即使死后也要保留传统，至少没有放弃祆教信仰，石榻正面的拜火坛与人身鹰足祭司都是证据。

三

安备墓志中只字未提他的祆教信仰，丝毫没有表露他是一个祆教徒，原因不外有两种：一是安备去世时正面临着隋朝统一后对北齐府僚旧职中商胡的声讨，不敢表明自己的祆教徒或是萨甫身份，墓志作者担忧追查，有意隐匿曲笔、遮蔽不彰[2]。二是墓志撰写者是汉族文人，与石榻雕刻祆教艺术的工匠没有沟通，根本不

---

[1] 万绳楠整理《陈寅恪魏晋南北朝史演讲录》第十八篇《北齐的鲜卑化及西胡化》，黄山书社，1987年，第297—300页。王小甫《试论北齐之亡》，载《学术集林》第16卷，上海远东出版社，1999年，第120—160页。

[2] 北齐社会对胡人、胡化之评价，见毕波《论北齐宫廷内部及都城周边的胡人与胡化》，《文史》2009年第4辑。

知道祆教在胡人或胡商信仰中的重要性，按照汉人门阀身世的记述传统大讲其先世和父辈的辉煌，叙述安备的事迹，忽略其宗教背景。简言之，墓志与石榻有可能是两类匠师制作的。

如果推测安备"字五相"源于佛教密宗"五相成身"的术语，因而说安备是一名佛教徒，但却在墓中石榻上完全使用精美的祆教艺术雕刻，这在信仰上和逻辑上都是讲不通的，于情于理不合。史君墓志表明其三个儿子中有两个与佛教有关的汉名，即毗沙与维摩，但这不一定说明祆教信仰已转换，或是一家之内几代人宗教信仰多样共存，史君石榻雕刻画照旧是祆教艺术突出鲜明，汉化过程中翻译借用佛教名词也是当时一种风俗，按照吉田丰的考释，史君三个儿子名字都是典型粟特人名[1]。粟特胡人入华生活后有不少信奉佛教，但他们先世往往在西域就是佛教信仰者，即使进入中原后改宗佛教者，也都有其深刻的生活背景，不可能随意将自己的宗教信仰改来变去。粟特胡人在中亚地区亦是宗教多元化，除了西域佛教信仰者外，信奉祆教、景教、摩尼教的人也很多。安国（今乌兹别克斯坦布哈拉）人将祆教作为传统的信仰，安伽墓出土石床榻其图像粉本源自中亚就是最好的例证。[2]

安备墓志撰写者无疑是一个有着汉文化涵养的文人，他能引用《荀子·劝学》中"蓬生麻中，不扶自直"的名句赞扬死者，也能运用"白圭之术""玄高之业"两个商业典故比喻安备，说明他知道安备的胡商身份，巧妙地掩盖了汉人对商人为不良贱人的蔑视，歌颂他"讷言敏行，唯事安亲；室名龙驹，乡号指南；孝悌之响，闻于邦国"，给安备打上了深深的儒家烙印，包装成为一个"儒商"。

与西安发现的北周安伽墓、史君墓和康业墓相比[3]，安备墓石屏床榻充满异域风情的构图和粟特人生活场景都与它们有不同程度的联系，进一步加深了我们对北朝末年和隋朝初年入华胡人的任官参政以及生活方式的了解，身份认同的镜像或许有着重回历史现场的意义，至少是在粟特人群体中的一种艺术再现。

曾有多名学生发问，为什么北朝之后粟特胡人墓葬中频频使用精美的石头雕

---

[1] 孙福喜《西安史君墓粟特文汉文双语题铭汉文考释》、吉田丰《西安新出史君墓志的粟特文部分考释》，见《粟特人在中国——历史、考古、语言的新探索》，中华书局，2005年。

[2] 《西安北周安伽墓》，见火坛门额、祭司神祇、跪踞胡人以及石屏风十二幅雕绘画等彩色图版，文物出版社，2003年。

[3] 《西安北周凉州萨保史君墓发掘简报》，《文物》2005年第3期；《北周康业墓》，《文物天地》2005年第3期。

图14 安备墓出土石床正面浮雕：捧鲜果盘奉献的天使

凿石床榻，笔者认为，从欧亚大陆外来文化传播看，公元前3世纪—前2世纪，罗马成功的对外战争给罗马帝国带来了巨额的财富，发展了庞大的帝国经济，通过战争获得的战利品不仅有白银、黄金、银币，还有武器、甲胄、冠冕以及青铜塑像，更重要的是掠夺来无数种类的大理石，颜色纷呈，质地各异，在凯旋罗马时用大车载入，并向市民展出三天。即使在罗马对外贸易中，只要是珍稀的大理石运进罗马境内，往往也被用来抵税。珍稀的大理石被用来雕刻各种象征永恒不朽的雕像，这种风气通过罗马帝国疆域的扩大，传播到波斯和中亚、南亚，3—6世纪是萨珊波斯王朝浮雕艺术的最盛期。中亚粟特人无疑接受了这一永恒观念，寻求精美的石头来雕刻精美的棺椁，所以，入华有身份地位的粟特人墓葬里频频使用精美石头雕绘画像。[1]尽管有学者认为石床榻是中国传统的汉式葬具[2]，但不论是东汉石棺还是其他汉地石椁，其所用石头材质、精美度、艺术性都无法与入华粟特人石床榻相比，我们不能完全排除祆教艺术从波斯到中亚辗转传播的影响。

通过安备墓新出石刻图像，我们更加清楚艺术是一个民族的外在特征，也是社会认同的重要标志，因为艺术形象本身在民族或族群之间的社会认同中扮演着重要角色。如果说艺术是塑造自我认知的重要途径，那么这种特征往往成为胡汉、蕃

---

[1] 法国巴黎吉美亚洲艺术博物馆收藏有安阳北齐粟特新年祭图黑白石刻，但相比安备墓石刻雕画的精美相差较远，见《世界美术大全集》东洋编15《中央アジア》，小学馆，1999年，第16页。感谢法国黎北岚女士、山西考古所张庆捷先生分别惠赠笔者有关美国、法国等收藏北齐祆教石床榻的图片，但石屏风图像均不知流散何处。

[2] 张小贵《中古华化祆教考述》，文物出版社，2010年，第185—189页。

胡或胡族之间区别的重要标志。一个移民聚落或是一个家族都是由诸多个人集合汇成的，他们在群体生活中分享着相同的价值观或是相似的行为准则，为了得到相应的尊重、获得相应的利益，选择身份认同的传统艺术对特定群体的刻画功能，以便人们在葬俗中表现自己熟悉的艺术形象，这实在是文化心理的真实写照。

由于安备墓石床榻被分割破坏、哄抢流失，暂时还不能提供给我们一套完整的粟特系列艺术图像，与其他粟特人墓葬表现内容相对照，是否有诸如突厥人、女眷、狩猎、丧礼等图像，目前还很难得出准确结论，有待其他石雕绘画陆续出现后再探讨，但我们还是结合现有图像与文献记载做一"图文互证"的分析，以引起更多学者关注北齐至隋初的粟特胡化艺术，从而将丝绸之路上波斯、粟特和中原三者文化交流的一幅幅历史长卷展现出来。

NEW IMAGES WITH ZOROASTRIAN FLAIR IN A GENERAL ASSEMBLY OF SOGDIANS DURING THE NORTHERN DYNASTIES

15

北朝粟特人大会中祆教色彩的新图像
——中国国家博物馆藏北朝石堂解析

北朝粟特人大会中祆教色彩的新图像
——中国国家博物馆藏北朝石堂解析

图 1　北朝石堂全景

近年从萨珊波斯经中亚粟特传入中国境内的祆教（琐罗亚斯德教）文物不断被发现，2012 年国家文物局又将日本收藏家崛内纪良先生捐赠的具有祆教艺术色彩的北朝石堂，转交给中国国家博物馆收藏[1]，经国家鉴定委员会孙机、杨泓诸位先生鉴定后，确认为难得的中古时代艺术精品，反映了北朝祆教异域宗教在中国的传播与交融，具有极高的历史价值、艺术价值和文化价值，现已在国博展厅陈列，展出文物的图录也已经出版[2]，引起了国内外学术界的关注。笔者在国博专家帮助

---

[1]《国家文物局接受北朝石椁捐赠》，《中国文物报》2012 年 3 月 21 日。
[2]《中国国家博物馆百年收藏集粹》，"房屋形石椁"，安徽美术出版社，2014 年，第 740 页。

图 2　北朝石堂中守门卫士雕像

下做了专门考察[1]，现试作探索解析。

一　石堂整体图式

这座石堂被国博命名为"房屋形石椁"，为北朝入华粟特人建造的殿宇式石堂，用于埋葬有地位的粟特裔贵族，俗称胡人的首领。由于西安史君墓出土石刻汉文题记称此类石葬具为"石堂"，亦是粟特文所言的"石头做的坟墓（众神的屋子）"[2]，表明入华后粟特裔贵族喜爱用石构的空间作为自己死后的栖身房屋。所以，我们依据当时题刻也称这座石葬具为石堂。至于粟特裔贵族选择用围屏石棺床还是殿宇石堂，则需要仔细分辨。

整座石堂长 2.12 米，宽 1.25 米，堂顶由歇山顶造型的石构件覆盖，残存鸱吻一个，筒瓦十九行顺序排列，并有莲纹瓦当作为檐头装饰。石堂正面开有方形门，门楣下左右角有铁环残迹，原似为挂帐所用。门两侧各有一位守门卫士的浮雕，一位

---

[1] 中国国家博物馆副馆长陈成军，保管部海国林、满明辉诸位专家带领笔者仔细考察石堂，并展示全幅拓片，特此致谢。

[2] [日]吉田丰《西安新出史君墓志的粟特文部分考释》，载《北周史君墓》，文物出版社，2014 年，第 299—310 页。

图3 石堂四角卫士雕像

手持圆环柄长杆兵器,波浪卷发,深目高鼻,短须修剪精致,下着长裤,上身裸露,身系披风,腰挂短刀,颇有西方勇士之风。另一位深目直鼻,浓须下撇,身着翻领胡袍,下穿高筒皮靴,两手握持圆环柄短剑,站姿威风凛凛,或许他们就是圣殿守护神的化身。

整座石堂显示粟特贵族生前追求的殿堂大宅气派,不仅雕刻有立柱横枋,而且柱头斗拱和补间人字拱,都在线刻画中纤毫毕现,斗拱之间雕刻有奇禽异兽,北朝流行的畏兽、凤鸟、玄武、带翼飞人、骑兽驭手等,一一展现在柱枋之间的隔板上。斜菱格状挡隔板固定着柱枋,正面厅堂建筑柱枋间上有细密的竹帘,下有布幔卷帘,侧面大厅建筑则束扎着长长的幔帘,具有召集大会隆重庄严的布置气氛,推考起来,或许这是胡祆神祠的建筑布局[1],这是以前发现的粟特人墓葬石棺、石堂中少见的。

柱枋间的怪鸟异兽琳琅满目,赤膊露身疾奔状的畏兽图像,据姜伯勤先生分析,来自西亚波斯艺术传统,类似的有翼兽神图像很早就见于伊朗酒杯图像中,被入华祆教传袭采用作为天神的一种图像。[2]可这座石堂线刻画上没有祆教惯用的亡

---

[1] 关于波斯琐罗亚斯德教教徒追求在富丽堂皇圣庙中举行公众礼拜仪式的分析,以及粟特保留波斯"方庙"正方形结构的特征,见张小贵《中古华化祆教考述》,文物出版社,2010年,第61—65页。史君墓石堂浮雕画也有相似宏大布局的建筑厅堂,见《北周史君墓》,文物出版社,2014年,第188页。
[2] 姜伯勤《中国祆教艺术史研究》,生活·读书·新知三联书店,2004年,第221—223页。

灵升天的伎乐身躯，没有飘扬于空中的彩带，令人惊异的是，帷幔背景下的张牙舞爪、赤身裸体、火焰毛发的畏兽，仿佛走入出行队伍，与众多出行人员混为一体，在众人脚下有简单线条勾画的山丘岩石，寓意行进在万水千山之间。这令人不由联想起中亚祆教保存圣火的宫殿及壁画遗迹[1]，对大厅是一种宗教艺术环境的补充。

夹杂在枋柱间的诸多装饰纹样都是东西文化交流的体现。来自希腊波斯风的茛苕纹，因其遭遇冷冬不凋，比喻人的灵魂不灭、轮回永生，在北朝时被大量应用在石窟寺、墓葬棺椁等艺术装饰上，奇特绚丽，广为流行。北朝的连珠纹图案也是5世纪以后波斯传入中国的边饰纹样，以连续均匀的圆环表示太阳的光辉放射，曾是萨珊波斯王朝最为流行的主题纹饰，对中亚影响至深。然而以前粟特人石刻上最爱表现的生命七叶树、葡萄攀绕的常春藤以及象征大自然更新与再生的题材，全都未见出现。

特别是石堂四角都有身穿翻领胡装、足蹬皮靴的侍卫浮雕，紧紧依附在石堂侧旁，与巴黎吉美博物馆围屏石床旁立有侍卫圆雕和动物形象不同，与安备墓石棺床前有侍卫也不同，这都是过去粟特贵族墓没有的艺术造型。这些侍卫浮雕中，有的双手持长剑站立，有的手置胸前行礼，还有的侧身着甲抱剑，每个浮雕形象都不相同，但雕刻刀法简练，形象栩栩如生。虽然他们不是史君、安备等其他北朝粟特裔石棺上的执金刚神、护法力士、乾达婆天神等，但象征保卫者的勇士角色未变，表情严肃，笔直威严。

自北魏以来，入华粟特裔贵族石棺、石堂都有这种比较稳定的图像结构，说明这类图案的普遍性与规范性，也说明其认同感下的特定意义。只不过国博收藏的这座石堂，以厅堂大梁枋柱间的异兽飞禽作为界栏，区分天界与人间[2]。整座石堂图像虽然不像其他祆教色彩强烈和布局绚丽，或是流露出强烈的神话人物与神圣图式，但是视觉上仍是让人眼花缭乱，烘托出祆教大会的场景，呈现出一种世俗中内含祆教神性的艺术图式。

---

[1] 公元前4世纪花剌子模卡拉-格尔古城宫殿正厅，1世纪新尼萨神庙，2—4世纪卡拉-捷佩圣火封闭保存圣殿，6—8世纪片治肯特神庙，均有拜火教大厅复原图。见［苏联］斯塔维斯基著，路远译《古代中亚艺术》，陕西旅游出版社，1992年，第5、26、59、104页。

[2] 学术界一般认为，入华粟特裔贵族墓所采用的石棺床、石堂葬具，既采用汉人墓葬形制，又尊崇祆教信仰的葬俗。杨泓《北朝至隋唐从西域来华民族人士墓葬概说》中指出，带围屏石床和殿堂形石棺，都属于中国传统葬具，无任何域外色彩。见《吐鲁番学研究：第二届吐鲁番学国际学术研讨会论文集》，上海辞书出版社，2006年。

二 图像题材解析

国博收藏的这座石堂没有彩绘贴金痕迹，二维空间也限制了画匠的创作发挥，但具有北朝同时代粟特葬俗的印辙和鲜明的祆教元素。我们按方位布局，从右至左对图像进行解析：

1. 群胡晋见首领图。石堂正面右部，主角是满脸须髯的胡人首领，卷发，头上戴花冠状头饰，冠上套小方软帽，他手持水杯盘腿坐在镂空壶门方榻上，身边有七个卷发撇胡的人围绕站立，有的手举垂穗流苏华盖，有的手持彩结羽葆仪扇，身上腰带系佩小鞘刀、鞶囊等，榻下一个无髭年轻胡人双手举起做供奉状，等待接杯给他续水，地下放着长颈水壶和汤勺、圆钵，似要用最纯净的水调制饮料。胡人首领一手持水杯，一手指压嘴唇边，这种粟特典型手势表示赞赏。相应的，首领腹部隆起的大肚坐相，满脸笑容，一副心醉神迷、自负得意的神态。

厅堂内一对胡人袍衫束带，腰挂刀物，足穿无后跟软鞋，面带微笑翩翩起舞，双手合拢插指窝腕，两臂高举头顶，下部扭腰撅臀、抬脚踢腿，是典型的胡腾舞造型。伴随的乐队有吹排箫者、弹琵琶者、吹胡笛者、吹觱篥者、拍腰鼓者，神态各异，形象质朴，呈现一幅奏胡乐、观胡舞的聚会图景。

2. 女性侍立图。石堂正面左部，描绘一群侍候女性立在厅堂枋柱旁，站成一排，似为恭迎贵宾到来。其中有三位梳着"飞鸟髻"（高髻盘头）的女性，面貌清秀，细眉小嘴，

▲ 图4 石堂正面右侧群胡晋见首领图（线描）

图5 石堂正面左侧侍女图（线描）

▼ 图6 石堂正面右侧胡腾舞图像（线描）

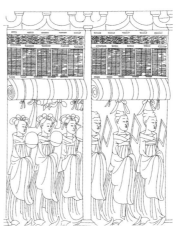

图 7 石堂右侧男性骑马出行图（线描）

手举方形幡旗，身着中原样式阔领长裙，另有三位梳双环高髻女性，手持椭圆形扇子，也是交领宽袖长裙，足穿翘头丝履，裙腰高及胸部，端庄正立。《北齐书》记载："妇人皆剪剃以着假髻，而危邪之状如飞鸟，至于南面，则髻心正西。始自宫内为之，被于四远。"[1]"飞鸟髻"正是当时女性的写实形象。

3. 群胡出行图。石堂右侧画满人物，胡人首领（祆主）所骑等级最高的盛饰之马，马具极为豪华，马头束鬃成缨，攀胸缀满杏叶鞦带，鞍袱后鞦带系结花珠，压胯悬缀珠鞘带，整副马具与波斯萨珊马饰极为相似[2]。骑在马上的胡人首领头戴日月轮王冠，夏鼐先生曾认为这是祆教主神阿胡拉·马兹达的象征[3]，其造型是举行拜火大会时祆主需换下软帽必戴的花冠。首领脑后飘带扬起，满脸络腮大髯，直视前方，周围群胡骑马围绕随行，但所骑均为台状高鬃骏马，且画匠有意缩小马形，

---

[1]《北齐书》卷八《后主纪》，中华书局，1972年，第114页。
[2] 孙机《唐代的马具与马饰》指出，北朝至唐代的马具、马饰深受波斯萨珊朝影响，见《中国古舆服论丛》（增订本），文物出版社，2001年，第103—105页。
[3] 夏鼐《中国最近发现的波斯萨珊朝银币》，《考古学报》1957年第2期。

图 8 石堂左侧女性侍从牛车图（线描）

以突出主角。随从中一人骑马高举四个彩结的华盖，另一人骑马手举羽葆长扇，其余人或骑马或步行，簇拥向前。在整排出行队伍的最前面，有一个卷发胡人擎举连珠纹火坛高过头顶，步行引导蓬松发型的众胡前进，一副敬畏恭敬的样子。

4. 通幰牛车出行图。石堂左侧画有豪华的高篷顶通幰牛车，旁边有两个卷发胡人分左右牵引着驾辕的壮牛，牛车前方有两个骑马胡人接应护送，而在牛车后方有身着汉服的四个女子随车步行，她们身后似有一个穿汉服交领短上衣和长裤的汉人侍从。围绕牛车有卷发高鼻深目胡人，也有头梳发髻、身着素服的汉人，均着圆领袍服。有的举华盖彩伞，有的持羽葆长扇，殿后骑马的胡人头戴小毡帽，表现出保驾护行的架势。

沿着车辙前行的图下有溪流坡岸，岸边还开有鲜花，但是不是祆教葬仪中灵魂将进入的"钦瓦特桥"下的那条河流，或是印度古老寓言中的河流，我们不敢贸然推测。

这幅图或与石堂背面右侧的通幰牛车出行场景相连，除了手拽缰绳的控牛胡

◀ 图9 石堂背面右侧第三幅备马图（线描）

▶ 图10 女子乐舞图（线描）

人男子外，皆为着汉式裙服的女性形象，有的梳飞鸟髻，有的梳双环髻。

5. 出行仪仗与备马图。画面上一群（九个）胡人牵马备鞍，有的手拽缰绳驯马，有的调整笼头拉马，出现在画面里的五匹马动态各异，鞍鞯已经备好，整装待发。准备出行的华盖、长扇等则放在后面，有三个胡人侍卫举擎着仪仗用的长剑。这一场景或与石堂左立面的出行图相连，为出行仪仗的先头队伍。

牛车、鞍马对称分布在墓室东西两壁，表示男骑鞍马、女乘牛车的性别差异，是北齐时期墓葬壁画中的基本定式，对隋唐墓壁画形制也产生了影响。这类出行仪仗题材壁画与山西太原地区娄叡墓、徐显秀墓等相类似，只是规模的差异反映了等级的差别，有人推论牛车、鞍马的仪仗图像，是为男女主人灵魂出行准备的工具，来源于鲜卑畜牧迁徙的民族特性，或许这仅仅是源于多元文化的生活场景而已。

6. 侍女与胡人乐舞图。石堂背面中心场景的左侧是一幅胡人乐舞图，共有十三个卷发胡人男子站立。后面为乐队，有的横抱琵琶，有的手拍长鼓，或吹觱篥，或吹排箫，正在演奏。前方两个胡人翩翩对舞，弓腰撅臀，弯臂抬手，与石堂正面胡腾舞形象相似，并在脚下方置有胡瓶钵碗。中心场景右侧，一群侍女们也是翩翩起舞、奏乐齐鸣，仿佛与对称位置的胡人载歌载舞场面相呼应。女性乐队中有四弦或五弦琵琶、排箫，最前面的手拨大型箜篌，与男子演奏乐器稍有差别。画面中心是两个舞女正在对舞，她们身穿交领高端束胸长裙，宽大的长袖随舞舒展。舞

图11 石堂背面祆教大会图像（线描）

蹈是粟特人天神祭拜、葬仪的重要内容，舞者带来欢乐意味着进入天堂之境[1]。

7. 祆教大会场景图。整幅画面因正式聚会而非常宏大，在六间架构的开阔厅堂里置有折幅帷幔，一对胡人首领夫妇作为主角坐于壸门榻座上，身后有折幅屏风。两人都穿着裘皮毛领的大披肩，长袖下垂，形似中亚翻领长袍，表示出他们的尊贵地位。胡人首领卷发腮髯，盘腿而坐，一手端杯，一手袖口长掩，与女主人对视交谈；女主人梳着当时流行的飞鸟髻，披肩内穿直领高胸长裙，双手合抱于腹前。戴王冠、穿皮裘一直是古波斯神话中象征美姿和幸运的神祇形象，工匠突出刻画夫妇两人的穿戴，就是用珍贵皮毛和华美衣饰显示其尊贵的地位。葛乐耐指出，粟特本土夫人形象只出现在家庭内部的礼拜仪式场景中，但在中国墓葬艺术中夫妇形象是必不可少的。[2]

可是夫妇并没有对饮，贵妇手中无水杯或酒器，与安伽墓、虞弘墓、天水等处墓主"贵人夫妇对饮图"并不相同。如果胡人首领端的不是酒杯而是水杯，符合

---

[1] Frantz Grenet, "Zoroastrian Themes on Early Medieval Sogdian Ossuaries", *A Zoroastrian Tapestry: Art, Religion & Culture*, Edited by Pheroza J. Godrej & Firoza Punthakey Mistree, Mapin Publishing Pvt. Ltd., India, 2002, pp.90-97.

[2] [法]葛乐耐《粟特人的自画像》，载《粟特人在中国——历史、考古、语言的新探索》，《法国汉学》第10辑，中华书局，2005年，第314页。

图12 石堂备马图旁乐舞图（线描）

琐罗亚斯德教仪式中主礼人右手持杯、左手清洁，面对火盆唱诵安抚祷文的情景。

在夫妇两人中间帷幔下悬挂着装饰漂亮的风铃，这种室内彩结垂饰在粟特本土就有，阿尔巴乌姆著《巴拉雷克切佩》中的宴饮图就有类似图像[1]，然而其寓意还不清楚。

最值得注意的是，两个胡人跪在坐榻前，右边短须胡人，身佩方头柄长剑，腰悬鞶囊绶袋，他手捧高足圆形火坛，一手高伸似为撩拨火苗，眼视火坛上，为虔诚敬畏的形象。左边满脸须髯的老胡，也是腰系方柄长剑，佩有花朵形锦囊风袋，他双手托捧方座尖顶圆壶，与对方互跪于榻前。榻前有供案，放置有祭祀用的两只钵碗，旁边有堆长形棒状物，或是传统火坛常用的檀香木等高级木料，引燃圣火并不断加入供奉；或是堆放在侧准备展示的三十多卷祆教素书，S.367《沙、伊等州地志》记载伊吾县"火祆庙中有素书（画），形象无数"[2]，敦煌曹氏归义军后期文书还记载每次"赛祆支画纸三十张"[3]，一年赛祆活动绘制祆神画像不少。两种推测，有待高明识辨。

这两位胡人处于画面下部最中心位置，明显是祭司阶层的麻葛（Magus），意为"从神那里得到恩惠的人"，没有麻葛在场，任何奉献牺牲的行为都是不合法的[4]。琐罗亚斯德教传入中国后称为祆教，祭司麻葛称为"穆护"。祭司一般主持一个或几个祆祠，尤其是重大祭祀活动必须由熟悉经典的大祭司出面，助司祭司和事火祭司则辅助祭祀仪式、仪轨。按照琐罗亚斯德教的规定，火是神创造物中最高、最有力的东西，火是清净、光辉、活力、敏锐和圣洁的象征，对火的礼赞是祆教徒首要的任务。在一些重要的祭祀典礼上或是罗拜大会上，如水节、成年礼、日出早

---

[1] 巴拉雷克切佩粟特人宴饮图，见姜伯勤《中国祆教艺术史研究》，第49—50页。
[2] S.367《光启元年（886）十二月廿五日书写沙、伊等州地志》，见郝春文主编《英藏敦煌社会历史文献释录》第2卷，社会科学文献出版社，2003年，第177页。
[3] P.4640文书纸背写于光化二年（899）至四年（901）赛祆支画纸，共10次。见《法国国家图书馆藏敦煌西域文献》第32册，上海古籍出版社，2005年。
[4] ［希］希罗多德著，王以铸译《历史》，商务印书馆，1997年，第69页。

祷、婚礼等仪式时，祭司们不用戴专用口罩"派提达那"[1]，而是用混合了麻醉物的圣水淋洒在圣火上，作为净化纯洁的手段。

所以这幅线刻画画面呈现的应是祆教拜火祈祷中最重要的献祭仪式——亚斯那（Yasna）。一人一边敬献火坛一边在圣火前背诵《阿维斯塔》经文，另一人向诸神贡献不死之药的圣水——豪麻（Haoma），即向圣火淋洒豪麻，现场参与献祭的信徒也依次饮用豪麻。用豪麻献神的习惯一直在祆教中流传，饶宗颐先生对《阿维斯塔》中记载的作为新生不死力量与象征符号的豪麻有过论述[2]。沈睿文指出，"圣火崇拜和饮用豪麻（苏摩）是伊朗系和印度系古雅利安人文化的共同特征"[3]。在拜火教神话里，豪麻是上帝诸子之一，是草药和医疗之神，用豪麻命名的植物及配制的饮料，不仅能使人延年益寿、获得永生，而且喝下这种神赐的饮料能使人获得启发，拥有智慧、勇气和健康。

在乌兹别克斯坦阿姆河流域发现的阿契美尼德王朝金牌上有琐罗亚斯德教祭司腰间系剑而手拿举行拜火仪式使用的圣枝束[4]，在片治肯特寺院遗址发掘的7世纪壁画上有男性供养人手持"轻便火坛"的形象[5]，中亚瓦尔赫萨残存的6世纪壁画中也有类似祭司照看一个精美的火坛、数人侍坐于侧的场景[6]，2004年巴黎吉美博物馆展出的北朝祆教围屏石榻，两个头束飘带的跪拜祭司也未戴口罩[7]。画师们专门描绘身上披刀挂剑和火坛装饰，说明祆教这些艺术模式的流播范围很广，而且又在这座石堂上得到了契合印证。

除了正中间盘腿而坐的胡人夫妇外，右侧共有四排十五个胡人，皆双膝跪坐，是典型的"胡跪"祭拜姿势，头排第一人头戴丝瓜形帽，发型不明，其余皆露出蓬松卷发。这些人全部身穿圆领窄袖胡服，佩有带鞘小腰刀和囊袋，双手合抱拱卫胸腹之间。其中有交头接耳者，有端立严肃者。左侧共有十八位女性也分四排跪坐，

---

[1] 张小贵《中古华化祆教考述》，文物出版社，2010年，第103页。
[2] 饶宗颐《塞种与Soma——不死药的来源探索》，《中国学术》第12辑，2002年，商务印书馆，第1—10页。
[3] 沈睿文《安禄山服散考》，上海古籍出版社，2015年，第90页。
[4] John Curtis, *Ancient Persia*, The British Museum Press, London, 1989, p.53.
[5] ［苏联］M.M.梯亚阔诺夫著，佟景韩、张同霞译《边吉坎特的壁画和中亚的绘画》，《美术研究》1958年第2期，第77—102页。
[6] ［苏联］弗鲁姆金著，黄振华译《苏联中亚考古》，新疆维吾尔自治区博物馆，1981年，第56页。
[7] 德凯琳、黎北岚著，施纯琳译《巴黎吉美博物馆展围屏石榻上刻绘的宴饮和宗教题材》，见《4—6世纪的北中国与欧亚大陆》，科学出版社，2006年，第119页。

皆着汉式交领高腰束裙,长袖合拢放置腰际,目不斜视,恭敬肃穆。成排女侍和属下要展现万方来朝盛况。按照琐罗亚斯德教规定,净礼主角要解开腰上圣带眼望圣火祈祷,可是画面上主人似未松解腰带。

祆教有七大节日庆典,分为诺鲁孜节(新年)、仲春节、仲夏节、收谷节、返家节、仲冬节、万灵节[1],中古波斯语统称后六个节日为"嘉汉巴尔节"。祆教徒每次都要参加节日集体庆典,这是必须恪守的宗教义务,并用鼓乐舞蹈将祆教神灵祭拜助推向高潮。我们看到胡人首领身穿裘领披袍,应是寒冷的季节。《周书·波斯传》云:波斯"以六月为岁首,尤重七月七日、十二月一日。其日,民庶以上,各相命召,设会作乐,以极欢娱。又以每年正月二十日,各祭其先死者"[2]。何况胡人首领虽然手端水杯(或酒盅),然而榻上并没有摆放美味佳肴,没有用作餐具的金银器皿,没有仆役宰羊杀牛准备庖厨(安伽墓右侧第二屏、巴黎吉美博物馆第九屏都有野炊宴会庖厨图[3]),因而画面传达出的不是醉意蒙眬的野餐场面,也不是贵族生活的奢华宴会,而应是一次祆教信徒举行拜火祭祀的大聚会,教徒们环绕在自己尊师——祆教教主周围拜火,举行净化灵体、拯救灵魂的仪式。

三 大会祆教色彩

这座石堂没有安伽墓、虞弘墓、史君墓、安备墓等祆教的人面鹰身祭司图像,手捧火坛与豪麻的两个祭司麻葛(穆护)也没有戴口罩以防不洁之物,没有祆教丧葬礼仪中常见的犬,重点表现的是首领在教徒大会上对"王"神圣权力宣告的场景。

特别是,石堂上举行的祆教仪式大会没有敬拜圣火的固定祭坛,祭司托举的是可移动的祭祀火坛。早期琐罗亚斯德教曾不设立祭坛、不修建神殿、不崇拜神像,但是在3世纪末至4世纪初成为波斯国教后,不仅全国广建祠殿,讲台型祭坛圣火崇拜也达到高峰。圣火被认为是最高神的儿子,并在中亚获得广泛流传。但进入中国后祆教祭坛变化颇多,近年发现的拜火坛没有完全雷同的

---

[1] 龚方震、晏可佳《祆教史》,上海社会科学院出版社,1998年,第69—70页。
[2]《周书》卷五〇《异域传》下,中华书局,1971年,第920页。
[3]《西安北周安伽墓》,文物出版社,2003年,第37页,图33。

定式，原型意象随时代变化也已变得精美无比，出现中国式交龙柱火坛。[1]

从这座石堂线刻画可见引导者和供奉者都是手捧拜火坛，可能与石堂主人生前的政治地位、祆教身份、等级制度密切相关。如果这个画面上的戴花冠首领就是墓主人，那么他就是神意的代言人，以中国式建筑厅堂来刻画祆教大会的场面，其做法值得深入研究。

《安禄山事迹》记载安禄山担任幽州节度使后，曾在范阳举行群胡罗拜大会：

> 潜于诸道商胡兴贩，每岁输异方珍货计百万数。每商至，则（安）禄山胡服坐重床，烧香列珍宝，令百胡侍左右，群胡罗拜于下，邀福于天。禄山盛陈牲牢，诸巫击鼓、歌舞，至暮而散。[2]

这究竟是祭祀胡天（祆神）的场景，还是将安禄山作为祆教神祇罗拜，"邀福于天"与坐重床受拜胡俗，其性质学术界有不同看法[3]，可这是粟特人举行大会，却毫无疑问。

《新唐书·安禄山传》也记载安禄山执政范阳时，"潜遣贾胡行诸道，岁输财百万。至大会，禄山踞重床，燎香，陈怪珍，胡人数百侍左右，引见诸贾，陈牺牲，女巫鼓舞于前以自神"[4]。安禄山坐在重床上接受群胡罗拜，以祆主身份把自己装扮成一个神祇，显然这是一个隆重热烈的大聚会。

在这座石堂刻画的各个场景中，所有高鼻深目胡人的胡须都是经过修剪的短胡、翘胡，凸显出胡人首领的虬髯形象，明确标明其显贵身份与地位。但是这座石堂并没有表现其主人生前的战阵之功，与太原虞弘墓石重床不同，也没有像史君墓石堂一样表现祆神与印度湿婆的混杂，更与安伽石重床表现的胡商聚会、狩猎乐舞、突厥粟特宾主相会结盟等不同，这说明北朝入华粟特胡人的艺术图像内容并没有一个完全固定的模式，而是按照墓室主人生前活动状况不同，由画匠们创造出不同的图画样式。

---

[1] 葛承雍《祆教圣火艺术的新发现——隋代安备墓文物初探》，《美术研究》2009年第3期；《隋安备墓新出石刻图像的粟特艺术》，载《艺术史研究》第12辑，中山大学出版社，2010年。
[2] 《安禄山事迹》卷上，上海古籍出版社，1983年，第12页。
[3] 蔡鸿生《唐代九姓胡与突厥文化》，中华书局，1998年，第37页。
[4] 《新唐书》卷二二五上《安禄山传》，中华书局，1975年，第6414页。

《通典》卷四〇《职官》二二载："祆者，西域国天神，佛经所谓摩醯首罗也。武德四年，置祆祠及官，常有群胡奉事，取火咒诅。"[1]将佛教摩醯首罗比附祆神，恐为误会混淆，但是"常有群胡奉事，取火咒诅"，即教徒集体念咒消灾、礼赞祆神，聚会祈祷发誓，则为祆教的寻常事，至少这座石堂线刻画印证了史书的记载，符合史实。

如果说入华北朝胡人受汉墓壁画出行图影响，又保留粟特本民族宗教文化的风俗传统，在中土仍很重视区别高低贵贱、尊卑等级的礼仪活动，那么这座石堂更突出的是表现大聚会场景，它不是向世人或后世宣示死者的丰富多彩的生平，或是生前死后轮回漫长的阴间冥土之旅，它只是反映死者生前的理想，以及象征死者生前拥有的身份、地位及群胡簇拥礼拜的首领生活状态。所以与安伽、史君、安备等其他石棺床、石堂相比，未见有胡商牵驼赶驴行走或休息的商贸图景，未见有猎狗开道骑射狩猎追赶猛兽的图景，也未见有四臂女神、有翼异兽、妖魔涌现等祆教意指性标示符号与宗教色彩浓厚的图景。狗在琐罗亚斯德教信仰中被认为具有驱赶邪灵的能力，在祭祀和葬礼等重要仪式中都会参与，但是国博石堂图像中未见，因而我们考订这一幅幅场景不是丧礼祭祀。

异样的是，所有胡人都未戴高筒毡帽，或是尖帽，也无典型的花饰飘带，形貌全是突出蓬松卷发，而且卷发不是同一样式，这也是以前未见的形象，似与巴克特里亚公元前后哈尔恰扬宫殿壁画人物希腊式发型相同，以与亚洲人区别[2]，这也充分说明祆教信众以来自西域的移民为主。林悟殊先生曾指出："中亚胡人所信奉的火祆教，无论是在北朝，抑或是在唐代，都没有以一个完整的宗教体系

图13 北朝石堂局部

---

[1]《通典》卷四〇《职官二十二》，中华书局，1988年，第1103页。

[2][苏联]普加琴科娃、列穆佩著，陈继周、李琪译《中亚古代艺术》，新疆美术摄影出版社，1994年，第49页。

的形式来向中国人推介。"[1] 实际上，袄教只局限在胡人移民中流行。

琐罗亚斯德教的天国，原意就是"歌声的殿堂"，悠扬曼妙的乐舞是灵魂欢愉的源泉，过去发现袄教石刻画一般都是胡人男子跳胡旋舞或胡腾舞，很少有女子舞蹈的场景，而这座石堂上突出了与胡人男子对应的女子舞蹈图，究竟是中亚袄教已有还是人华后才流行，需要再探究。

对国博收藏的这座石堂线刻画解析后，我们初步得出几点结论：1. 虽然它体现出同时代北朝其他石棺床、石堂的共通特点，出行 + 乐舞 + 仪仗 + 圣火，但主要是表现了群胡罗拜"袄主"头领的大场面。2. 石堂采用单栏式左右水平延伸的整体布局，与石棺床围屏连环画有异曲同工之意，但与北齐墓中常见的分栏式布局效果有一定区别。3. 入华北朝胡人丧葬采用虞弘、安伽、安备等墓石棺床围屏石刻画，与史君等墓石堂线刻画这两种不同形式，表明具有广泛的制度化和普遍的规范化，但这两种形式的使用可能与死者生前地位有关。4. 骑马胡人首领戴有花冠头饰，颇类波斯萨珊王朝艺术中的君王形象，或者是萨宝的装饰，沿袭了波斯—中亚花剌子模诸王肖像画廊的传统。5. 石堂刻画的不是墓主人从生到死的个人历程的人生场面，也没有"割耳劙面"这种激烈哀悼仪式与"冥府献祭"的丧葬仪礼。

可惜的是，这座受损的北朝石堂不知出土地点、墓葬信息，无法了解墓主的袄教身份与地位。自北朝开始，中原王朝就设有萨宝府兼领西域商胡贩客的宗教与民事事务，入华袄教徒一直保留与传播着自己的信仰习俗，并经常举行净化仪式和祭袄活动，通过"拜胡天"盛大聚会的场面表现出了他们不同的社会等级地位。入华袄教仪式相对于萨珊波斯所规范的琐罗亚斯德教祭祀仪式有所变化，波斯、粟特、中国三方袄教不能简单画等号，但作为一门独立宗教始终坚持存在于华夏。

粟特人万神殿中信仰的神灵较多，萨珊末期与中国北朝同期，坚持拜火的袄教信仰者远远超过佛教信仰者，成为拜火教徒中波斯之外最重要的民族群体。国博北朝石堂的画匠通过袄教祭祀净化仪式大场景，集中表现自己的宗教艺术主题，这是粟特系袄教画派一以贯之的传统，从而将周围现实世界与宗教神话的种种细节凝固在雕刻绘画中。

---

[1] 林悟殊《波斯琐罗亚斯德教与中国古代的袄神崇拜》，见《中古三夷教辨证》，中华书局，2005年，第328页。

A QUERY FOR THE SPREAD OF ISLAM IN CHANG'AN DURING TANG DYNASTY

16 唐长安伊斯兰教传播质疑

唐长安伊斯兰教传播质疑

历史学最讲究客观、真实，但历史学家的主观愿望，总是不断地被糅合进研究著作之中。长期以来，许多专著在论述中西文化交流的历史时，都认为伊斯兰教早在隋代大业末年就入华传教，并于唐初武德、贞观年间在长安建立了大清真寺，即伊斯兰教在阿拉伯半岛兴起一二十年后，就在长安得到了传播。[1]我们若从这种思路追根溯源，就会遇到令人怀疑的穿凿附会问题，不能回避的驳难促使我们必须考订其史实。

一

对中国的历史学家来说，伊斯兰教的入华时间一直令人困惑，无法找出确凿的史料根据或是发现相关出土文物。20世纪初敦煌汉文摩尼教经典发现之前，西方有学者曾把摩尼误认为穆斯林，后又有人将祆教穆护当作回教徒，这一观点还不断得到某些人的阐发[2]，造成中国学术界外来宗教认识的混淆，甚至导致隋唐史相关内容要进行改写。

据传说，开皇年间隋文帝杨坚曾召见过大食国四位传教大贤，又有唐太宗派遣使臣到大食国请穆罕默德赴华传教，这无疑都是不可凭信的。因为伊斯兰教创立者穆罕默德从610年开始传教，622年为避古莱氏人迫害从麦加出走到叶斯里卜

---

[1] 沈福伟《中西文化交流史》，上海人民出版社，1985年，第172页。冯今源《中国的伊斯兰教》，宁夏人民出版社，1991年，第5页。其余著作不再一一列出。
[2] 羽离子《唐代穆护及其首次遭逢灭教》，《海交史研究》1992年第1期。又见黄时鉴主编《中西关系史年表》，浙江人民出版社，1994年，第195页。

图1 青釉阿拉伯文"真主最伟大"扁壶，1980年扬州出土

（今麦地那），630年征服麦加并于次年建立了伊斯兰国家，632年他便去世。也就是说，穆罕默德一直在忙于与麦加氏族贵族的斗争，不可能派人到东方来传教布道。尽管他曾说过："要寻求学问，即使它远在中国。"但其对中国的印象应来自那些活跃的阿拉伯商人，而这些商人又是通过中亚景教徒和波斯祆教徒得到有关中国的信息。

任何一种宗教的发展、壮大和传播，都有一个渐进的过程，伊斯兰教也是如此。632年后的哈里发帝国，首要任务是征服"反叛"的各部落以统一阿拉伯半岛。由于当时交通不便，有组织的传教活动不可能真正展开。在634—644年的10年间，即欧麦尔为第二任哈里发时期，才完善了伊斯兰教，但主要任务却是对外军事扩张，西边进攻拜占庭、埃及，东边征服伊拉克、波斯，特别是攻占了波斯萨珊王朝的首都泰西封，迫使波斯人向东北败退。661年（唐龙朔元年），波斯王子卑路斯求援于唐，唐以其为波斯都督府都督。7世纪70年代，卑路斯流亡长安，唐高宗授以右武卫将军，后复国无望，客死长安。唐长安醴泉坊的波斯胡寺，即为卑路斯请立，是波斯人集会的活动场所。679年（唐调露元年），卑路斯之子泥涅师志图复国，在唐吏部侍郎裴行俭护送下回国，行到碎叶城因道远不再前进。泥涅师居吐火罗二十余年，其部下数千人逐渐离散，707年（唐景龙元年）重返长安，拜左威卫将军，不久病卒。[1]当时，长安有许多萨珊王朝灭亡后流寓的王室成员和贵族子孙，随之而来的祆教专职高级僧侣建立了"火祆祠"，唐廷尊重火祆教徒坚持自己原有的宗教信仰，设萨宝府由他们自己进行管理，并允许在"胡

[1]《新唐书》卷二二一《波斯传》，中华书局，1975年，第6259页。

人"中传教。

波斯人与阿拉伯人当时是仇敌，波斯人一直抵抗游牧部落起源的"圣战"征服者，流寓迁移到中国的波斯人自然不会积极皈依伊斯兰教，更不会主动将伊斯兰教引入长安。

唐永徽二年八月四日（651年8月25日），第三任哈里发奥斯曼（唐书译作"噉密莫末腻"）派使者来到长安，朝见唐高宗，这是伊斯兰教国家和中国的第一次正式交往。然而，阿拉伯使节固然信仰伊斯兰教，但正使与传教士仍有很大区别，使节来朝，不等于伊斯兰教的传入。一些史学家将永徽二年阿拉伯使节来朝作为伊斯兰教传入中国的标志，显然是牵强附会，令人错愕。

如果说一个国家的使节到来就是一种宗教的传入，那么这样的历史研究也就太简单了。即便是佛教传入中国也经历了漫长的时间，从东汉明帝永平十年蔡愔取佛经回来，到南北朝佛教高涨的黄金时期，也有三百多年的时间。现代历史学者想当然地把伊斯兰教传入中国定在永徽二年或更早的时间，并确定传入地为长安，这都是一厢情愿的猜测。

值得注意的是，8世纪后，随着阿拉伯哈里发帝国对伊朗长期占领，一些讲伊朗语的人逐渐改奉伊斯兰教，因而讲波斯语的穆斯林也被视为阿拉伯人，并被其周围相邻的民族称为大食人，因此，大食的含义随之扩大。例如，8世纪，突厥文碑铭中的"大食"（Tāzik）一词，就泛指信奉伊斯兰教的波斯人。11世纪70年代，中国新疆喀什的著名学者马赫穆德·喀什噶尔编纂的《突厥语大辞典》中也明确注出Tāzik为波斯人。对"大食"一词的不同理解，无疑有助于人们研究唐宋时期历史文献中有关大食的记载。像两《唐书》有关大食发兵数万帮助唐廷平定安史之乱，《辽史》中关于契丹遣嫁公主于大食王子等记载，其中的大食都不是指远在西亚的阿拉伯半岛，很可能是指与伊朗最邻近的阿拉伯部落——塔伊部。

现在某些学者一见唐代文献上有"大食"两字，就误以为与阿拉伯人有关，显然是望文生义，不明其理。更有人演绎出阿拉伯哈里发帝国应中国邀请，派兵助唐平叛安史之乱，其中部分人还留居中国，陕西大荔县沙苑成了他们屯垦牧养之地，并"将伊斯兰的宗教信仰、生活习俗在这块胡人聚集的地方逐渐传播开了。到了明代，沙苑成了回族聚居的地区"[1]。

---

[1] 杨怀中《唐代的番客》，见《伊斯兰教在中国》，宁夏人民出版社，1982年，第120页。

关于伊斯兰教传入长安的时间确是一个让历史学家不能轻松的课题，而阿拉伯人侨居长安更是一个有着层层"历史隔膜"的难题。因为据中国史书记载，从唐永徽二年至贞元十四年（651—798）的147年间，大食向中国派遣使者达37次之多，可能还有很多由于疏漏没有记载。但这些所谓使节不一定都由哈里发派出，其中有不少商人假借其名，当时的名义是"朝贡"，实际上是一种做买卖的贸易方式。

一般来说，唐代活跃在中亚的粟特人，长期操纵着丝绸之路上的转贩贸易，他们控制着中亚河中地区，并不时为一些国家承担外交使命。当时粟特人建立有康、安、曹、石、米、史、何、穆、毕等九姓之国，他们不断到长安经商，并在关中建有移民聚落，这些人在唐代史书上统称"胡客"或"胡商"。粟特人在东西方文化交流方面起了重要的媒介作用，将祆教、景教、摩尼教以及西域中亚的音乐、舞蹈、绘画、历法等传入长安，但从未将伊斯兰教传至唐京，也说明粟特人对伊斯兰教不感兴趣。

《资治通鉴》卷二三二记载，唐代宗大历年间"胡客留长安久者或四十余年，皆有妻子，买田宅，举质取利，安居不欲归"。这里说的"胡客"可能指的是粟特昭武九姓人，也可能包含有阿拉伯人，是一种泛指西域胡人的笼统说法，但史书从未记载过阿拉伯人传教的事例。

张星烺先生曾对隋代伊斯兰教的传入作过精辟辩驳。但他认为，唐贞观六年穆罕默德的舅舅依宾哈姆撒率徒众三千人携《古兰经》来中国长安建清真寺并留居，"确有所本"。其根据是1878年（清同治十七年）俄国驻北京总主教帕雷狄斯曾获得古汉字大字布告一张，上用阿拉伯文述伊斯兰教初入中国事迹。不过，这张布告的原件，张星烺等人并未见过，年代、纸张、出处、来源均无考证，也不能令人相信。究竟是伪托假造，还是传说讹误，皆无法提供更多的细节来证实。

二

古往今来，在国际交往中多奉行实力第一的法则，国与国之间、民族与民族之间的交流往来，首先是经济、军事等综合国力的较量，平等相处的文化宗教传播前提是实力。

从7世纪后半期起，唐、吐蕃、突骑施与大食之间，在西域屡次发生错综复杂的"三方四角"冲突。唐廷为保护中西陆上交通要道，巩固西北边防，通过安西四镇控制中亚地区，这种统治在开元时期声威达到顶点。同时，大食东进势力也侵逼中亚地区，中亚各国纷纷遣使上书求助于唐朝，而唐军正在反击吐蕃的进攻，顾不上中亚诸国，又在处理石国（今乌兹别克斯坦塔什干附近）事务上发生失误，促使石国王子投靠大食。751 年（唐天宝十载），大食的呼罗珊总督派其部将率军与唐安西四镇节度使高仙芝在怛罗斯（今哈萨克斯坦江布尔附近）打了一场遭遇战[1]，唐军因葛逻禄临阵背叛而溃败，大批唐军人员被俘往西亚，其中长安人杜环被俘往亚俱罗（今伊拉克巴格达南库法），十二年后于宝应元年（762）随商船回到广州，返归长安后撰写了《经行记》。

《经行记》是中国最早最具体的有关伊斯兰教的记录。其中写道："（大食）一名亚俱罗，其大食王号暮门，都此处。其士女瑰伟长大，衣裳鲜洁，容止闲丽。女子出门，必拥蔽其面，无问贵贱。一日五时礼天。食肉作斋，以杀生为功德。系银带，佩银刀；断饮酒，禁音乐。人相争者，不致殴击。又有礼堂，容数万人。每七日，王出礼拜，登高座，为众说法。""其大食法者，以弟子亲戚而作判典，纵有微过，不至相累。不食猪狗驴马等肉。不拜国王父母之尊，不信鬼神，祀天而已。""从此至西海以来，大食、波斯掺杂居止，其俗礼天，不食自死肉及宿肉，以香油涂发。"[2]

上述扼要的介绍文字，表明唐长安人当时还不清楚伊斯兰教的情况，如果伊斯兰教已经传入长安，那就无须记录长安人杜环的陈述了。这也说明，在杜佑撰写巨著《通典》时，即唐贞元十七年（801）前，伊斯兰教并没有传入长安。

其实，从唐玄宗开元年间起，中国与阿拉伯帝国的冲突已逐渐加剧，葱岭以西的康国（今乌兹别克斯坦撒马尔罕）、安国（今乌兹别克斯坦布哈拉）、吐火罗（今阿富汗北部）等皆为唐王朝的羁縻藩属国，阿拉伯帝国的东扩使这些小国纷纷向唐朝求援，特别是 715—717 年伊拉克总督派兵攻陷昆仑山以东的喀什噶尔，前锋势力直逼中国的西域，这是唐王朝难以容忍的。两大帝国在中亚争夺主宰权的冲突一直未断，据《资治通鉴》卷二一一记载，715 年（开元三年）和 717 年（开元

---

[1] 王小甫《唐·吐蕃·大食政治关系史》，北京大学出版社，1992 年，第 165 页。又见秦惠彬《大食同唐朝的军事接触以及伊斯兰教的东渐》，《世界宗教研究》1987 年第 1 期。

[2] 杜佑《通典》卷一九三、一九四附注，中华书局，1988 年，第 5266、5279、5280 页。

五年）唐军曾两次与大食军队兵戎相见，可惜没有提供具体细节来证实双方冲突的胜负。在双方关系节节恶化的阴影下，唐长安能允许敌方信仰的宗教传播存在，显然是不可能的。

人们津津乐道于丝绸之路的辉煌，实际上丝绸之路也不是任何时候都畅通无阻的。且不论中亚各国、各民族为了自己切身利益互相争夺丝路贸易控制权，单就中亚丝路主要由波斯、粟特人经营中转贩运而言，他们信仰的祆教也使伊斯兰教传播受到挫折，直到10世纪后，当地祆教、佛教仍与伊斯兰教长期并存。[1]

怛罗斯之战后又爆发了安史之乱，唐王朝在西域统治范围开始后撤，吐蕃乘机据有陇右、河西，790—791年（贞元六年—七年）吐蕃攻占北庭、西州后，大食商人来华的陆上道路被完全阻截。信仰佛教的吐蕃人自然不允许伊斯兰教在其占领地传入，当然更不可能东进长安。

正因为伊斯兰教始终没有在长安传播，所以唐代官方文献上没有对其活动及影响的任何记载，没有像祆教、景教、摩尼教那样向唐廷提出在华建寺传教的报批请求，没有僧侣随行争取传教权益的蛛丝马迹。来到长安的阿拉伯使节、商人即使是伊斯兰教徒，他们也主要是从事政治联络和商业贸易，而不是抱有传教动机。相反，在唐代历史文献中对祆教、摩尼教、景教都有记录，这在敦煌出土文献中已有明确证明，唯独没有任何关于伊斯兰教的文献及记载，这绝非史书遗漏或遗失。唐代对佛道以及外来宗教有着严格的管理制度，编有精确的寺院和僧侣统计数据，若京城真有伊斯兰教，绝不会置之法外而放任自流。

唐人笔记小说中尽管有大食商人的故事，但多是购买、售出、鉴别珠宝的内容，没有传教的痕迹，何况这些不见史册的"胡商"可能假借或冒用"大食"之名，因为当时唐人把来华贸易的西域商人不加区别，经常统称为"大食人"。

人们经常举的例子是，唐宣宗大中初年，大食人李彦升曾到长安参加过进士科举考试，使人产生错觉，似乎他进入长安就标志着伊斯兰教已传入长安。其实，华化后的李彦升是由汴州地方节度使卢钧推荐的"宾贡"人才[2]，并不是来传教的人物。

10世纪初（后梁贞明二年），阿拉伯人阿布·赛义德·哈桑撰写的《中国印度

---

[1]［德］克林凯特《丝绸古道上的文化》，新疆美术摄影出版社，1994年，第98页。
[2]《全唐文》卷七六七，陈黯《华心》，中华书局，1983年，第7986页。

见闻录》卷二中说，回历264年（878年）黄巢攻破广州后，"不计罹难的中国人在内，仅寄居城中经商的伊斯兰教徒、犹太教徒、基督教徒、拜火教徒，就总共有十二万人被他杀害了。这四种宗教徒的死亡人数所以能知道得这样确凿，那是因为中国人按他们的人头数课税的缘故"。马斯欧迪在《金草原》中则说在逃难中有20万外来移民死去。这一数字在中国文献史料中是没有记载的，两者在死亡的原因和人数上都有出入。究竟是阿拉伯商人亲身经历，还是道听途说的不确切消息，直到目前还无法考证。

有趣的是，《中国印度见闻录》卷二中还描述一个名叫伊本·瓦哈卜的巴士拉人从广州到长安，曾觐见唐僖宗并有长篇对话，声称唐僖宗承认阿拉伯国王为世界中心第一王，自认为第二；还拿出珍藏的伊斯兰先知们的画像请他膜拜，并请求让回纥出兵以对付黄巢。这都与史实不符，试想，在当时中国的皇帝能歌颂阿拉伯国王为世界第一吗？中国的皇宫里会珍藏伊斯兰先知们的画像请人膜拜吗？疑点太多，实难肯定。

从中国境内出土的中亚、西亚文物来看，沿新疆、甘肃、宁夏到陕西有一条重要的中西交通线，并有一些以拜占庭为中心的东罗马遗物。但这些遗物大多不是从东罗马、大食直接传入的，而是7—8世纪萨珊王朝覆灭后迁徙的波斯人或移居中国的粟特人带来的珍贵物品，比较重要的有货币、饰物、金银器、织锦和玻璃器等，有关伊斯兰教的实物证据却几乎没有发现。

在发现的1300多枚中亚、西亚货币中，尽管在西安一座唐中期墓葬中曾出土有3枚8世纪阿拉伯倭马亚王朝（白衣大食）的金币[1]，但其余绝大多数是萨珊银币和8世纪初铸造的"库思老二世式样"银币，即阿拉伯-萨珊式银币，这显然是大食入侵中亚后由波斯人、粟特人东迁带来的。

在西安西郊的李静训墓和何家村等窖藏或墓葬中出土的金银饰物、器皿，都显著地受到中亚、西亚金银器艺术造型的影响。法门寺出土的玻璃器更是具有伊斯兰艺术装饰风格，但这也只能说明与大食贸易的往来，而不能证明伊斯兰教的传入。

目前中国境内东段丝绸之路的遗址上，还很难看到唐代伊斯兰教传入的文物或文字。在上万件隋唐墓志中，也没有发现阿拉伯人或伊斯兰教信仰的内容。吐

---

[1] 夏鼐《西安唐墓出土阿拉伯金币》，《考古》1965年第8期。

▲ 图2 阿拉伯金币（倭马亚王朝），西安西郊出土

▼ 图3 淡褐色贴花文口玻璃瓶，1987年法门寺地宫出土

蕃、回纥等民族占领西域后，切断了与阿拉伯商人的往来，因而阿拉伯商人自中唐后多从海道来华，这就更难将伊斯兰教传入长安了。

由于大食商人多改走海路，广州、泉州、扬州、交州等地是主要口岸，出现"船到城添外国人""市井十洲人"的情况，在这些地方留下了一些中唐以后的伊斯兰教遗迹。

大约851年（唐大中五年），阿拉伯商人苏莱曼在东来中国时曾提到："在商人云集之地广州，中国官长委任一个穆斯林，授权他解决这个地区各穆斯林之间的纠纷；这是照中国君主的特殊旨意办的。每逢节日，总是他带领全体穆斯林做祷告，宣讲教义，并为穆斯林的苏丹祈祷。此人行使职权，做出的一切判决，并未引起伊拉克商人的任何异议。因为他的判决是合乎正义的，是合乎尊严无上的真主的经典的，是符合伊斯兰法度的。"

但矛盾的是，他在同卷中又说，在中国"我没有见到过一个伊斯兰教徒，也没有一个会讲阿拉伯话的人"[1]。前后不一，令人生疑。

随着阿拉伯商人来中国沿海地区人数的逐渐增多和长期居留，在他们的聚居地形成了"蕃坊"，唐地方政府为管理这些外来侨民，设管理机构——蕃长司，用有权威的穆斯林主持其一切活动，包括伊斯兰宗教生活。但是否允许他们传教，史载不明。中唐后，来华经商的阿拉伯人很多，唐廷究竟是允许他们向中国人传教，还是只准许他们在自己的"蕃坊"内礼拜宣教，现无法进一步证明。从长安传入的祆教、摩尼教、景教等外来宗教活动看，官方只准许蕃客自己举行信仰活动，而不

---

[1] 穆根来等译《中国印度见闻录》卷一，第24页。

图4 唐代阿拉伯风格蓝色植物划花玻璃盘，1987年法门寺地宫出土

许中国人膜拜信教，即使私下传教也是秘密信仰。

扬州在中唐军阀混战时期，也曾发生大食、波斯等外来商人被殃及的事件。1980年在扬州北郊唐牙城遗址中，曾出土一件灰青釉绿彩背水壶，上有"真主至大"的赞主辞[1]，这可能是唐代伊斯兰教徒通过海路进入扬州活动的实物佐证。但是否可以由此推断出唐初武德年间伊斯兰教就已入华的结论，或推论出中唐的扬州就有伊斯兰教的传播[2]，恐怕还有疑问。

泉州伊斯兰教徒传说，唐初武德年间阿拉伯穆罕默德派其四名门徒到中国传教，"一贤传教广州，二贤传教扬州，三贤、四贤传教泉州"。在泉州的两门徒死后葬于东门外灵山，至今墓址犹存，称作"三贤四贤墓"。这个传说最早起于宋元，见于文字记载是在明代。明人何乔远根据"回回家言"汇纂于《闽书》卷七《方域志》"灵山"条，但同样是值得怀疑的，严谨的史学家大都不赞成此说。虽然有人判断泉州"圣墓"的柱廊为初唐所建，也有人推测说阿拉伯文墓碑为唐永徽元年（650）所立，但据考证，柱廊为宋元遗物，石碑刻于伊斯兰教历722年斋月（元至治三年，即1323年）。[3]

广州"一贤"旺各师墓也不可全信。1852年出版的蓝煦所撰《天方正学》卷七有《旺各师大人墓志》，宣称旺各师是穆罕默德母舅，来华护送《古兰经》传教，

[1] 朱江《扬州出土的唐代阿拉伯文背水瓷壶》，《文物》1983年第2期。
[2] 冯今源《中国的伊斯兰教》，宁夏人民出版社，1991年，第7页。
[3] 《中国大百科全书·文物博物馆卷》，中国大百科全书出版社，1993年，第674页。

不仅632年到长安受到唐太宗重视，还在长安建立大清真寺，朝廷准其在江宁（或江都）、广州建清真寺分驻。这无疑都是早期传教史上颇有神秘色彩的传说。相传广州怀圣寺（又名光塔寺）与光塔建于唐初，也不可信。南宋方信孺《南海百咏》（成书于开禧二年，即1206年）记载，阿拉伯商人聚居"蕃坊"内建圆柱形塔以祈风讯，求季风时期海船平安，这倒是有根据的理由。

西安化觉巷清真寺内明嘉靖五年（1526）《重修清真寺碑记》称其创建于唐天宝元年，但据考证，系明代人伪托假作，《西安府志》记载其创建于明初洪武二十五年（1392）。西安大学习巷清真寺明嘉靖二年《重修清净地论》碑记载其始修于元世祖中统四年（1263），原传说始于唐中宗时期也是极不可靠的。

宗教宣传和历史研究是两回事。无可排遣的宗教情结与民族意识，不应当演化为真实的历史。莫须有的传奇故事更不必成为较真的史实。宗教传播与工艺美术、音乐舞蹈、科技模仿等文化传播是明显不同的，需要成批虔诚执着的僧侣从事传教活动，结合当地实际不断修正原教旨的教义、礼仪、习俗，需要适合的社会条件。客观地说，从唐末至明初近500年间，伊斯兰教作为外来宗教，一直在中国教义不明、教名未定，不见于可靠的文献典籍，也无汉文译著，仅是局限在阿拉伯侨民、移民中的宗教，并未在唐宋京城中普遍传播。904年以后，新疆回纥人建立的喀喇汗王朝才开始皈依伊斯兰教，14世纪以后逐渐传至中原，但仍很零散，其地位无法与唐代祆教、景教、摩尼教相比，更无法与占绝对优势的儒、佛、道相比。

一种宗教的传播不会是偶然的，取决于统治阶级和一般民众的接受程度，总有生根、发芽、开花、结果的过程，其传播的标志是要有传教者、皈依者、信仰者以及宗教的圣贤经典、寺院建筑、特色艺术等。按照这样一个公认的标准衡量，唐长安没有留下任何伊斯兰教传播的可靠记录。至于后世不加详尽考证的口碑宣传，原本已超出了历史研究的范围，但近年来一些专著不辨差异，按其所需，仍随意推测，凭空臆想，只能造成学术研究的空泛和混乱，使人产生浮躁浅薄的不良感觉。

流逝的岁月可能无情地使许多有价值的伊斯兰史料和文物永远消失，而相互交往与侨民的存在仅只能为宗教传播提供一种可能或前提，要想真正确定宗教的传播，涉及许多因素，即使是阿拉伯人在唐朝境内经商生活，也没有伊斯兰教传播的必然因果关系。研究一条历史的旧脉络时，人云亦云永远不是学术发展的方向，这是千古不变的真理。

本卷论文出处

("唐三夷教与外来信仰"专题)

- **唐代长安一个粟特家庭的景教信仰**
  《历史研究》2001 年第 3 期

- **唐代景教传教士入华的生存方式与流产文明**
  《唐研究》第 10 卷，2004 年

- **从景教碑试论唐长安景教的兴衰**
  《碑林集刊》第 6 辑（2000 年），收录于《卞史卞麟锡教授停年纪念论丛》2000 年

- **唐、元时代景教歌咏音乐考述**
  《第二届景教在中国与中亚国际研讨会论文集》（奥地利萨尔茨堡英文版，2006.6），《中华文史论丛》2007 年第 3 期

- **西安、洛阳唐两京出土景教石刻比较研究**
  《文史哲》2009 年第 2 期，《新华文摘》2009 年第 11 期全文转载

- **景教天使与佛教飞天比较辨识研究**
  《世界宗教研究》2014 年第 4 期

- **洛阳唐代景教经幢表现的母爱主题**
  《世界宗教研究》2016 年第 3 期

- **从新疆吐鲁番出土壁画看景教女性信徒的虔诚**
  《世界宗教研究》2017 年第 3 期，收入《纪念岑仲勉先生 130 周年国际学术讨论会论文集》，中山大学出版社

- **唐两京摩尼教寺院探察**
  《华学》第 8 辑，紫禁城出版社，2005 年

- **试论克孜尔石窟出土陶祖为摩尼教艺术品**
  《考古》2008 年第 3 期

- **龟兹摩尼教艺术传播补正**
  《西域研究》2012 年第 1 期，收录于《龟兹学研究》第 5 辑，新疆大学出版社，2012 年

- **祆教东传长安及其在陕西的遗痕**
  《国学研究》第 9 卷，2002 年

- **祆教圣火艺术的新发现**
  ——隋代安备墓文物初探
  《美术研究》2009 年第 3 期

- **隋安备墓新出石刻图像的粟特艺术**
  《艺术史研究》第 12 辑，2011 年

- **北朝粟特人大会中的祆教色彩的新图像**
  ——中国国家博物馆藏北朝石堂解析
  《文物》2016 年第 1 期

- **唐长安伊斯兰教传播质疑**
  《人文杂志》1996 年第 6 期

本卷征引书目举要

（为节省篇幅，征引史料古籍全部省略）

- 朱谦之《中国景教》，人民出版社，1993年。
- 林悟殊《摩尼教及其东渐》，中华书局，1987年。
- 林悟殊《波斯拜火教与古代中国》，新文丰出版公司，1995年。
- 林悟殊《唐代景教再研究》，中国社会科学出版社，2003年。
- 林悟殊《中古三夷教辨证》，中华书局，2005年。
- 林悟殊《中古夷教华化丛考》，兰州大学出版社，2011年。
- 姜伯勤《中国祆教艺术史研究》，生活·读书·新知三联书店，2004年。
- 王见川《从摩尼教到明教》，新文丰出版公司，1992年。
- 《日本学者研究中国史论著选译》（九），中华书局，1993年。
- 王媛媛《从波斯到中国：摩尼教在中亚和中国的传播》，中华书局，2012年。
- 龚方震、晏可佳《祆教史》，上海社会科学院出版社，1998年。
- 张小贵《中古华化祆教考述》，文物出版社，2010年。
- 芮传明《东方摩尼教研究》，上海人民出版社，2009年。
- 马小鹤《摩尼教与古代西域史研究》，中国人民大学出版社，2008年。
- 马小鹤《光明使者：摩尼与摩尼教》，兰州大学出版社，2014年。
- 刘淑芬《中古的佛教与社会》，上海古籍出版社，2008年。
- 曾阳晴《唐代汉语景教文献研究》，花木兰文化出版社，2005年。
- 聂志军《唐代景教文献词语研究》，湖南人民出版社，2010年。
- 林英《唐代拂菻丛说》，中华书局，2006年。
- 路远《景教与景教碑》，西安出版社，2009年。
- 陈怀宇《动物与中古政治宗教秩序》，上海古籍出版社，2012年。
- 陈怀宇《景风梵声：中古宗教之诸相》，宗教文化出版社，2012年。
- 王兰平《唐代敦煌汉文景教写经研究》，民族出版社，2016年。
- 张小贵主编《三夷教研究——林悟殊先生古稀纪念论文集》，兰州大学出版社，2014年。
- [英]玛丽·博伊斯著，张小贵、殷小平译《伊朗琐罗亚斯德教村落》，中华书局，2005年。
- [德]克里木凯特著，林悟殊翻译增订《达·伽马以

- 前中亚和东亚的基督教》，淑馨出版社，1995 年。
- [德]克里木凯特著，林悟殊译《古代摩尼教艺术》，淑馨出版社，1995 年。
- Antonino Forte, Political Propaganda and Ideology in China at the End of the Seventh Century, Scuola Italiana di Studi sull'Asia Orientale, Kyoto, 2005.
- Iain Gardner & Samuel N.C. Lieu (eds.), Manichaean Texts from the Roman Empire, Cambridge University Press, 2004.
- Maneckji Nusservanji Dhalla, History of Zoroastrianism, Dritte Auflage, 1994.
- M. Eliade, I. Couliano, H. Wiesner, The Eliade Guide to World Religions, Harper Collins, 1991.
- Roman Malek & Peter Hofrichter (eds.), Jingjiao, the Church of the East in China and Central Asia, Collectanea Serica, 2006.
- Dietmar W. Winkler & Li Tang (eds.), Hidden Treasures and Intercultural Encounters: Studies on East Syriac Christianity in China and Central Asia, LIT, Berlin, 2009.

Han and Hu:
China in Contact with Foreign Civilizations

by Ge Chengyong

RELIGIONS

The Nestorian Faith of a Sogdian Family in Chang'an during Tang Dynasty

With the development of the Silk Road, trade and war, flocks of Central Asian Sodgians immigrated into Tang Chang'an to form their own settlement areas. They scattered in every district of the city, and built religious monasteries that brought foreign religions into existence and distribution in the capital. The paper explores and discusses the Mi Jifen（米继芬）Epitaph excavated in the western suburb of Xi'an in 1955.

Maymurgh, centered around today's Guma'abazar, was a little state within the Sogdian City States. After 654, Maymurgh sought helps from the Tang government many times under the attack by the Arabian army. They sent royal family members to Chang'an as hostages to ensure longterm alliance between the two countries. The epitaph recorded the life of three generations of the Mi Jifen family who got official appointment and respect after they went to the Tang as hostages. It is stated in the epitaph that the second son of Mi Jifen was a monk in a Nestorian monastery, implying the inherent religious belief of the family. Religious belief often acts as a tie between family generations. Members of the same family keep consistency in their religious belief, custom and behavior. Therefore, the Nestorian belief of the Mi family should have a historical origin. The family might be baptismal Christians when they were in Maymurgh.

Once we identify the Nestorian belief of the Mi family, we come to a new understanding of the religious culture of the Sogdians in Chang'an. The migrants from the Western Regions are proved to be multi-religious and multi-cultural nationalities. This article also proves that the influence of the Nestorianism in Chang'an was not minor.

The Life Style and the Lost Civilization of the Nestorian Missionaries in Tang Dynasty

The openness of the Tang Dynasty, from the 7th to the 9th centuries AD, offered an invaluable opportunity for the Nestorian missionaries from the Western Asia to preach the Gospels. The first substantial interaction between western and Chinese religions carried on painfully by those missionaries for more than 200 years, eventually resulted in a miscarriage of Christianity in medieval China due to totally different cultural backgrounds, religious mentalities, geographical environments, evangelization expectations and social values.

This paper analyses the problems faced by the missionaries from the perspectives of geography, language, communication, culture, and development status. Three kinds of life styles of the missionaries are identified in the paper, i.e. political participation in the upper class, transfer of craftsmanship with the middle class, and philanthropic charity to the lower class. The author also discusses the inevitable fate of the Nestorian missionaries decided by their economic capacities, religious theories, disciple demographics, the scales of their churches, and their missionizing approaches.

Discussion on the Vicissitude of the Nestorian Christianity in Chang'an through an Inscription in Tang Dynasty

The Inscription Da Qin Jing Jiao Liu Xing Zhong Guo Bei (Memorial of the Propagation of the Luminous Religion from Daqin in China, 大秦景教流行中国碑), as famous as the Rosetta Stone from North Africa in Egyptian and ancient Greek, the Hebrew Inscription from the east coast of the Dead Sea, and the Azteca Time Service Inscription from the North America, is considered to be one of the world's four most important inscriptions. The Nestorian Stele, since its discovery during the Tianqi years in the Ming Dynasty (1621-1627), has caused a constant debate in the religious studies field both home and abroad. For more than three hundred years, numerous papers have been published, and the authenticity and academic significance of the stele has been recognized by more and more people. It not only bears witness to the 150-year history of the spread of the Nestorian Christianity in Chang'an during Tang Dynasty, but also represents the earliest and most evident proof of the Christian religion in China.

This paper starts with a discussion of the reason why the Nestorian Christianity was introduced into Chang'an during Tang Dynasty, and analyzes its successful indigenization. Due to the cultural utilitarianism of Tang Dynasty, all the religious propagations had to serve the imperial power. Whatever Buddhism, Taoism, or the three foreign religions (Zoroastrianism, Nestorian Christianity, and Manichean), every complicated religious text needs to be interpreted in a pragmatic and utilitarian way.

The fundamental explanation of the thriving and decline of the Nestorian Christianity comes from the Tang Royal Court. The purpose for the Court to allow its introduction was to befriend with foreign migrants during western expansion. Towards the late Tang Dynasty, Tang government began to ban the Nestorian Christianity in order to save the declining empire. From exploitation to exclusion of Tang government's attitude, this is the destiny and social background of the Nestorian Christianity from prosperity to decline in Chang'an.

Nestorian Chant Music of Tang and Yuan Dynasties

This article probes into a ritual held in the royal palace in 744 AD, attended by a new bishop Jihe from Syria and 17 Nestorian monks. This great occasion for prayer and singing is documented by the Nestorian Stele, Da Qin Jing Jiao Liu Xing Zhong Guo Bei (Memorial of the Propagation of the Luminous Religion from Daqin in China, 大秦景教流行中国碑). As an emperor with good music taste, Xuanzong was fascinated by the Nestorian Christianity and thus quickened its spread. Divergence of views on the origination of the Nestorian chant music prevails in the academia, one of which attributes it to Byzantium and the other, to Syria. The author believes that Nestorian hymns were from Syria and Syrian language was also employed in the ritual scripts and traditional music of the Eastern Christianity. The Christian holy music, however, was not formed in an exclusive environment by a single nationality. It had incorporated the features of melodies of both oriental and occidental churches. The author analyzes the Hymn to the Holy Trinity, the chant music of Zoroastrianism and Manichaeism and concludes that Xuanzong introduced the Nestorian elements into the Taoist musical etiquette. The article also draws a sketch of the spread of the Nestorian chant music in the Yuan Dynasty.

Comparative Study of the Excavated Nestorian Inscriptions in the Two Capitals of Tang Dynasty

The excavated inscription "Da Qin Jing Jiao Xuan Yuan Zhi Ben Jing Chuang Ji" has testified the presence of the Nestorian missionary activities in Luoyang and their close connection with Chang'an. Through five aspects: historical background, regional location, names of different ethnic groups, beliefs of different ethnic groups, family beliefs, we can draw a conclusion that Xi'an and Luoyang was one of the Nestorian parishes in Tang Dynasty, although this denomination was exotic and localized. So this inscription and the "Da Qin Jing Jiao Liu Xing Zhong Guo Bei" were the most important excavated inscriptions in the history of the Nestorian Christianity in China. Especially, the inscription in Luoyang should get more attention from scholars as it reflects more about the social environment at that time.

A Comparative Study of the Images of Nestorian Angels and Buddhist Flying Apsaras

The angle is a typical symbol for all Christian traditions. However, whether the human figures beside the cross on the Nestorian sutra pillar in Luoyang are Buddhist flying apsaras or Nestorian angels is a question uncertain for a long time. This paper makes a comparative identification and concludes that the local artists who made these human figures were good at carving Buddhist art, and during their carving process, the Nestorian angels started merging into the Buddhist flying apsaras. The author thinks that the missionaries didn't give up their religious position and symbols easily. And it is impossible that they used Buddhist images to represent their Nestorian faith because it would indicate a failure of religious transmission. The Nestorian angels were not replaced by apsaras. The fact that the Nestorian Christianity had to accommodate its host culture in China doesn't mean that it had to completely change into a form of Buddhism.

The Motif of Motherly Love on the Nestorian Sutra Pillar in Luoyang of Tang Dynasty

The Nestorian sutra pillar was sculptured by a descendant of Sogdian migrants for his mother—Mrs. An from "An Guo" in Da Zhong 3th Year of Tang Dynasty. The motif of motherly love shown through this Nestorian sutra pillar is a combination of "Holy Love" and "Motherly Love". Inscribed with "Xuan Yuan Zhi Ben

Jing", the pillar and the scripture on it do not show any religious repentance but feelings of motherly Love intensively. Even the abbot of the Da Qin Monastery had assisted at the secondary burial ceremony of the followers, and that was helpful to increase the cohesion of the followers and the accessibility to the masses. This activity was also in line with the traditional Chinese ethics and the Confucian kind-heartedness Ethic. All these prove that the Nestorian missionaries had taken many indirect approaches, including the respect for parents, to get a public approval. Especially, the Nestorian missionaries changed Article 5 in the Ten Commandments to Article 3, which means to respect parents, and actively advocated their creeds with cultural adaptation.

The Female Religious Devotion: a Study from the Excavated Nestorian Wall Paintings in Turfan

This article starts from the Nestorian women images on the excavated wall paintings in Turfan and explores the religious devotion of the Christians after they entered China, in the absence of literature. This article also studies why the information about female Nestorian devotees is missing during its spread to the East. The Nestorian women devotees used to be more moderate compared with the Buddhist, Taoist and Manichean nuns. And they were crucial members in the Nestorian communities as they were pious to their churches, loyal to their families and had the virtue of modesty. One example of these is that the Nestorian Congregation in Tang's Luoyang had built a sutra pillar in honor of Mrs. An Guo. The author points out that one of the most important aims of the Nestorian Church was to enlist the support of faithful women in order to expand its influence. On the one hand, the female devotees' piety and concentration to the church was helpful for its development; on the other hand, the church had provided a way to comfort those females' mentality and help the liberation of their soul. In fact, the link between the women and the church had strengthened the church itself.

Searching for Manichean Monasteries in the Two Capitals of Tang Dynasty

Manichean monasteries should be an inseparable part of Manichaeism, introduced into China in the Tang Dynasty from the Central Asia. They served as headquarters where Manicheans spread their doctrines and held their religious activities.

Yet the locations of the Manichean monasteries in Luoyang and Chang'an, the two capital cities of the Tang Dynasty, have long been an unsettled problem due to the lack of historical documentation and archaeological information. Historians have been working on this problem for an answer.

On the basis of inquiries and explorations, this paper suggests that during the Yonghui and Xianqing years (650-661 AD) of Emperor Tang Gao Zong, a Manichean "Guang Ming Si" (the Monastery of Luminosity) was renovated in the Buddhist appearance at Huaiyuan Fang in Chang'an. In the Yan Zai 1st Year of Empress Wu Ze Tian (694 AD), a Manichean "Preaching Hall" might be built at the Congshan Fang in Luoyang. A Manichean "Preaching Hall" constructed in Chang'an in Kai Yuan 7th Year of Emperor Tang Xuan Zong (719 AD) was probably a subsidiary part of the "Guang Ming Si" in Huaiyuan Fang. A more sizable Manichean "Guang Ming Si" was newly constructed in the Kai Ming Fang in

Chang'an in Da Li 3rd Year of Emperor Tang Dai Zong (768AD). It was renovated and expended during the Yuan He years of Emperor Tang Xian Zong, and demolished and destroyed in Hui Chang 3rd Year of Emperor Tang Wu Zong (843 AD), leaving nothing behind.

The author looks forward to new discoveries of information concerning the Manichaeism in China. Special care should be given to the archaeological excavation in Luoyang and Chang'an for lost Manichean stele inscriptions and artistic figures, hopefully as proof to the author's presumption and analysis of the location of the Manichean monasteries in the two capital cities.

A Pottery Phallus was Unearthed in front of the Kizil Thousand-Buddha Grotto in Kuqa, Xinjiang

As it represents the distinctive secret spirit in the sexual concept of Manichean, it can be named as "Phallus Spirit". According to the Manichean doctrine of world creation and basic discipline, it can be believed that this sexual work of art is an embodiment of the secret spirit adhering to the human body and that the image retains the personality of the original religious doctrine. It was used as a propaganda object rather than a sacred article worshiped in religious ceremonies. Being a treasure of Manichean art surviving from the ninth to tenth century, it provides a valuable vivid representation for us to understand ancient Manicheans' cultural life.

On the Spread of Manichean Art in Qiuci

According to the description of greedy devil in a Manichean treaty, this paper maintains that the pottery Zhu unearthed at a site of Tang Dynasty in front of Kizil Grottoes should be an art piece showing male's sexual organ with devil face, which was described in the treaty. It can be viewed as a direct reference to help the believers understand the doctrines better by observing the icon, especially those about sexual ideas. Therefore, it is an iconic material valuable for us to understand the spiritual life of ancient Manichean believers.

Introduction of Zoroastrianism into Chang'an and its Traces in Shaanxi

Since the 20th century, generations of scholars have been doing a lot of research on Zoroastrianism introduced into China from Persia through Central Asia. In this paper, valuable information from the excavation of the An Jia Tomb, a Zoroastrian Sabao of the Northern Zhou Dynasty, is being used to study the historical background of the introduction of Zoroastrianism into Chang'an. It suggests that the emperors in the Northern Qi and the Northern Zhou dynasties all allowed the Zoroastrian gods into official ritual ceremonies in order to win support from the ethnic groups from Central Asia. During the Tang Dynasty, Zoroastrianism became more popular, with its different fanes probably serving for the Persians and the Hu people from Central Asia, or for royal and ordinary people. Zoroastrianism acted as a cultural bond for the foreign emigrants in Chang'an, while there were Chinese who embraced Zoroastrianism as well. Though Zoroastrianism was banned and declined at the end of the Tang Dynasty, it was never completely extinct as a folk religious belief. The author believes that the worship for the Zoroastrian gods after the Tang and Song dynasties was turned into the traditional customs in a more entertaining way. Those popular conventions of the Shaanxi area such as having quilts burnt to avoid illness, building fire towers, writing down conjurations, wearing plain sheepskin jackets, and building fire fiend temples, are all possible traces left by the Zoroastrian worship.

An Exploration of the Relics Excavated from the Tomb of Anbei of Sui Dynasty: A New Discovery of the Art of the Sacred Flame in Zoroastrianism

The relics recently excavated from the Tomb of Anbei of Sui Dynasty have attracted extensive attention as more relics originating from Persia but excavated in China come to light. Through textual criticism of the epigraph of the Tomb of Anbei for the first time, the author conducts an analysis of the art of intertwined dragon kindling fire altars and the images of worshiping the sacred flame of Zoroastrianism. In addition, the author expounds the spread of Zoroastrian culture into China, pointing out the characteristics of the Sinofication of Zoroastrian art. This article opens up the horizon of research on Zoroastrianism.

Sogdian Art in the Stone Carving Images Recently Excavated from the Tomb of Anbei of Sui Dynasty

The Zoroastrian cultural relics excavated from the Tomb of Anbei are another important discovery of the medieval Sogdian Art. This paper studies four images on the stone couch that has been excavated recently. The findings provide a new evidence of the Zoroastrian art created by the Sogdian immigrants from Northern Qi to early Sui Dynasty. Based on the images such as Hu Barbarians Marching Images, Merchants Image and Banquet Image, the author raises that art is an external character of a nation as well as an important symbol of the social identification. The function that Sogdian art plays in depicting the nation's characters is a reflection of the persistence of their culture and belief, and also a proof that the foreign culture during Northern Dynasties, Sui and Tang had the origin from the Silk Road and Central Asia.

New Images with Zoroastrian Flair in a General Assembly of Sogdians during the Northern Dynasties- Analytical Interpretations of the Outer Sarcophagus of the Northern Dynasties Collected in the National Museum of China

This article describes an outer sarcophagus of the Northern Dynasties, a new acquisition of the National Museum of China in 2012, and analyzes its shape and form as well as the imagery. The outer sarcophagus imitates the structure of a wooden hall with a gable and hip roof. The sides of the doorway and the four corners are decorated with hu-barbarian guards in high relief. The outsides of outer sarcophagus walls have engraved line drawings with themes including supernatural birds and exotic animals, immortals, apotropaic beasts, the portraits of the tomb occupant couple, priests of Zoroastrianism, presumably depicting the Zoroastrian general assembly of Sogdians. This outer sarcophagus is a reflection of the spread of foreign religions in China and the convergence of Chinese and Foreign cultures during the Northern Dynasties and has high historical, artistic and cultural values.

A Query for the Spread of Islam in Chang'an during Tang Dynasty

Many scholars have mentioned that Islam had entered China as early as late Da Ye years of Sui dynasty, and there were mosques in Chang'an in Wu De and Zhen Guan years of Tang dynasty, which means that within twenty years after the rise of Islam, it appeared in Chang'an. The author puts forward different viewpoints about the time of Islamic spread in Chang'an during Tang Dynasty.

后记

有位前辈贤者多次教导我不要研究宗教，因为我们是无神论国家，但是我还是违背了先生的教诲。随着年龄的增长，我对古代宗教研究的兴趣丝毫不减。感谢引导我走进"三夷教"大门的中山大学林悟殊先生。1995年在青岛的高级研究班，我与林先生在一个房间同住了十余天，我们彻夜交谈古代宗教，我被他的学问深深迷住，他将出版不久的几本大著赠送给我，提示我研究"三夷教"一定要将三种宗教进行比较研究，如此才能全面理解外来宗教的传播意义。从此，我踏上了研究"三夷教"的台阶，二十多年过去了，至今我写的"三夷教"文章常常请"引路人"先过目把关，保障不出大的错误。

历经千年沧桑巨变，目前人们已经很少知道景教、祆教、摩尼教了，即使研究宗教的一些学者听到"三夷教"也是一脸茫然。我去奥地利参加景教会议，外交部审批人员竟怀疑景教为"邪教"，幸亏国家文物局有人知道历史课本中有《大秦景教流行中国碑》，在与外交部确认景教是古代基督教的一支而不是邪教后，我才得以被放行参加会议。

不过，目前中国国内研究景教的学者越来越多，后起之秀纷纷涌现，从敦煌景教文书到景教石刻文献，从叙利亚早期基督教文书到回鹘文景教残书，从西安《大秦景教流行中国碑》到洛阳《大秦景教宣元至本经》，从唐代阿罗本入华到元代也里可温卷土重来，种种文献的研究与翻译工作都有人在做。有学者利用语言的优势写出了不少好的文章，对解读基督教聂斯托利派的传播与发展做出了新的贡献。

祆教文物在中国被连续发现，虞弘墓、安伽墓、史君墓、安备墓一个个出世，使得学界对波斯琐罗亚斯德教不再陌生，研究琐罗亚斯德教教义《阿维斯塔》和萨珊波斯的拜火教方兴未艾，特别是石棺床和石堂上所反映的圣火艺术，竟然燃起了国内外很多研究者的探寻热情。目前法国吉美博物馆、日本滋贺美秀美术馆、美国华盛顿弗利尔美术馆、波士顿美术馆和中国国家博物馆等收藏的中国祆教石屏风、石堂，成了新一轮的研究热点。

摩尼教虽然在中原很难找到踪迹，但自从20世纪敦煌摩尼教文书以及吐鲁番回鹘摩尼教文书被发现后，学术界刮起了一股研究摩尼教的旋风。近年福建霞浦发现的民间宗教文书内容丰富，佛道文书之中裹夹着摩尼教、祆教、景教的蛛丝马迹，甚至显现出天主教的语句，引起的论辩自然也是长久不衰。

任何浪潮都会裹挟一些泥沙。为了解读"三夷教"中一些问题，每当我在海外高校查阅资料时就在深思，我们走进了新时代却很难出现大批有新思想的学者，看着思想活跃的欧美学者提出的一些课题，深切感受到我们思想的滞后。不仅仅是传统的条条框框束缚局限了我们的思维，泯灭了科研探索的兴趣，更重要的是我们没有持之以恒的价值观，没有正确的宗教世界观。

目前在丝绸之路沿线的亚欧国家中，基督教信众约有6亿人。基督教属于欧美文化体系，在欧洲人看来，儒佛道、印度教和伊斯兰教都属于东方文化，而基督教属于西方文化。中国的宗教研究历经了从冷到热的转变，但很多做法并不合适，甚至产生了不良的后果。地方政府为了吸引客商，宗教搭台，经济唱戏，人为助长极端化的宗教热，侵害了宗教界的正当权益。有些地方官员对一些错误的观念不加批判，混淆了正常的宗教信仰与民间风俗的区别，对不该提倡的东西反而推波助澜。

我们总爱羡慕别人秋天的收获，却不愿意下苦功去做春天的耕耘。我们总是愿做一些功利主义的追求，不喜欢做持之以恒的科学研究。在对外来宗教的人文研究中，仁者见仁、智者见智的现象很正常。只要不是常识性硬伤，不是穿越历史，越是质疑，距离真相就会越近，特别是有些创新成果需要时间来慢慢检验，在这方面我愿在前辈学者的关怀下，在年轻学者的激励下，继续做一些力所能及的研究。

在不平静的年代里，在不富裕的生活中，宗教更多的带给人们波澜不惊的平静，呼唤生命尊严具有无上的价值。自从我退休以来从外部天地回到内心世界，更有了心境平和的体悟，有了无所外求的圆融，享受孤独但不寂寞，隐匿抽身但不空虚，理解古人的宗教情怀也愈有善意温厚的思考，期望酝酿并写出更能接近灵魂精髓的文章，这就是我心目中的宗教。

感谢海内外博物馆和考古单位的亲朋好友提供的诸多图片和在一些现场的拍摄便利。感谢所有帮助过我在学术研究道路上前行的先生、老师和同人。